云南科举趣谈

张佐 张俊 著

云南出版集团
云南美术出版社

图书在版（CIP）数据

云南科举趣谈 / 张佐, 张俊著. -- 昆明 : 云南美术出版社, 2018.11
ISBN 978-7-5489-3492-9

Ⅰ. ①云… Ⅱ. ①张… ②张… Ⅲ. ①科举制度 - 研究 - 云南 - 明清时代 Ⅳ. ①D691.34

中国版本图书馆CIP数据核字(2018)第270031号

出 版 人：李　维　刘大伟

责任编辑：黄云松
装帧设计：庞　宇
责任校对：李远生　温德辉　吕　媛

云南科举趣谈
张佐　张俊　著

出版发行：云南出版集团
云南美术出版社（昆明市环城西路609号）

印　　装：昆明美林彩印包装有限公司
开　　本：889mm × 1194mm　1/32
印　　张：10
字　　数：250千
版　　次：2019年3月第1版
印　　次：2019年3月第1次印刷
书　　号：ISBN 978-7-5489-3492-9
定　　价：68.00元

序　　言

2013年我与田丕鸿先生合作，写作、出版了《云南科举史话》上、下册（该书由云南美术出版社出版，荣获云南省第十八次哲学社会科学优秀著作三等奖）；2015年我又与耿嘉福先生合作，写作并即将由云南人民出版社出版《云南科举家族》。两部书共一百二十多万字，写作的时间有三年多，我从事收集资料和研究的时间却长达三十年。

两部书的出版或即将出版，使我心力交瘁，却又意犹未尽。意犹未尽有五个原因：其一，手头掌握的有关科举的史料越来越丰富，爱不释手；其二，研究的过程中，产生了许多独特的见解，想与对科举感兴趣的朋友共享和探讨；其三，《云南科举史话》出版后，接到许多读者朋友的赞许电话和鼓励电话，增强了我继续研究和写作的信心；其四，《云南科举史话》的出版和《云南科举家族》的即将出版，得到了云南美术出版社和云南人民出版社领导的大力支持。两部著作顺风顺水地出版或即将出版，使我萌生了写作《云南科举趣谈》的念头；其五，我撰写有关科举的著作的确有优势，因为我母亲的外祖父倪恩龄的家族是明清两代云南最大的科举家族，他们五代人中共有十一人先后考中进士，四人被选为翰林，倪恩龄是清光绪二年翰林和清末的清官，我自幼就听母亲讲过许多有关倪氏家族和科举的故事，可谓“家学渊源”。

2017年初，当我把写作《云南科举趣谈》的念头向云南美术出版社的刘大伟社长述说后，又得到了刘社长的鼓励和支持。我和胞兄张俊经过半年多的辛劳，《云南科举趣谈》终于完稿了，并由云南美术出版社出版。在带学术性的著作出版困难的社会环境下，刘社长慧眼识珠，毅然决定出版《云南科举趣谈》，是需要超凡的眼力和魄力的。在此，特衷心感谢云南美术出版社的各位领导及为该书圆满出版付出心血的责任编辑黄云松老师。

《云南科举史话》《云南科举家族》《云南科举趣谈》，既是一套展现和研究云南科举史的丛书，又是一套从特殊角度介绍和弘扬云南历史文化的丛书。如果说《云南科举史话》粗线条地勾勒了云南科举取士的历史，那么《云南科举趣谈》则细笔触地论述了云南科举人物的风采；如果说《云南科举家族》是一幅展现云南科举家族发展和兴盛、成功和辉煌的荣耀图，那么《云南科举趣谈》就是一面再现云南科举人物挫折与醒悟、失败与成功的青铜镜。因此，《云南科举趣谈》与前两部著作相比，更具有独创性、学术性和可读性。

《云南科举趣谈》是一部研究与云南科举取士密切相关的人和事、史与籍的专著。该著作通过明清两个朝代云南生员、举子和贡士参加乡试、会试和殿试的情况，分析了他们失败或成功的原因，指出：中国历史上有一种现象，有的人学问很好，知名度很高，却终身与举人、进士无缘分；有的人学问平平，名不见经传，却高中进士，甚至被点为状元。于是就有人认为，中国的科举取士制度不公平、不公正、不科学，没有选拔到真正的人才。此说貌似有理，但持此说的人其实并不了解中国古代的科举取士制度主要选拔的是做官的人才，特别不了解明清两代主要以八股文取士的制度。笔者多年从事中国科举史的研究，得出的结论是：由科举出身的，特别是由举人、进士出身的大文人、大学者远远地多于非科举出身的大文人、大学者；著书立说与对付科举考试并取得功名是两种不同层次的学问，这两种不同层次的学问，在有的人身上有密切的联系，并能彼此促进；在有的人身上毫无联系，并被他们误认为彼此会有不利的影响；著书立说是大学问，大学问主要显示的是文化人创新的才学；对付科举考试并取得功名是小学问，小学问主要体现的是应试者学习的成绩；有的人既有大学问，又有小学问；有的人要么有大学问，没有小学问，有的人要么有小学问，没有大学问；有的人要么大学问、小学问全无。什么是大学问？容易了解，也容易取得共识，恕不细说。何谓小学问？笔者认为所谓小学问，指的是：对付科举考试并取得功名必须具备的一些知识以及相关的技能、技巧。具体地说，一个人要想在不同层次的科举考试中取得成功，必须熟悉四书五经及朱熹对四书五经的诠释，必须熟练地掌握写作八股文的技能、技巧，必须了解“清真雅正”的取士标准（该标准虽然是清代正式提出的，但是在明代就已经按照这一还不成文的标准取士了），必须知道考场的各种规矩和作文时的各种要求和忌讳。在一般情况下，一个人如果粗通小学问，就可以考取秀才；如果具备小学问，就可以考中举人；如果熟悉小学问，就可以考中第三甲进士，如果精通小学问，就可以考中第二甲或第一甲进士。

该著作又指出：“考生考试时，既需要有踏实的学问基础，还需要有灵活的临场发挥。因此，因考试成绩的优劣而导致的排名先后，有时带有偶然性，并不一定能显示出应试者的实际水平。更何况，成绩的一时优劣还可能有其他特殊原因。因此，一时的优劣，并不等于永久的优劣，优劣在自满松懈者与努力进取者之间，在能否认真地总结和吸取经验与教训者之间，是可以互相转换的。乡试的第一名举人（解元），有可能会试落第；而乡试排名倒数第一的举人，也有可能会试高中”。该著作还指出：八股文有以下优点：一、衡量一篇文章的好坏必须有一个统一的标准，而科举考试时使用的八股文统一从四书五经的章句中命题，在形式上有四联八股的规范，内容上有代圣人立言必须符合“清真雅正”宗旨的要求，是中国考试史上的一种标准化的考试文体；二、使用八股文这一标准的考试文体，在一定程度上可以避免使用其他文体时的评价误差，可以使评卷更加标准化、客观化，并可以减少评卷的工作量；三、八股文是汇集了古代各种文章写作技巧而逐渐形成的一种优秀文体（当然，八股文也有优劣之分），是一种很注重写作技巧的文体，是诗歌中的律诗。考试时使用这一文体，既可以检测应试者写作的技能、技巧，又降低了应试者侥幸取胜的概率。当然，用八股文取士有优点也有缺陷，你可以不喜爱八股文，甚至可以厌恶八股文，但不能说八股文没有价值，八股文扼杀了人才。

《云南科举趣谈》有以下特点：（一）研究和谈论的内容更深入细致，且特别注重研究和谈论其他著作没有涉及的内容；（二）研究的内容既有理论支撑，又有生动的实例佐证，具有可读性；（三）本书稿的篇目既独自成篇，又互有关联和补充，开篇谈论了与科举取士密切相关的文庙后，大体上按照乡试、会试、殿试、朝考的顺序组织相关的篇目和内容；（四）本书稿最大的特色是，透过错综复杂的一些历史现象，追寻其产生的原因。

由于《云南科举趣谈》是一部带有研究性质的著作，其中的一些观点仅是我们个人的看法，读者朋友不一定完全赞同，不赞同没关系，可以求同存异，如果愿意与我们共同探讨，更欢迎；由于我们的水平有限，或校对疏漏，书中的个别地方难免有错误，敬请方家指正！

刚写完这篇《序言》，才得知《云南科举家族》已由云南人民出版社2018年5月出版了。

张　佐

2018年6月于昆明“学思斋”

目　录

云南文庙考辨

——兼谈文庙的儒学传播和生员培养

一、云南最早的文庙创建时间考

云南最早的文庙创建于哪个朝代？

云南的多数学者认为云南最早的文庙始建于“元世祖忽必烈至元十一年（1274年）”。而我们坚持认为，云南最早的文庙创建于唐太宗贞观四年（630年）至唐玄宗天宝九年（750年）之间，其理由有二。

建水文庙祭孔

其一是，贞观四年以后，云南的姚州等地始建文庙，不但有可能性，而且有必然性。唐高祖武德四年（621年），唐中央政府在今楚雄州姚安设置姚州；唐高宗麟德元年（664年），又设置姚州都督府。姚州都督府的管辖范围十分广大，大致包括今禄丰、武定、元谋一线以西，金沙江以南今楚雄和大理一线以北，以及点苍山乃至澜沧江一线以东地带，也就是今楚雄州和大理州的大部分地区和丽江兰坪在内的广阔区域。到唐天宝九年（750年）南诏地方政权与中央交恶并攻占姚州之前，唐王朝至少在以姚州为中心的周边实际统治了129年。

《新唐书·礼乐志》①记载，贞观四年（630年）唐太宗李世民曾“诏州、县皆作孔子庙”。这是一个凡大唐管辖的州县都必须严格执行的强硬政令。云南地处边陲，交通闭塞，天高皇帝远，对皇帝的命令不可能及时执行，也不可能拒不执行，更何况在姚州等地建文庙祭祀孔子，既不损害地方官员的任何切身利益，又能提升他们在百姓中的形象和显扬他们的政绩，这个有百利而无一害的事，地方官员何乐而不为？因此我们认为贞观四年以后，属于中央政府管辖的云南姚州等地便陆续开始建文庙祭祀孔子；遵照皇帝的命令在云南一些州县建文庙是既合情又合理的正常事，而违背皇帝的命令拒绝建文庙，才是令人百思不解的咄咄怪事。另外，在天宝九年以前，统治今大理地区的南诏地方政权是依赖中央政府并与唐王朝保持着亲善关系的南诏王，如晟罗皮、皮罗阁等人都亲唐尊孔。

明代初年的李浩在《三迤随笔》②中记述了南诏国的许多历史与轶事。他在《韦安抚使与郑清平官》一文中云：“诏初诸王，世通盛唐，历受册封。蒙归义得铁卷金冠，赐以云南王位。诸诏王每入西京，必携诸臣及学子百人，入学礼义。学子入学三年，就学于国子监。”在《南诏入学，大理国沿之》一文中云：“南诏亦如中原，以孔孟治世，礼乐治国。”又在《大理祭孔考源》一文中云：“至凤伽异等入学长安，始知孔孟之教义为儒。至开元长安京师始有祭孔科仪。带回典仪，立孔夫子神位，于八月二十七祭之。有祭曲二，异牟寻师郑清平，教乐人以礼，八佾入禁，三年一次。”如

① 宋·欧阳修、宋祁等纂：《新唐书·礼乐志》，中华书局2000年出版。
② 明·李浩著：《三迤随笔》，该著作收入大理州文联编《大理古佚书钞》一书，云南人民出版社2002年出版。

此亲唐尊孔的南诏统治者在国中建孔子庙也在情理之中。而后世的一些学者以唐代建文庙没有留下任何实物与遗址的理由来否定云南唐代始建文庙的事实，显然是十分荒谬的，这就像唐代没有确凿的史料记载某人患了癌症，就认为唐代的人肯定不会患癌症一样的荒谬。

其二是，唐天宝九年（750年）以前，南诏地方政权在大理建文庙有文献记录。明嘉靖年间谪滇的状元、著名学者杨慎在《滇载记》[①]中云："晟罗皮（南诏王）之立，当玄宗先天元年（712年），立孔子庙于国中。"嘉靖年间昆明举人倪辂撰的《南诏野史》[②]同样认为：开元十四年（726年）"南诏晟罗皮立文庙"。成书于万历年间的《云南通志·羁縻·南诏始末》也载："晟罗皮之立，当玄宗先天元年，立孔子庙于国中。"此外万历《大理府志》也载有"至蒙氏，晟罗皮立文庙于国中"。明代人诸葛元声成书于万历年间的《滇史》云："玄宗开元三年（715年）晟罗皮立孔子庙于国中。"

清代著名学者赵翼在《陔余丛考》中也说：《唐书》记载："先天元年，南诏晟罗皮立孔子庙于国中。"

云南现代著名学者方国瑜先生，对赵翼的依据有疑问，他查阅了新、旧《唐书》，未发现南诏建孔子庙的记载，就在《云南史料丛刊·目录概说》第八卷《元时文物》中云："按新、旧《唐书》无南诏建孔子庙之说……"并得出结论："惟孔庙实始于元初置行省之时，为创举也。"我们则认为：新、旧《唐书》的版本较多，他查阅的那一种版本的新、旧《唐书》无南诏建孔子庙之说，并不意味着其他版本的新、旧《唐书》无南诏建孔子庙的记载；即使各

① 明·杨慎著《滇载记》，杨慎有《檀弓丛训》，已著录，旧本与《滇程记》合为一篇。

② 明·倪辂撰、杨升庵校本：《南诏野史》，云南省图书馆藏淡生堂钞本。

种版本的新、旧《唐书》都无南诏建孔子庙的记载，也不能证明，由唐王朝直接管辖的部分州县以及南诏在未与唐朝中央政权交恶之前从未建过孔子庙，因为新、旧《唐书》对边陲云南的史事遗漏很多，可谓不胜枚举。而其他史书和著述对新、旧《唐书》有关云南史事的补遗，也是有可靠史料为依据的，并非全是无稽之谈。

以上史料虽然在云南立文庙的时间上略有出入（一说712年，一说715年，一说726年），但应该说是出入不大的。有出入，正好说明这些文献记录是来自不同的史料，或者说明南诏统治者所建的文庙不仅仅是一座。

二、文庙与孔庙的分类及称谓辨

儒学代表了中国传统文化中的主流文化，所以历代科举考试虽然内容不尽相同，但万变不离其宗，这离不开的“宗”就是儒家经典。儒学之所以能在中华大地上顺畅地传承、发展两千余年，与它的载体文庙（也称孔庙）分不开，这大大小小的文庙历史上自汉高祖刘邦开始祭祀孔子之后，文庙的建造逐渐从京城到边陲形成了一个遍布全国的网络，其功用也从祭祀孔子，逐渐扩大。

历史上文庙这一建筑之所以能建盖得如此之多、分布得如此之广，是因为它跟历代王朝尊孔、倡儒（文庙是传播儒学的官办学校）密不可分！

文庙的作用如此之大，可是至今其名称却颇为混乱，这种混乱广泛见于民间，如各地或称“文庙”，或称“孔庙”。文庙名称在民间的混乱尚情有可原，然而，笔者发现这一混乱现象还常常充斥在一些书籍中，甚至还出现在一些谈论文庙的论文和专著中，如同是一部上海辞书出版社出版的《中国名胜词典》（1986年版）中对“文庙”的叫法，就有“嘉定孔庙”“南京夫子庙”“苏州文庙”等名称。

这仅是一般书籍，在论文和专著中这样的混乱更多，下面试举部分出版物为例。

例如称“孔庙”的有：曲英杰著《孔庙史话》（中国大百科全书出版社2003年版），李芸撰《孔庙与儒学的传播》（《四川文物》1998年1期），范小平撰《中国孔庙在儒学传播中的历史地位》（《四川文物》1998年6期），彭蓉著《中国孔庙建筑与环境》（中州古籍出版社2011年版），骆承烈撰《儒家文化的精神家园——孔庙》（《孔子研究》2007年第2期）。

称“文庙”的出版物也不少，例如：许儒慧著《云南文庙》（民族出版社2004年9月第1版），赵廷光主编《云南文庙存佚》（云南人民出版社2009年10月版），廖国强撰《文庙与云南文化》（《云南社会科学》2006年第2期），卜保怡撰《昆明文庙的兴衰》（收入《五华变迁史话》2009年10月版），刘新编著《儒学建筑文庙》（中国建筑工业出版社2013年7月版）。

历史上遍布中华大地的文庙，几乎不姓“文”，就姓“孔”，“文庙”与“孔庙”混用其实古已有之。如果把两种称谓统一为一种，只称“文庙”或只称“孔庙”行吗？这仍然是混乱，因为两个名称，各有所指，既不能随意互换，也不能统称。原因何在？

现代有专家提出历代的文庙（孔庙），有的只有祭祀功用，有的还有其他功用，如按功用分，可把文庙分为几种类型。

有人认为，所有文庙（孔庙）可分为四类：一是曲阜本庙，二是散见于各地的孔子后裔所建的家庙，三是京师孔庙，四是地方孔庙。

也有人认为，所有文庙（孔庙）只需分为家庙与学庙两类即可。

笔者认为，把文庙（孔庙）按其性质分为三类更为恰当。

第一类是孔氏家庙。最早的孔氏家庙，即由孔子的旧居改造成的曲阜孔庙。第二座孔氏家庙是宋室南渡后，孔子四十八世孙由曲阜迁至浙江衢州所建家庙。从此孔氏家族分为南北两宗；家庙，也分为南北两庙。上面将文庙分作四类，是将其中的家庙又分为两类。严格按功用分，家庙只有一类，凡是只祭祀孔氏祖宗的都是家庙，宜称“孔庙”。

二是国庙。全国只有北京文庙和曲阜文庙（曲阜其实有两座庙，在国庙的崇圣祠后另有一座规模很小的家庙）两座国庙，是封建帝王、地方官员祭祀孔子的专用庙宇。北京文庙祭祀人员往往是皇帝本人或朝廷主要官员。北京文庙也是最高级别的学庙——国子监所在地，又称太学。

三是学庙。学庙建于全国各地，也称庙学、学宫，是祭祀孔子的礼制性“庙”，也是学习儒家经典的学校。它由地方主管教育的官员管理。

国庙和学庙除了办学校和祭孔子外，还兼祭其他先贤、先儒、乡贤与名宦。

笔者认为按照文庙的功用来称呼，本文上面所列专著和专题论文，所称“孔庙”其实都应该叫“文庙”才名副其实。

鉴于上述国内文庙名称的普遍混乱状况，所以必须给文庙“正名”。

孔庙之名因庙内祭祀孔子而得，故古代又称“孔子庙”，“文庙”之名则源于唐代。唐玄宗开元二十七年（739年）封孔子为文宣王，因此，天下读书人皆尊称孔庙为“文宣王庙”，“文庙”即“文宣王庙”的简称。文庙得名的另一因素是，明朝永乐年间，因天下皆拜关公，并将祭祀关武帝的武庙（又称关帝庙）多建于文庙旁，民间就把与武圣人并列的文圣人孔子的庙，称为“文庙”。

把“文庙”与“孔氏家庙”混为一谈，古已有之，而且某些学者对此已有异议，《明史》云：“天下文庙惟论传道，以列位次。阙里家庙，宜正父子，以叙彝伦。”此论以是“传道”，还是“正父子，以叙彝伦”来区别“文庙”，与“孔庙”（“阙里家庙”），可谓界线分明。然而，至今人们对此仍未认真加以区别。

国庙和学庙与孔氏家庙功能不同，两者不仅是祭祀孔子一人的祠堂，也是供奉其弟子和孟子等儒学代表人物的殿堂，故历史上即有“孔孟之道”的概念，正是孟子的重民轻君思想，让儒学更具现代意识。另外，国庙和学庙还是传播儒家文化的“学宫”，地方的最高教育机构均设于文庙内。

由于国内对“文庙”与“孔氏家庙”两者的概念模糊，已引起误读，还影响了对外翻译。

“孔庙”目前“在对外翻译中，（已被）一律译为‘孔子的庙’即‘Confucian Temple’。”

夫子曰：“名不正则言不顺”，若孔圣在天有灵，对祭祀他老人家的庙堂称谓居然长期如此混乱，该是早已看不顺眼。所以笔者认为对古代传承儒学的载体——文庙，早就该效法孔夫子，为其“正名”了。

笔者“正名”的结论是：除孔氏家庙宜称“孔庙”外，国庙和学庙都应该统称“文庙”。

三、文庙的儒学传播和生员培养

文庙与儒学的关系十分密切，自唐贞观四年（1630）以来，从京师到全国州县大多建有文庙。之后各地的政府都在文庙里设有学堂，所以文庙又叫学宫，这些学堂无论行政级别高低都叫学宫，县有县学，州有州学，府有府学，国有太学。明代学宫内“府设教授，州设学政，县设教谕，皆设训导佐之”，文庙（学宫）就是培养生员最重要的场所。

生员的种类很多，但主要有“三生”“五贡”两大类。

何谓三生？指的是廪生、增生、附生。廪生的全称为廪膳生，廪膳又名食饩，就是由官府供给伙食的意思，廪生就是有伙食补助的生员。明初每个生员月廪（米）六斗，清代岁发廪银四两（各地略有差异）。廪生可以给参加考试的童生作保，童生无廪生作保，就不能参加县府院的考试。增生的全称为增广生，廪生的名额有限制，府、州、县额外扩收的生员即为增生，一般扩收名额约与正取的廪生相等。增生没有官府的伙食补助，也没有廪生的特权，考得一等前列者，遇廪生出缺，可顺序递补。附生的全称为附学生员，明正统年间，令在廪生、增生之后额外录取，附于诸生之末。清代沿此制度，凡初入学者都谓之附学生。“三生”之外还有“监生”。监生专指在京城国子监里肆业的诸生。清嘉庆、道光以后，在国子监学习的监生人数逐渐减少，咸丰以后，入监读书的监生已经寥寥无几了。

何谓五贡？明代有四贡，清代增为五贡，五种贡生的总称叫五贡。明清贡生的类别并不完全一样，入仕的情况也有差异。明代的贡生分岁贡、恩贡、选贡、例贡四类，而“例贡”不属正途。清代的贡生分岁贡、恩贡、优贡、副贡、拔贡五类，合称“五贡”。其中的岁贡、恩贡和明代相同，优贡和明代的选贡相似，副贡、拔贡则为清代所特有。

以上五类贡生，即使没有考中举人，只要入京参加考试考得一二等的，就可以获得官职。《清史稿·选举一》载：五贡到京入监读书期满后，经朝考可授予州同、州判、县丞等职，“凡朝考未录之拔贡及恩、副、岁、优贡生，遇乡试年，得其呈就职、就教”。五贡中以拔贡和优贡地位最高，最被人羡慕。这两类贡生，如果考举人，考中率最高；如果得授官，官位也较高。

云南虽然地处边陲，然而因为元明清时期兴文重教，州县大多建有文庙，各地的政府都在文庙里设有学堂。这些学堂对生员培育和科举取士发挥了很大作用。常言道：“十年树木，百年树人。”

从元代至元十一年（1274年）昆明重建文庙到至治元年（1321年）的四十七年，整个元代云南省才陆续有王楫、李敬仁、李郁、段天祥、李天佑五个昆明人考中进士（一说还有一个大理赵州人苏隆考中进士）。

明代时，云南举行乡试78科，共有2755个云南人考中文举人，后来有264人考中文进士，每科平均有3.38人考中进士。清代时，云南举行乡试104科（97次），共考中文举人5699人，后来有698人考中文进士，每科平均有6.71人考中进士。

由于文庙是培养科举人才的摇篮，生员有朝一日考中举人、进士，乃至成为达官，都会念念不忘母校，凡是遇到修葺文庙的时候，都会慷慨捐银回报母校，或者给母校题写匾额和楹联。如道光九年（1829年）进士、石屏人朱艧曾捐银修葺石屏文庙；康熙四十四年（1705年）举人、著名书法家、石屏人涂晫为石屏文庙题写“太和元气”匾额。清咸丰年间，生员出身的回民杜文秀敢造清廷的反，带领云南各族民众大起义，但他对文庙却十分敬畏，曾多次告诫各路义军的头目，不许侵扰沿途的文庙，因此云南大多数文庙都能在战乱中留存。

著名学者方玉润为什么考不上举人

——科举考试需要有专门的学问

中国历史上有一种现象，有的人学问很好，知名度很高，却终身与举人、进士无缘分；有的人学问平平，名不见经传，却高中进士，甚至被点为状元。于是就有人认为，中国的科举取士制度不公平、不公正、不科学，没有选拔到真正的人才。此说貌似有理，但持此说的人其实并不了解中国古代的科举取士制度主要选拔的是做官的人才，特别不了解明清两代主要以八股文取士的制度。

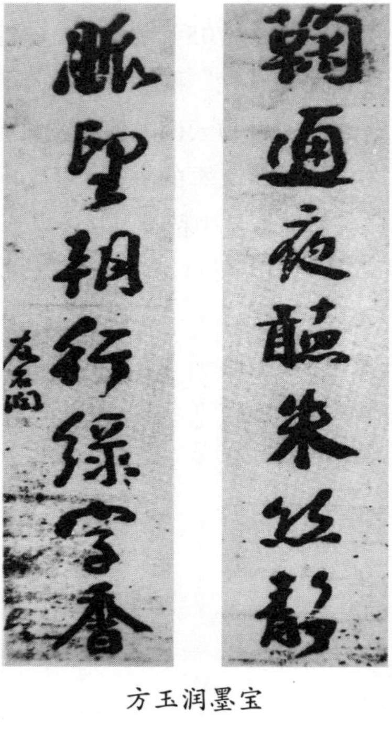

方玉润墨宝

笔者多年从事中国科举史的研究，得出的结论是：由科举出身的，特别是由举人、进士出身的大文人、大学者远远地多于非科举出身的大文人、大学者；著书立说与对付科举考试并取得功名是两种不同层次的学问，这两种不同层次的学问，在有的人身上有密切的联系，并能彼此促进；在有的人身上毫无联系，并误认为彼此会有不利的影响；著书立说是大学问，大学问主要显示的是文化人创新的才学；对付科举考试并取得功名是小学问，小学问主要体现的是应试者学习的成绩；有的人既有大学问，又有小学问；有的人要么有大学问，没有小学问，有的人要么有小学问，没有大学问；有的人要么大学问、小学问全无。什么是大学问？容易了解，也容易取得共识，恕不细说。何谓小学问？笔者认为所谓小学问，指的是：对付科举考试并取得功名必须具备的一些知识以及相关的技能、技巧。具体地说，一个人要想在不同层次的科举考试中取得成功，必须熟悉四书五经及朱熹对四书五经的诠释，必须熟练地掌握写作八股文的技能、技巧，必须了解“清真雅正”的取士标准（该标准虽然是清代正式提出的，但是在明代就已经按照这一还不成文的标准取士了），必须知道考场的各种规矩和作文时的各种要求和忌讳。在一般情况下，一个人如果粗通小学问，就可以考中秀才；如果具备小学问，就可以考中举人；如果熟悉小学问，就可以考中第三甲进士；如果精通小学问，就可以考中第二甲或第一甲进士。

由于小学问和大学问之间有可能毫无联系，也有可能有密切的联系，因此一个应试者的身上，有可能出现以下的一些情况：小学问无知，大学问更无，这样的人永远只能是一个与学问和功名无缘的童生；小学问粗通，大学问全无，这样的人只能靠秀才的招牌，在乡村开私塾，混饭吃；小学问生疏，大学问平平，这样的人，只能成为一个稍有名气的秀才；小学问生疏，大学问深厚，这样的人，虽然能成为著名的学者，但必然久困秋闱，终身考不中举人，云南人中以方玉润为代表。小学问具备，大学问平平，这样的人，是一个平庸的举人，七品芝麻官都难当上，学问当然也很浅薄；小学问具备，大学问深厚，这样的人虽然能考中举人并成为著名的文人或学者，但终身考不中进士，云南人中以张含、师范、李彪、许印芳、赵藩等人为代表；小学问熟悉，大学问平平，这样的人虽然是进士并担任着职务高低不同的官员，但学问平平；小学问熟悉，大学问深厚，这样的人虽然只考中甲次最低的第三甲进士，但学问渊博、著述甚丰，云南人中以杨一清（杨一清，18岁便考中进士，官至内阁首铺，又是明代著名诗人）、李元阳、刘文征、傅为詝、钱沣、谷际歧、王崧、窦垿等人为代表；小学问精通，大学问平平，这样的人虽然能考中甲次高的二甲进士乃至一甲进士，且担任高官者居多，但却不是著名的文人或学者，云南人中以杨绎（高中第二甲第五名进士）、李启东（高中第二甲第一名进士）、张一甲（高中第二甲第二名进士）、张晋熙（高中第二甲第四名进士，官至从二品的河南布政使）、朱淳（高中第二甲第一名进士）、赵时俊（高中第二甲第五名进士）等人为代表；小学问精通，大学问深厚，这样的人不但能考中甲次高的二甲进士乃至一甲进士，而且还是著名的文人或学者，云南人中以张志淳、包见捷、黄琮、何桂珍、陈荣昌、李坤、袁嘉谷等人为代表。本文受题目所限，这些人的成就与失败仅以方玉润为例进行较详细地分析。

方玉润（1811—1883年），字友石，又字黝石，号鸿蒙子，云南省广南府宝宁县（今广南）人。自幼喜攻读诗书，博学多才，却对儒学以及八股文不太用心。他的父亲为此将他锁禁于书房，强令他致力于四书的钻研和八股文的练习，以期科场高中，光宗耀祖。方玉润却借此机会得以在书房里博览群书、广摹碑帖。由于不务正业，二十多年间多次参加乡试都未考中举人，最高学历只是一个秀才。他虽然只是一个秀才，但却能谈兵论武，书画诗文俱妙，对学术研究，更有广泛的兴趣和涉猎。凡天学、地学、理学、数学、经学、史学、兵学、文学、诗学，他都有一定的造诣。道光十八年（1838年），方玉润到省城参加乡试不中，便长期滞留在昆明。他寓居昆明期间，以书画营生。他学得钱南园、郑板桥、王文治等著名书法家的字体，又能临摹这些人的印章，写成楹联中堂高价出售，其墨迹足以乱真。

咸丰四年（1854年），43岁的方玉润和友人段锦谷赴围剿太平军的清军荆楚大营，在李孟群的帐下为幕僚。太平天国被剿灭后，方玉润打算返回云南老家，却有人将他推荐给两江总督曾国藩。曾国藩读了方玉润的《论学》《论人》《论天下大局》三部著作后，批誉为“冥心孤注，所得独多”，并给予丰厚的馈赠，挽留任职，但方玉润却不肯高就。后辗转流寓于湘、鄂、赣、冀、鲁等省。同治四年（1865年）抵陕西，出任陇州州判。这一时期，方玉润一边任职，一边潜心著书立说，还应郡守延聘，至五峰书院讲学六年。因方玉润好学多思，常有创见，又能言善辩，讲学受到学子的普遍欢迎。

方玉润的一生，治学严谨，著述很多，有《乾象》《钩元》《杂志》《新编三易元始》《坤舆》《书纬》《礼纬》《诗纬》《唐诗纬》《诗经原始》《风雨怀人集》《星列日记》等36种，统收入《鸿蒙室丛书》。方玉润还对《国风》《召南》等逐章加注释，且有精辟而独到的见解。其著述陆续刻印，传播于世，深受当时学术文化界人士的推崇。由于方玉润有以上学术成就，不愧为清代云南的著名学者、文学家和书法篆刻家。

在清代，科举考试的考场规则和选拔程序十分严密、科学，录取标准一脉相承，公开、透明。在一般情况下，考官取士是很公平、公正的，何况考生一次考试失败，还可以无止境地继续考下去。因此学问深厚的人多次或终身考不中举人、进士，其原因不在录取标准有问题，也不是考官有眼无珠或徇私舞弊，而是在应试者自身。方玉润之所以多次乡试不中，最高学历不过是秀才，是因为他杂学渊博，对应付科举考试所必须具备的儒学，反而较为生疏，再加上自视甚高的方玉润又轻视八股文。他在粗通小学问取得秀才资格后，无暇或者不屑下苦功夫对该学问深入地进行钻研，致使他的小学问始终处于生疏或较生疏的状态。清乾隆以后的乡试，考试的内容定为：第一场考试，四书文三篇，含《论语》《孟子》《大学》《中庸》，五言八韵试帖诗一首；第二场考试，经文五篇，含《诗》《书》《易》《礼记》《春秋》内容；第三场考试，策问五道。虽然清代的雍正、乾隆、嘉庆等皇帝明确地告知乡会试的考官阅卷时要三场并重，但考官阅卷时大多看重头场，看轻二、三两场，特别是乡试的考官，大多只看重头场，他们牢记“如头场疵谬，虽二、三场可采，仍不准取中”的原则进行取士已成为了习惯。方玉润对四书较生疏，在头场考试中难免“疵谬”较多，这就几乎决定了他无法考中举人的命运了。另外，头场考试的四书文，写的是八股文，优秀的八股文的标准是“清真雅正”。嘉庆十年（1805年）嘉庆皇帝曾经谕各考官：“乡、会试三场，并设经文、策对，原与制艺并重。然必须先阅头场文艺，择其‘清真雅正’合格者，再合校二、三场。”何谓“清真雅正”？“清”指的是文章叙说有条理，文气流畅、不散乱；“真”指的是文章的内容纯正、精当；“雅”指的是文章的语言必须典雅、朴实、简约；“正”指的是文章的思想、文风必须纯正，“正”是“雅”的提升。清真雅正的基础是“理法辞气”。八股文之“理”就是孔孟之道、程朱之学，即一篇文章阐发的“义理”是否符合程朱的解释，是否醇正。如有不符，必将黜落；若理醇脉正，且有创意，则为佳作。八股文之“法”指文章的作法。戴名世说：“制举业者……而法有二焉：有行文之法，有御题之法。”御题之法是指“相其题之轻重缓急，审其题之脉胳腠理，布置严谨，而不使一毫发之有失，此法之有定者”。即看到一篇文章的题目后，必须先仔细揣摩题目的出处，也就是确定这句话是谁言之，对谁言之，在何环境下言之以及说此话时的神情。御题之法在八股文的写作中极为重要，它是应试成功很重要的环节。行文之法是指作八股文时对文章主体部分结构起伏呼应、顿挫跌宕的布局等。戴名世认为：“行文之法，法之无定者”，即行文之法不是死板之法，他有许多的机巧变化，不同的题目，不同的表现内容和主题，都可以采取不同的表现方式。总之，一篇八股文若作得丝丝入扣，议论通畅，裁减整齐，便能过关。八股文之“辞”是指文章的文采和字句的表达。李光地的《榕村语录》云：“文字不可怪，所以旧来立法，科场文谓之清通中式，清通二字最好；本色文字、句句有实理实事。”这就是说文章既不能带有注疏之死板，也不能带有辞赋之浮华，应该朴实自然、珠圆玉润、言之有物。八股文之“气”，乃是为文者的思想借助文辞和句式，外化为文章行文的气势、气概。若能使人感到灏气盘空、大气盘旋、魄力沉厚者为佳。八股文中的“理法辞气”，最重要的还是“理”，即应试者对考题“义理”的阐述内容，必须按照四书五经注释的要求，个人没有太大的发挥空间，一旦发挥过头，即违背了程朱传注，则会被判定为“心术佻薄”，文章也就必然被黜落。

由于方玉润轻视八股文，他有可能对“清真雅正”的取士标准也理解不深刻，在作八股文时，或者有注疏的死板，或者对“义理”的阐述发挥过了头，违背了程朱的诠释（越是学者，越容易犯这样的毛病），或者还犯了其他致命的错误。这就是方玉润终身考不中举人的原因。

明清两个朝代的统治者为什么要坚持用八股文取士呢？笔者认为八股文有以下优点：一是衡量一篇文章的好坏必须有一个统一的标准，而科举考试时使用的八股文统一从四书五经的章句中命题，在形式上有四联八股的规范，内容上有代圣人立言必须符合“清真雅正”宗旨的要求，是中国考试史上的一种标准化的考试文体；二是使用八股文这一标准的考试文体，在一定程度上可以避免使用其他文体时的评价误差，可以使评卷更加标准化、客观化，并可以减少评卷的工作量；三是八股古文是汇集了古代各种文章技巧而逐渐形成的一种优秀文体（当然，八股文也有优劣之分），是一种很注重写作技巧的文体，是诗歌中的律诗。考试时使用这一文体，既可以检测应试者写作的技能、技巧，又降低了应试者侥幸取胜的几率。

当代学者邓云乡在《清代八股文》一书中说：“八股文的作用，是在于强化思维能力的严格训练，在范围和条件的严格限制下，训练思维能力的集中性、敏锐性、全面性、辩证性。先天的聪明才智，再加后天的八股文教育对思维能力的特殊严格训练。这样，明清两代八股文科举考试，仍能人才辈出的历史之谜，就完全可以做出科学的解释，可以清楚地理解了。”此说是很有见地的。是的，你可以不喜爱八股文，甚至可以厌恶八股文，但不能说八股文没有价值，八股文扼杀了人才。

何谓民间版的云南进士

2013年11月，笔者与田丕鸿先生合著的《云南科举史话》上下册由云南美术出版社出版不久，笔者便接到了不少的电话。有人请我帮他购买这套书；有人向笔者请教：“我们县的县志上说，清代时我县有四人考中文进士，而您的大作上却说只有二人考中文进士，四人说与二人说，到底哪一说更确切一些？”有人向笔者询问：“据祖上说，我家的远祖某某是明万历年间的进士，烦请您帮我查一查有没有这一回事？如果有，请帮忙查一查他是哪一年考中进士的？”有的人说话不太客气：“我的曾祖父某某是光绪二十三年的进士，而你们写的《云南科举史话》，为什么没有他的名字？”

笔者对人们如此关注《云南科举史话》这套书，感到很高兴。因此，对电话中的请求，大多是有求必应的，对所有的询问，都是尽笔者所知，向询问者说得明明白白。即使是对那位问话不太客气的人，笔者当时仍在电话中耐心地告诉他：“光绪二十三年是丁酉年，即公元1897年，那一年是乡试年和选拔‘优贡’之年，不举行会试和殿试，您可能是把您曾祖父考中进士的年代记错了，或者是您的曾祖父并没有考中进士，他是被选拔为那一年的优贡生。因为我们云南民间有将贡生称为进士的习惯。”

是的，云南民间的确有将“贡生”称为“进士”的习惯，有文化的明白人，称贡生为“乡进士”，笔者则称“乡进士”为民间版的云南进士。记得30多年前，笔者去腾冲和顺旅游，进入“张氏宗祠”后，因笔者也姓张，又对云南的一些家族史感兴趣，便向看守宗祠的老人问这问那，问得较仔细。看守宗祠的人见笔者对张氏家族的历史很感兴趣，又知道了笔者也姓张，便将他们编写的《张氏族谱》送了一本给笔者，并对笔者说：“我们张家在清代时，很兴盛，还有一位老祖宗考中了进士。”笔者当时虽然对有关科举的话题，颇有兴趣，但并没有对云南的科举进行过深入的研究，因此对守祠人的话，并不知真伪。回到昆明的家中后，笔者查阅了很多书籍，才确切地知道：明代腾冲出了陈彝典、胡琏、胡璇三位文进士；清代腾冲出了江舻、寸开泰两位文进士，并无张姓之人考中文进士的记录。当时笔者并不知道还有“乡进士”之说，因此很困惑。笔者一方面认为和顺的《张氏族谱》不至于无中生有地骗人；另一方面更坚信许多典籍中的相同记载不会有错。由于有这一原因，再加上笔者本来就对有关科举的话题感兴趣，以及笔者母亲的外祖父倪恩龄是光绪二年（1876年）的翰林，昆明倪氏家族在清代有八人考中文进士（其中的二人是翰林），是昆明首屈一指的望族，被称为倪翰林家。便决心致力于对云南科举的研究。

后来，笔者逐渐明白了，被很多云南人称为进士的人，其真实身份只是一个连举人都未考中的“贡生”。云南民间有恭维“贡生”为“进士”的习俗，而且这一习俗在中国的很多省份都有。有的贡生听朋友和乡亲恭维他为进士，也就飘飘然起来。在一些真进士罕见的州县，或还没有出过举人、进士的家族，一旦有生员（秀才）被选拔为贡生，就会欣喜得不得了。只要是稍有几文钱的家庭，为了显摆和糊弄一下没见过世面、不知就里的乡下人，就一定会花重金请当地的官员或有名望的人题写“进士”二字，并注明题写者的职务，然后请工匠精心制作成“进士匾”，悬挂在自家的大门上或厅堂里，甚至悬挂在宗祠内。这样的“进士匾”，大多制作得非常精美，斗大而又醒目的“进士”二字，老远就看得清清楚楚，而表明主人真实身份的“岁贡”“恩贡”之类的文字，却刻写得很小。这种欺世盗名的“进士匾”，由于悬挂的时间太久，或者遭遇到火灾之类的灾害，或损或毁。“进士”的孝子贤孙们或许会重新制作一块新的“进士匾”来光耀门第。后人请人制作新匾时，要么对原匾上注明主人真实身份的小字，已经记忆不清；要么对先人的真实身份，真的不懂；要么有意要掩人耳目、鱼目混珠，就干脆将匾上的那些小字一律省去，只留下斗大而又金光闪闪的“进士”二字，让参观者对逝者的身份真假难分。当然，也有一些诚实的乡进士，他们一方面不能免俗，也想显摆一下；另一个方面也不愿意欺世盗名，便在匾额上明明白白地刻上“乡进士”三个大字。家族中还没人高中过举人、进士的张狂贡生，还会仿效举人、进士的做派，请工匠制作更显摆的“功名旗杆”插在宗祠前。“功名旗杆”是科举功名的象征，由旗杆夹和旗杆两部分构成。旗杆夹由两根厚重而颀长的巨大条石组成，条石的下端插入地下，露出地面的两根条石，在终端和上段各凿一个高低一致的通孔。两根树立的旗杆石相距约一尺，左边的那根条石上镌刻有主人获得的具体功名，右边的

“乡进士”门匾

那根条石上镌刻有主人获得功名的年月。旗杆选用高达四五丈，直径稍小于两根旗杆石距离的粗大杉木。杉木的终端和下段，即与旗杆石两个通孔等高的地方，也凿有两个通孔，然后用两个销钉将旗杆石和旗杆串连在一起。举人和进士的旗杆下端用磐石垫底，上部做有四方斗，进士为两个四方斗，举人为一个四方斗。"僭越"礼制的贡生终究有些心虚，不敢完全攀比，旗杆下端垫底的磐石之上再加一块圆形础石，旗杆的上部没有方斗，以示细微的区别。有志气的贡生，耳闻目睹了同类的这些浅薄、张狂、欺人自欺的行为，都会嗤之以鼻，他们不愿与这样的同类为伍，走的是埋头读书，先考举人，再中进士的光明道路。

《云南科举史话》出版以后，笔者还接到一个从富民县打来的电话。他说他在富民黄坡的张姓人家中看到一块"进士匾"，打电话的这位热心人还将他拍到的"进士匾"照片用电脑传送给笔者。笔者仔细观看照片，硕大的"进士"二字的左侧有两行小字。原来这位名叫张綖的所谓进士，仅是清嘉庆六年（1801年）辛酉科的一名拔贡生。云南的很多州县，由于文化落后，科甲不兴盛，考中真进士的人很少，或者竟一个也没有，就是考中举人者也不多。偶尔冒出了几个贡生，就稀奇得不得了，后世之人都会误认为是进士。如富民县，仅在张綖被选拔为拔贡生之后的31年，即道光十二年（1832年）的壬辰恩科才出了唯一一位名叫邱以德的文进士。与张綖同一时代的人恭维张綖为进士，后世之人误认为张綖是进士，也就在情理之中了，云南很多州县的这类误传不胜枚举。如几天之前，笔者从云南的某报上看到了一篇谈论某县科举的文章。作者自豪地说，清代该县有八人考中文进士。笔者熟知该县在清代仅有两人考中进士，哪有八人之多？为慎重起见，笔者还是作了更深入的核实。果然，他所说的另外六人全是子虚乌有，大约也是六个乡进士。

云南等省的民间为什么会恭维“贡生”为“进士”呢？原因大约有二。一是“进士”和“贡生”都是地方选拔、推荐给中央，并得到中央认可的人才，二者之间有某些相似之处。二是部分中国人历来爱说吉利话、恭维话，也爱听吉利话、恭维话，称“贡生”为“进士”，听者受用，说者对听者还有祝福的情意。其实，“贡生”与“进士”之间还有着巨大的差别，贡生既不是进士，就连考进士的资格都没有。所谓贡生，就是各省把一些资深而又多次考不中举人的老秀才，以及年轻、优秀的新秀才，按朝廷规定的选拔期，选送给朝廷，以供朝廷择优录用。贡生名义上要进入国子监深造，但明清两代认真执行的时期都很短暂，故所谓贡生大多是挂名的国子监学生，其地位在举人之下，秀才之上。

明清两个朝代的贡生，种类和称谓略有不同，入仕的情况也有差异。明代的贡生分岁贡、恩贡、选贡、例贡四类，而“例贡”不属正途。清代的贡生分岁贡、恩贡、优贡、副贡、拔贡五类，合称“五贡”。其中的岁贡、恩贡和明代相同，优贡和明代的选贡相似，副贡、拔贡则为清代所特有。

一、岁贡。府、州、县学每年或数年向上贡出的生员。这些贡生是从十年未中举人的廪生中选拔出来的，名额有限定。清顺治二年（1645年）规定岁贡，府学岁一人，州学三岁二人，县学二岁一人。康熙初，贡额一度减少，后来很快又恢复了顺治时的规定，直到清末。最初规定，岁贡生要送京廷试。康熙二十六年（1687年）罢岁贡廷试，但各省学政要严加遴选，不合格的发回原学；发回五名以上，朝廷要扣学政的薪水，以示惩罚。

二、恩贡。恩贡即恩贡生，明清两代，每逢皇上登基、万寿、大婚等喜庆之年，朝廷令各省入贡生员，称为恩贡。

三、优贡。优贡即优贡生，优贡之制起于清初。顺治二年（1645年）令在诸生员中选文行兼优者，大学二人，小学一人送国子监。乾隆四年（1739年）定举优限大省无过五六名，中省三四名，小省一二名，任缺无滥。学政三年任满前考优一次，会同督抚保题。乾隆二十九年（1764年）再次认定三年举优，自此成为定制。如逢优、拔同考之年。先考拔贡，后考优贡；考为拔贡者，不再考优贡。举优工作由府州县教官将历届科、岁考一等成绩最多者选出（曾考过三等者不取）呈送学院。被举后在省城参加两场考试。通过后，将正场复试原卷解礼部磨勘。

四、副贡。副贡即副榜贡生、副贡生。清顺治二年（1645年），令各省从乡试落选试卷中挑选一些文理较好的试卷，这些试卷的考生取为副榜，准作贡生。“康熙十一年，定以正榜题五人，则设副榜一人。”（嘉庆《读修台湾县志》卷三《学志·选举》）副榜发榜时和正榜举人在一个榜上，但副榜不像举人可直接参加会试，要参加会试，还得先考中举人。

五、拔贡。拔贡即拔贡生。清初拔贡无固定年份，乾隆七年（1742年）定为十二年一考，于酉年举行，并形成定制。拔贡名额，府学二名，州县学各一名。但生员不足百名或文风不盛的地方，只能几个州县合选一名，或不选。地方选出后，还要到京城参

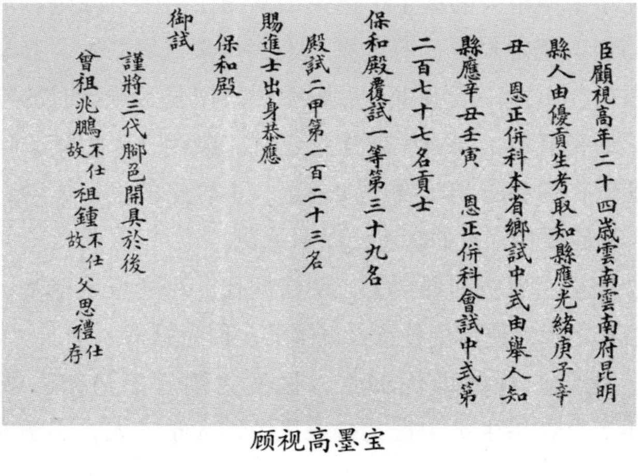
臣顧視高年二十四歲雲南雲南府昆明
縣人由優貢生考取知縣應光緒庚子辛
丑 恩正併科本省鄉試中式由舉人知
縣應辛丑壬寅 恩正併科會試中式第
二百七十七名貢士
保和殿覆試一等第三十九名
殿試二甲第一百二十三名
賜進士出身恭應
保和殿
御試
謹將三代脚色開具於後
曾祖兆鵬故不仕 祖鍾故不仕 父思禮仕存

顾视高墨宝

加两场考试。

顾视高像

以上五类贡生，即使没有考中举人，只要入京参加考试考得一二等的，就可以获得官职。《清史稿·选举一》载：五贡到京入监读书期满后，经朝考可授予州同、州判、县丞等职，“凡朝考未录之拔贡及恩、副、岁、优贡生，遇乡试年，得其呈就职、就教”。五贡中以拔贡和优贡地位最高，最被人羡慕。这两贡生，如果考举人，考中率最高；如果得授官，官位也较高。如昆明人顾视高，系光绪二十三年（1897年）丁酉科优贡第二名，朝考一等第十一名。由于成绩优秀，顾视高被授知县之职。但志向高远的顾视高不愿以卑微的优贡资格步入官场，他还要考举人、考进士，便以奉父命中试后即返家侍祖为由，婉辞不就。光绪二十六年（1900年）庚子辛丑恩正并科乡试，顾视高便考中了举人。光绪二十九年（1903年）癸卯补行辛丑、壬寅恩正并科会试和殿试，顾视高又连捷高中二甲第一百二十三名进士。朝考一等第二十三名，钦点翰林院庶吉士，后又授翰林院编修。

诗人杨载彤乡试的艰难历程

清代乾隆年间，云南太和县（今大理）有一位名叫杨载彤的年轻诗人。他经过县试、府试、院试三级考试，好不容易考取生员（秀才）。以后，他便以为万事大吉了，就忙于开馆授徒、吟诗作对了。其实，他的诗虽然还写得不错，但对四书、五经并没有较深的钻研，写作八股文也不太娴熟，因此，每逢三年两次的“岁考”和“科考”，成绩都不太好。岁考在新学政（学政的每一任期为三年）到任的第一年举行，由学政亲临该省各府、州、县主持考试。考试的内容为四书文一篇、经文一篇、五言八韵试帖诗一首，默写一则《圣御广训》。岁考的成绩分为六个等级，史称“六等黜陟”法。将“文理平通”者列为一等，“文理亦通”者列为二等，“文理略通”者列为三等，“文理有疵”者列为四等，“文理荒谬”者列为五等，“文理不通”者列为六等。生员中若考列一等者，原属增、附生者（没有伙食补助的生员）可补入廪生（官方给予伙食补助的生员），并奖赏绢纱、纸笔等。考列四等以下的廪生则处以“停饩”，即取消伙食补助，而且不准参加科考，乡试年只准录遗。如考列六等者，原属资深廪生，则“发本处充吏”。其余一律取消生员资格，“废黜为民”。有道是：“秀才好做岁考难。”有不少的秀才，不但一辈子无资格参加乡试，就连秀才的功名也被取消了。科考在新学政到任的第二年，即乡试的前一年举行，主持者仍是各省主管教育和考试的最高长官学政。考试的内容为四书文一篇、策论一篇、五言八韵试帖诗一首，默经一段。岁考成绩列为一二三等者，才有资格参加科考。科考的成绩分为三个等级，考得一二等和三等前五名的生员，才有资格参加乡试。科考的录取人数与各省下一年乡试的录取名额有关，一般按正榜1：50，副榜1：20确定科考的录取人数。乾隆嘉庆年间，云南乡试的配额正榜一般为五十四人，副榜一般为十人，即每次科考要录取约三千名生员。如果录取的生员不足三千名，还可以挑选岁考列为四等的生员和科考没有过关的生员进行“录遗考”。考试合格者，也有资格参加这一科的乡试。

由于杨载彤的岁考成绩欠佳，常被列为四等，或科考的成绩不佳，排名在三等前五名以下，因此，常被拒于乡试考场贡院的大门之外。有一年，杨载彤终于时来运转，因本科有资格参加乡试的生员不足，挑选他到省城参加“录遗考”，如果录遗考能顺利通过，他就有资格参加乡试了。欣喜万分的杨载彤，精心准备就绪后，从大理出发前往昆明应试。他在出发前、旅途中以及考试期间、落榜之后写了十二首竹枝词描写出发前的喜悦、旅途中的艰辛、考试时的亢奋、落榜后的牢骚、痛定后的振作以及旅途经过、人情冷暖等。这一组诗，读起来朗朗上口、充满情趣，又颇有史料价值和文学价值。现摘抄于下，并略作解说。

一

雨衣草帽短烟戈，被套新缝为赶科。
请托相知权代馆，束脩支过半年多。

乡试前后，正是云南炎热的雨季，故杨载彤备足了雨具和外出的生活用品。他还委托朋友暂代他在私塾里授课，又向学生的家长预支了半年多的学费，准备出门。从该诗可以看出：杨载彤有沾沾自喜的个性，无殷实富足的家底。

二

短鞍长镫巧安排，高中言传笑脸开。
预数探亲从某某，弓鱼乳扇带齐来。

临行前，杨载彤检查了载他远行的马匹和馈赠亲友的礼品，为自己的精细而得意，因亲朋的祝福而高兴，沉浸在即将乡试高中的喜悦中。

三

辞行约伴仅勾留，走马斜阳入赵州。
明日泥塘深处几，大家谦问马锅头。

告别家人，结伴上路，但仍依依不舍，久久不忍离去。夕阳西下时，来到了赵州的客栈，向马帮的领队人询问明日的旅途是否艰险。

四

红崖云驿普淜过，取次沙桥往吕阁。
岭下定西威楚近，木disabled坡又广通坡。

行了一程又一程，过了一地又一地，爬了一坡又一坡，好不容易才来到了楚雄府的广通。

五

禄丰道接老鸦关，省隔安宁咫尺间。
公馆歇脚读书铺，先生到此竟开颜。

数日鞍马劳顿，今日又闯过了地势险要的禄丰老鸦关。夜晚在读书铺的公馆住宿，眼看省城昆明已近在咫尺了，不由得高兴万分。

六

峰头立马万山低，阅尽雄关下碧鸡。
靴袂麂皮衣毽毽，都知来客是迤西。

踌躇满志的杨载彤，立马碧鸡关上，只觉众山皆低。而省城西郊的行人，看到我们的装束，都知道我们来自滇西。

七

录遗考过进三场，火扇招摇意气扬。
号舍闲谈问闾里，文风俱说让吾乡。

杨载彤顺利地通过了“录遗考”，取得了乡试的资格。又于八月八日至十日、八月十一日至十三日、八月十四日至十六日参加了三场乡试。他轻摇蒲扇，面带微笑，自我感觉十分良好，仿佛已经考中了举人。街头巷语，都说大理府的文风甲于滇西，杨载彤更是得意扬扬。

八

自古场中不论文，偏于场外论纷纷。
茶坊酒肆交相赞，火把争辉定应君。

贡院号舍里的考生，各自忙着考试，考场的纪律也不允许考生互串号舍交头接耳。因此，考场外的茶楼酒肆就成为了考生议论考试的主要场所。考生们互相吹捧又自我吹嘘。有人奉承杨载彤，此榜君必高中。飘飘然然的杨载彤也自以为必定“桂榜题名”了。

九

三声火炮榜高悬，平地登云会上天。
愁怨人多欢笑少，店东板脸逼房钱。

三声火炮响后，桂榜高悬。落榜的多数人垂头丧气，高中的少数人喜笑颜开。原先对杨载彤满脸堆笑、十分客气的店主，知道了杨载彤名落孙山，便板着面孔向杨载彤催要所欠的房钱。

十

任有佳文不屑看，仇深似海是廉官。
三年一试非容易，资斧过于道路难。

杨载彤乡试落第，不怨自己才疏学浅，只怪考官有眼无珠不识人才。等待三年一次的乡试好不容易，而筹措旅费之难，又比旅途的艰难更困难。

十一

奋志当如看榜初，满腔热血付经书。
须知此日元魁辈，落第前年共笑渠。

满怀希望地来看榜，十年的心血都付给了经书。哪知道，那个曾被人耻笑的落榜人，却高中了本科的解元，而满腹经纶的我，却榜上无名。

十二

逢人怕道赶科回，白眼谁知有用才。
息鼓偃旗暂归去，养全锋锐又重来。

回家的落第人，最怕遇见熟人，那些只会白眼看人的势利小人，哪能识别像我这样的人才？暂时隐忍着回家去，养精蓄锐之后，又再赴考场，让这些势利小人看看“我辈岂是蓬蒿人”？

由于有诗人气质，无学者深沉的杨载彤太自信，没有认识自我的慧眼，没有苛责自我的勇气，更不善于总结失败的教训，完善自己的能力，因此以后的多次乡试，他依然落第。直到嘉庆十二年（1807年）丁卯科云南乡试，才考中了副榜。副榜也称副贡，并不是真正的举人，只相当于准举人，没有资格参加会试，若遇到机会，也可能被任命为学正、教谕之类的学官。后来，杨载彤就被任命为正八品的马龙州学正。

杨载彤有《嶰谷诗钞》六卷、《诗余》一卷传世。后人认为杨载彤的诗，“有香山之自然而无晦涩，得樊南之逸思而无繁缛”。是的，杨载彤的诗清妙委婉，意境深远。如五言律诗《秋旅》：“行客往来急，荒途今古横。西风下黄叶，一路听秋声。日脚度空谷，云头压晚城。解鞍投旅馆，饿马啮残更。”七言律诗《晚眺》：“望断苍云不见家，婆娑老泪洒天涯。秋风欺我青衫薄，冷月轻人白眼斜。黯淡芙蓉纷坠露，萧疏杨柳乱啼鸦。何时得遂园林乐，醉倚东篱看菊花。”

志在必得的两位解元

明代弘治年间（1488—1505年）的云贵乡试，每科约有三十个云南生员考中文举人，而参加乡试的云南生员却有一千多人，中举率仅有3%左右。举人难考，要考中举人的第一名解元，就更是难如上青天了。然而，却有两位太和县（今大理）生员志在必得，非要考中解元不可。这两位太和生员都是喜洲人，都是太和县著名塾师董先生的高足。一位是杨宗尧，一位是杨士云。这两位同窗的杨姓生员都自视甚高，都相信自己能考中解元。

明弘治十一年（1498年）的六月，戊午科云贵乡试的考期已经渐渐逼近。有一天，居住在喜洲白塔坪的杨宗尧和居住在喜洲大界巷的杨士云，都从家中出发，前往昆明参加乡试。他们走到坡头村的小拱桥上时，却不期而遇了。相互问候时，才知道都是要上昆明赶考。杨士云道："你我二人同去赶考，一路有伴，既可切磋学问，又能互相照应，真是老天成全。然恩师曾言：你我二人皆有解元之分。而每科乡试仅有一名解元，若你我二人皆去考试，岂不是埋没了一人？依愚弟之见，从道兄比我年长一岁，学识也更渊博，不如今年从道兄先去应考，等到兄取得解元后，愚弟再去考也不迟！"杨宗尧道："贤弟之才远胜于我，还是贤弟先去考才是！"杨士云道："哪有小弟抢先兄长的道理，还是兄长先去考，我回避三年。"两人争执不下，竟谁也不肯抢先。还是杨士云有主见，他见谁也不忍抢先，便说："仁兄不愿抢先，小弟我也不忍抢先，只好听天由命抓阄了。"抓阄的结果是：杨宗尧今年先考。

戊午科云贵乡试，云南生员有30人考中文举人，贵州生员有19人考中文举人，杨宗尧果然考中第一名举人，即解元。而三年之后的弘治十四年（1501年）辛酉科云贵乡试，杨士云也如愿以偿地考中了解元。后来，两人又先后考中了进士。两位贤人互相谦让，又双双考中解元和进士的佳话，从此便在云南士子中流传。还有流传说：聪明绝顶又道德高尚的杨士云，为了让杨宗尧先考，抓阄时玩了“手脚”。他在两张小纸条上都写了“后”字，捏成团后，又抢先抓取，抢先展开。老实的杨宗尧见杨士云抓的是“后”字，便以为自己所得的必是“先”字，于是只好“听天由命”了。

二杨的人品和才学，使喜洲人备感自豪。为感念两位先贤，后人便将二杨赶考时相遇的那座无名小桥，取名“让解桥”。明万历二十八年（1600年）举人、著名学者、邓川人艾自修曾为“让解桥”撰写碑文，并题诗一首，立于桥之右。其诗云：“解元相让亦奇哉，让与他人可复来。让去让来成戏局，胸中笔下有专才。功名原属天将数，两解相期谁把住。德气潜修龟阙身，启心动口神天护。非徒物类两争夸，云足功夫已到家。自揣文场无与敌，后先信手若拈花。”光绪二十九年（1903年）进士、著名学者、昆明人顾视高，久闻二杨的品学和“让解桥”的得名，1933年到喜洲考察“让解桥”时，曾亲笔题写“让解桥”三个大字，后被制成石碑，立于桥旁。

杨宗尧（1475—1521年），字从道，别号中行子，太和县（今大理）喜洲人。自幼勤奋好学，性至孝。年方16岁时，曾割股奉亲除顽疾。明弘治十一年（1498年）戊午科云贵乡

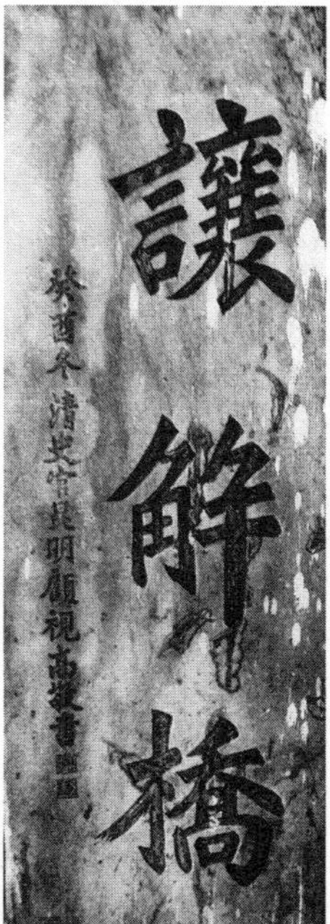

让解桥

试，22岁的杨宗尧考中举人第一名解元；正德十六年（1521年）辛巳科殿试，四十六岁的杨宗尧考中第三甲第八十七名进士。杨宗尧平生博雅好古，人号之为“书笥”。皓首穷经，夜分不寐，可谓笃志矣。由于劳累过度，中进士的当年，才志还未充分展现时，就病死在任上。

杨士云（1477—1554年），字从龙，号弘山，又号九龙真逸，大理喜洲人。杨士云本姓董，因祖姑董氏爱其颖敏，抱为己子，随祖姑父姓杨。正德丁丑（1517年）进士，被选为翰林院庶吉士，后历任工科、兵科、户科给事中。眼见官场黑暗，自认为耿直难容于当道，以病辞归。坐卧一小楼，左右图吏，探讨六经，名其室为“乾乾斋”。重孝义，尚清廉，崇理学，敦古道，虽多年在外为官，“子孙无羡布余粟，仅能力耕以食”，年七十八卒于乡。李元阳有《户科给事中弘山先生墓表》传其生平业绩，其门人杨汝德辑其遗著为《杨弘山先生存稿》十二卷。卷一、二为咏史，卷三为天文历志，卷四为律吕，卷五为皇极经世，卷六为读韩诗外传、老庄等，卷七为五、七言古体、五言绝句等，卷八为七言绝句，卷九为五言律及五言排律，卷十为七言律及七言排律，卷十一为序跋记议等，卷十二为碑铭墓志祭文。集中诗歌部分又标之以《弘山先生日录诗集》。

咏史，在弘山诗中占的比重很大，约630余首，凡先秦经两汉魏晋南北朝至唐宋的历史人物和事件，“择事有可纪，人有可则、可戒者，隐括成韵，以寓劝惩”。是杨士云以韵文的形式写成的读史笔记，取材广泛，有关云南的有《爨云》《读南中志》《常璩》《李宓》《张虔陀》《韦皋》《唐次》《甫诏骠国献乐》《大理传》《唐战士》等20余首。如《李宓》：“西洱全军覆没时，捷闻犹自报京师。归来召见甘泉殿，高适分明为赋诗。”又如《张虔陀》：“纪出欧公传宋公，虔陀死事异还同，不书太守书都督，又见张云著录中。”于史实的评论中寓自己的感情和识见。

作为杨士云诗歌创作的代表，则是卷七至卷十的五、七古，五、七律。作者长期生活于农村小镇，对当地的苍洱风光及农村生活有较为深切的了解，写来也较真实亲切。如《奉和仰斋赵州道中望点苍山韵》：“苍苍十九峰，壁立接天路。孱颜冰雪姿，变态烟云趣。时闻天乐声，忽见笙鹤度。龙蟠九池水，豹隐七日雾。何当汗漫游，高举若平步。濯缨天汉津，拂衣扶桑树。对此融心神，凝睇穷朝暮。缅想御风人，久已得真悟。”如《洪圭寺见山茶》：“繁霜十月见花开，山北山南未放梅。半夜月明星数点，长明灯照碧莲台。”《雨后望西山有作》：“霁景初开爽气生，临风独立点峥嵘。芙蓉出水天边秀，翠黛修眉云外横。积暑流尘浑不动，夕阳飞鹭更分明。何当跨得仙人鹤，飞上峰头看八瀛。”如《春日田家词》：“大雪玉万顷，小雪珠万斛。雨雪皆及时，共说今年熟。麦苗被我陇，桑荫绕我屋，白水候暖耕，黄犊凌晨牧……幸兹度岁华，此是田家福。”风调雨顺，丰收在望，一片喜悦之情，“玉万顷”，“珠万斛”，点出雪与小麦生长的重要，虽寒犹喜。有时，遇到旱灾，诗人深深忧虑：“农家望有年，得雪众方喜。天胡愆雨期，叹旱复兹始。蕴隆蒸两间，赤地几千里。麦苗何以秋，生灵干欲死。安得呼天公，雷车即奔驶。亦欲诵风伯，金蛇掣无止。翻腾四海波，倒泻银河水。慰兹大地渴……”（《忧旱》）杨士云对农民的疾苦、当时的弊政有一定的了解，并在诗中渗透了对人民的同情和对统治者的愤慨。据说，当时朝廷频繁向地方索取大理石，开凿、运输成为当地百姓的一项沉重负担，杨弘山“忧形于色”，致书与巡按陈公，后陈公上疏封止，为民解除重负，这种为民请命的精神是可贵的。

杨士云退居家乡后，与姜时川、李元阳等当地知名人士友善，并与流放云南的杨升庵交往甚密，为“杨门七子”之一。士云虽比升庵长十岁，但他对升庵却很尊重，感情颇深，诗集中有25题32首诗赠、和韵、怀念杨升庵。当杨慎至大理与之相见，弘山欣喜："卧病青山旧，龙钟白发新"，"冷然仙驭至，喜得挹清尘"（《升庵先生至榆》），"相逢疑是梦，何处可留春"，"千年空见月，几度渴生尘"（《叠韵呈升庵先生》）。

荣耀过后的痛苦
——解元落第

明清两个朝代，云南共举行了175次乡试（明代78次，78科；清代97次，因补并了7科，故为97次、104科）。由于文举人的录取率受配额和参考人数的影响，每一次（科）的录取率并不相同。明代一般在3%左右，清代一般在2%左右。因此，文举人是十分难考的。文举人十分难考，要想考上文举人的第一名解元，就更是难如上青天了。故考中文解元者，可谓无比荣耀、无上风光了。然而，文解元的荣耀和风光过后，也有可能有巨大的痛苦——考不中文进士。

据笔者统计，明代云南的78位文解元，有58人终身没有考中文进士，占文解元总人数的74.4%；清代云南的97位文解元，有71人终身没有考中文进士，占文解元总人数的73.2%。

明代云南没有考中文进士的文解元是：张寿（安宁人）、张弘（昆明人）、李应（昆明人）、张彬（昆明人）、王誉（昆明人）、李铨（昆明人）、杨俊（昆明人）、陶镕（昆明人）、张英（昆明人）、刘玺（姚安人）、王铎（昆明人）、杨贤（昆明人）、杨洪（安宁人）、段子澄（大理人）、马文荣（今华宁人）、张翱（大理人）、赵锐（昆明人）、陈瑀（昆明人）、夏时（昆明人）、周忠（今保山人）、陶谦（今双柏人）、严范（今澄江人）、卓文林（昆明人）、滕文灿（今保山人）、颜楫（建水人）、邹志学（昆明人）、赵鼐（今澄江人）、薛炳（晋宁人）李东儒（剑川人）、马应羲（大理人）、纪律（昆明人）、张九渊（今保山人）、李廷诏（今洱源人）、张文奎（大理人）、于泰元（今澄江人）、龙施（昆明人）、刘浩（今保山人）、唐尧官（晋宁人）、王制（昆明人）、王高选（建水人）、杨应兆（建水人）、王吉人（大理人）、邹祖孔（建水人）、李中和（石屏人）苏鸿（石屏人）、吴国模（石屏人）、马易从（今巍山人）、严惟寅（大理人）、赵璧烜（大理人）、施尧中（昆明人）、刘廷柞（今华宁人）、王适（今通海人）、闪仲侗（今保山人）、孙光烈（昆明人）、梁甲壮（鹤庆人）、潘世臣（今保山人）、陈达道（安宁人）、俞联魁（楚雄人）。

清代云南没有考中文进士的文解元有：倪垣（今双柏人）、柳志沆（宜良人）、杜道中（今洱源人）、李上品（今澄江人）、李春葵（昆明人）、赵节（建水人）、吕从姬（石屏人）、陈瓒（昆明人）、尹泰（蒙自人）、谭黄（建水人）、祁荣（大理人）、周于德（保山人）、陈廷夏（呈贡人）、田国珍（建水人）、孙士鹤（石屏人）、柏守仁（今峨山人）、龚亮（大理人）、刘静轩（今通海人）、徐联元（今澄江人）、周飏谓（大理人）、熊于青（大理人）、谢宜（楚雄人）、李宰（大理人）、袁文佑（保山人）、俞汝夔（建水人）、李根玉（建水人）、张履观（建水人）、喻如圣（石屏人）、窦晟（罗平人）、李蔚（石屏人）、翟巩祚（今开远人）、杨汝亮（大理人）、尹瑞雁（蒙自人）、束本春（今玉溪人）、杨国棠

清嘉庆二十一年
解元陈时昌墨宝

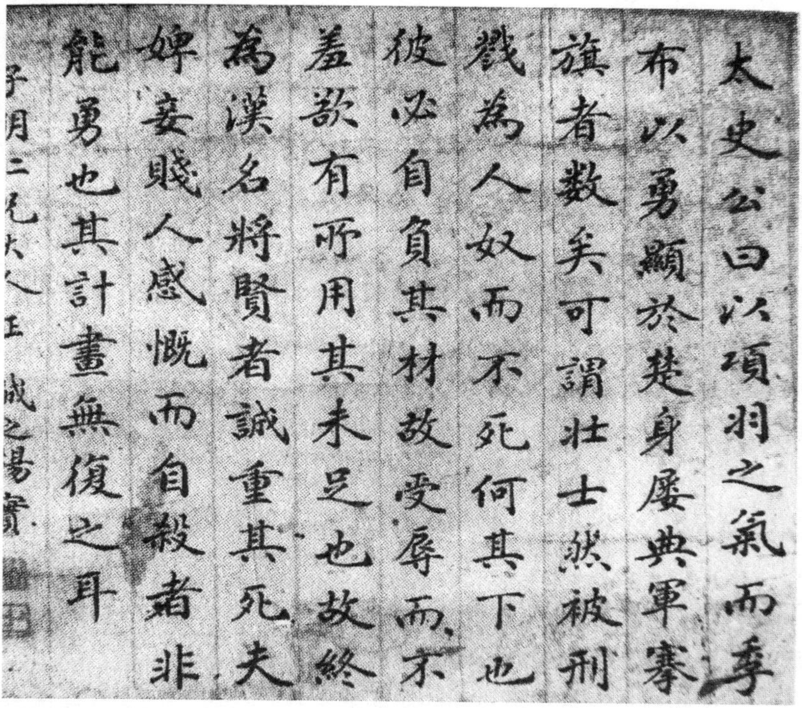

清光绪十五年解元杨实墨宝

（大理人）、张藻（今华宁人）、梅雨(今陆良人）、那文凤（昆明人）、吴联珠（元江人）、张维桂（鹤庆人）、汤集义（曲靖人）、刘翻（昆明人）、陈时昌（楚雄人）、何辰朗（曲靖人）、董维城（通海人）、卢文选（大理人）、郭履端（今澄江人）、萧文蔚（今洱源人）、赵庆龄（广南人）、赛仪（保山人）、周爱棠（晋宁人）、杨诚（宜良人）、孙钧（昆明人）、涂修政（昆明人）、尹建中（大理人）、何中立（今洱源人）、曾彬（建水人）、杨高德（大理人）、汤炳堃（今洱源人）、王家轼（建水人）、施有奎（昆明人）、刘承祚（元江人）、寇仲衡（昆明人）、聂培湖（永善人）、杨实（昆明人）、杜滐金（昆明人）、杨炳炎（蒙自人）、陈祖虞（会泽人）、李炳壎（大理人）、张肇兴（大理人）、周钟岳（剑川人）。

以上129位文解元为什么终身没有考中文进士？原因当然是很复杂的，但笔者认为至少有以下三个主要原因：其一，被众人羡慕的解元有骄傲自满的情绪，不知道不断提高自己的综合素质；受挫以后，没有认真总结失败的教训，总把失败的原因归于自身之外。其二，云南乡试中的竞争对手虽然较多，但实力很强的竞争对手并不多，颇有在矮个子中选拔高个的实情，而会试却与乡试不同，是全国最优秀的应试者之间的激烈竞争。其三，乡试与会试虽然在考试的方式、内容、选拔标准方面有许多相同之处，但仍有差别。下面对这三个原因逐条进行浅析。

古人云："满招损，谦受益。"一个人如果觉得自己拥有的知识已经很多了，已经远远地超过别人了，必然不会再继续努力学习了，从而不进则退。被胜利冲昏了头脑的不少解元都犯有这样的毛病，不知天外有天，强中还有更强的人。即使不骄傲自满，不目中无人，这些曾经取得很大成功的聪明人，一旦失败，又常常会认为自己是聪明的、自己是正确的，失败都是由别人造成的，不会从自己的身上寻找失败的原因，只会怨天尤人。如有的解元多次会试落第，常常会误认为是考官有眼无珠，或考官徇私舞弊，而不愿意认真研究、分析自己的落卷和中式者的考卷，从中寻找差距和不足，从而取长补短、迎头赶上。由于自大和护短，以致终身考不中进士。清道光十九年（1839年）己亥科云南乡试文解元、昆明人萧培元，却是一位既聪明又不护短的明白人，他第六次会试落第后，便彻底地反省自己的短处、学习别人的长处。咸丰二年（1852年）壬子恩科会试终于考中了贡士，殿试之后，又成为距摘取状元桂冠只有一步之遥的第二甲第四名进士（殿试总名次的第七名），后官至济南府知府。

地处中国边陲的云南，开发较晚，文化较落后，科举不兴盛，与江苏、浙江、安徽、江西等省的文化差距是巨大的。明清两个朝代的云南乡试，都是在矮个子中选拔高个子。从中选拔出来的举人以及举人的第一名解元（除一些很优秀的人物外），其含金量是远远地低于上述各省的举人和解元的。因此，云南举人一旦参加高手云集的会试，中式率都很低。明代，云南有2755个文举人，只有264人考中文进士，中式率仅有9.6%。解元毕竟比一般的举人优秀一些，78位解元有20人考中文进士，中式率为25.6%。清代，云南大约有5699个文举人，只有698人考中文进士，中式率也只有12.2%。97位解元有26人考中文进士，中式率为26.8%。清康熙五十年（1711年）以前，由于朝廷对云南等边远省份的举人没有特殊的照顾，会试时偶有“脱科”的现象，即该科会试无云南等省的举人中式。这种“脱科”的现象，明代的云南有八科，即永乐四年（1406年）丙戌科会试、永乐七年（1409年）己丑科会试、永乐十三年（1415年）乙未科会试、永乐十九年（1421年）辛丑科会试、宣德二年（1427年）丁未科会试、正统元年（1436年）丙辰科会试、正统十年（1445年）乙丑科会试、嘉靖三十五年（1556年）丙辰科会试。清代的云南有三科，即顺治十八年（1661年）辛丑科会试、康熙六年（1667年）丁未科会试（康熙十五年至康熙二十一年，因吴三桂之乱，有三科会试云南举人不便入京会试，不计）、康熙三十年（1691年）辛未科会试。康熙五十年（1711年）以后，会试实施分省录取，即朝廷对云南等省入京会试举人的中式有所照顾，保证每科至少要录取一名云南籍的贡士（殿试后便称为进士），但由于进士的中式率仍然很低，云南籍解元会试多次落第，甚至终身考不中文进士，也就在情理之中了。会试用分省录取的方式，以保证边远省份的举人，每一科都有人中式，照顾了诸如云南这样文化落后的边远省份，合情不合理。才华横溢、心高气傲的乾隆三十六年（1771年）进士、昆明人钱沣就不领这份情，他于乾隆五十三年（1788年）上奏乾隆皇帝，主张会试要凭才取人，不要分省录取，即云南等边远省份的举人，要凭真本事中式，朝廷没有必要照顾。钱沣的主张虽然有理，但考虑问题更全面的乾隆皇帝却认为："但国家取士，博采旁求，于甄录文艺之中，原寓广收人才之意。且各省文风高下互有不齐，若如钱沣所奏，势必至江浙大省取中人数居其大半，而边省小省或竟至一名不中，殊非就地取材之意。"乾隆没有采纳钱沣的主张。如果乾隆采纳了钱沣的主张，云南解元考不中进士的人数，有可能会更多一些。明代的皇帝对边远省份的举人没有特殊照顾，故明代云南解元会试落第者比清代更多。明弘治十一年（1498年）戊午科云贵乡试解元、大理人杨宗尧，多次会试落第，直到二十三年之后的正德十六年（1521年）辛巳科殿试，才终于考中了进士。杨宗尧之所以能考中进士，一是有毅力、有恒心，能屡败屡考；二是不怨天尤人，能不断地吸取失败的教训，能不断地完善自己。而像杨宗尧这样的解元又有几人呢？

明清两个朝代的乡试和会试都是考三场，考试的内容都差不多。清代的乡试和会试，第一场四书文三篇，内容有《论语》《孟子》《大学》《中庸》，五言八韵试帖诗一首；第二场经文五篇，内容有《诗》《书》《易》《礼记》《春秋》；第三场为策问五道。明清两代乡会试的考官都有看重第一场考试，轻视二、三两场考试的传统，考生也就对第一场考试特别认真，对二、三两场考试就比较马虎、草率。针对这种现象，清代的皇帝多次告知考官应该三场考试并重，不可专重首场。如雍正六年（1728年）雍正皇帝谕："首场虽佳，而二、三场草率者，不得取中。若首场虽仅平通，而后场明确通达者，亦得取中，不得专重首场，忽略后场。"对待圣谕，在皇帝眼皮底下办事的会试考官，执行得相对较好。而天高皇帝远的乡试考官就执行得很差，一些乡试考官仍然我行我素，只注重头场考试的好坏。由于会试考官与乡试考官取士的标准有细微的不同，而云南的考生又不一定知道这一内情，因此那些对四书倒背如流，又擅长写五言八韵试帖诗，却对五经较生疏，且不擅长写策问的云南考生，有可能考中乡试解元，却无法通过会试，而与进士无缘。乾隆年间，熟读儒家经典、工诗善书的昆明人那文凤，便于乾隆五十九年（1794年）甲寅恩科云南乡试考中了文解元。23岁的那文凤，踌躇满志，以为考个进士是探囊取物的易事。哪知道，并不擅长或并不在意写策问的那文凤，多次会试都是名落孙山。而被他看不起的倒数第一名同年、白盐井人甘岳却于嘉庆十三年（1808年）戊辰科考中了进士。自视才高的那文凤没有意识到自己主要败在二、三两场的考试，心中一直愤懑不平，52岁时便英年早逝了。

沮丧过后的荣光
——末名举人高中进士

自古以来的很多排名，凡被排名为倒数第一名的人，大多会感到沮丧和尴尬，甚至会觉得是一种耻辱。其实，被排名于倒数第一者，总比排不上名次的人要优秀一些。成语“名落孙山”，说的是，宋代文人孙山考举人时，邻居的儿子也要考举人，两人便结伴去应试。结果孙山考中了最末一名举人，而邻居的儿子却名落孙山之外，即没有考中举人。邻居的儿子不好意思回家。邻居见孙山回来了，并考中了举人。便问孙山，他的儿子是否考中？孙山不便直说，含糊其词地说：“解名尽处是孙山，贤郎更在孙山外。”意思就是说，你的儿子没有考中举人。以后，“名落孙山”便成为科举考试落第的专用词语。孙山虽然排名倒数第一，但毕竟考中了举人，而且将来前程远大。因此，真正感到沮丧和尴尬的不应该是孙山，而是孙山之后的落第者。

笔者认为，考生考试时，既需要有扎实的学问基础，还需要有灵活的临场发挥。因此，因考试成绩的优劣而导致的排名先后，有时带有偶然性，并不一定能显示出应试者的实际水平。更何况，成绩的一时优劣还可能有其他特殊原因。因此，一时的优劣，并不等于永久的优劣，优劣在自满松懈者与努力进取者之间，在能否认真地总结和吸取经验与教训者之间，是可以互相转换的。乡试的第一名举人（解元），有可能会试落第；而乡试排名倒数第一的举人，也有可能会试高中。明清两个朝代的云南乡试（明弘治八年，因云南乡试有贵州生员参加，正式更名为“云贵乡试”。嘉靖十四年，贵州独自开科，又恢复“云南乡试”的旧称），排名倒数第一的175位文举人，后来就有多达21人考中文进士。他们是：明成化元年（1465年）乙酉科云南乡试，张骢；明成化二十二年（1486年）丙午科云南乡试，杨南金；明正德十一年（1516年）丙子科云贵乡试，胡廷禄；明正德十四年（1519年）己卯科云贵乡试，叶泰；明嘉靖十三年（1534年）甲午科云贵乡试，李遇元；明隆庆四年（1570年）庚午科云南乡试，石元麟；明万历二十八年（1600年）庚子科云南乡试，宣大勋；明万历三十七年（1609年）己酉科云南乡试，杨朝栋；明崇祯九年（1636年）丙子科云南乡试，李昇；清顺治十七年（1660年）庚子科云南乡试，赵士麟；清乾隆元年（1736年）丙辰科云南乡试，时远；清乾隆六年（1741年）辛酉科云南乡试，赵之瑞；清乾隆十八年（1753年）癸酉科云南乡试，谢清问；清乾隆五十九年（1794年）甲寅恩科云南乡试，甘岳；清乾隆六十年（1795年）乙卯恩科云南乡试，夏文蔚；清嘉庆五年（1800年）庚申恩科云南乡试，杜薇；清道光十一年（1831年）辛卯恩科云南乡试，董正官；清道光二十九年（1849年）己酉科云南乡试，傅国卿；清光绪元年（1875年）乙亥恩科带补壬辰恩科云南乡试，宋廷梁；清光绪十一年（1885年）乙酉科云南乡试，杨增辉；清光绪十四年（1888年）戊子科云南乡试，吕钰。

张骢，平彝（今富源）人。中举四年之后，即明成化五年（1469年）乙丑科，考中第三甲第一百三十二名进士。而与张骢乡试同榜的解元、宁州（今华宁）人马文荣却终身没有考中进士。

杨南金，字本重，号用章，邓川（今洱源）人。中举十三年以后，即明弘治十二年（1499年）己未科考中第三甲第十九名进士。而与杨南金乡试同榜的解元、昆明人夏时却终身没有考中进士。杨南金是明弘治年间耿直的官吏和著名的诗人。他担任江西泰和县令时，有三不动之称：刁诈胁不动，财利诱不动，权豪撼不动。擢为御史，因与宦官刘瑾党羽刘宇不和，弃官。后起用荆南佥宪，升江西左参议。退休还乡后在五泉乡建“三宜亭”(宜休、宜足、宜止)，左镌“濯缨”，右镌“攻玉”，故号两依。著有《禅乡集》《守土训》《三教论》等书，但都未流传下来。《邓川州志》等辑存其诗文数篇。年八十而卒。

杨南金与杨慎有过交往，杨慎有《访两依先生山庄》诗：“名公妙年辞京华，飘然归来乘云槎。天上乌啼御史府，海边龙卧神仙家。东山老子兴不尽，南华真人生有涯。空余蟠胸济世策，日对邻叟说桑麻。”约略可见两依先生的思想及生活风貌。杨南金亦于嘉靖十六年（1537年）欣然为《升庵长短句》作序，称：“昔人云，吃井水处皆唱柳词，今也不吃井水处亦唱杨词矣！”认为杨慎之词胜过柳永，评价之高由此可见。

最能代表杨南金思想的作品，是他的五言诗《土著变》：“溪田三五双，祖父遗孙子。蓑笠事耕耘，衣食甘粗鄙。婚媾卜同俦，疾病昏祈鬼。祀先二石瓶，肉称三年豕。殷勤办门差，御寇力相倚。老辈会佛书，一生耻华靡。故宅经数传，等闲不更徙。年来混军商，逐末远耒耜。虽有读书者，未谙圣贤理。狡伪善刀笔，大坏昔仁里。用度无樽节，衣食尚珍绮。恒产类幻沤，饥饿谁撑仔。缅思薄恶成，百计由何弥！旧俗间有存，无奈安委靡。日见生理穷，扰攘干戈起。焉得大君子，谆谆训口语。”本诗从侧面反映了当时商品经济逐渐繁荣，从军经商比种地更有吸引力；传统道德、淳朴民风逐渐消失，好逸恶劳，竞相奢华之习逐渐滋长；部分农民丧失土地，社会问题日趋严重。这是明代中后期社会巨变在边远小镇邓川的投影。杨南金对此深感惶恐不安，欲治理而又苦无良策，这种心态是颇有典型意义的。只有当他步入幽静的寺庙，心理才暂时宁静：“少憩招提远俗尘，忘机上拟葛天民。樵歌独听松风混，禅定同参鸟语频。”（《游慈济寺》）又如七律《游鹤林寺》前四句写山寺形胜，诱人登临；后四句写游山如仙，顿忘市井：“西隔苍山第一重，丛林突兀入层空。峰头云锁梵王阁，洞口路迷神女宫。碧眼岂知非傲吏，赤松谁信是仙翁。扶筑绝顶归来晚，光照前溪月正中。”

胡廷禄，昆明人，中举后的下一年，即明正德十二年（1517年）丁丑科，便考中第二甲第五十一名连捷进士（中举之后的第一科会试和殿试便考中进士的人，称为“连捷进士”。这样的人是很幸运的人，即第一次入京，便考中了进士）。而与胡廷禄乡试同榜的解元、昆明人邹志学却终身没有考中进士。胡廷禄是一位十分有气节的官员。“出为河南按察副使，会肃皇南巡渡河，以宫嫔舟后至，逮督抚及公，俱削籍。归田，足迹不至公门，以篇什自娱。”胡廷禄一生重气节，著述甚多，但多散逸。后人称胡廷禄的诗文“君诗可传，君词可讽。藏诸名山，副在洛诵”。胡廷禄的《二忠祠》诗，充满着对先贤的景仰：“金碧祠宫多树林，双忠台柏独森森。穹碑读罢衣裳湿，脉脉文山俎豆心。”《送永昌周生绍稷会试，歌以壮之》诗，则饱含着对后学的勉励：“新酒未酿旧酒无，不能为子满眼酤，听歌一天当百壶。昔年禽虎曾捐躯，解造儿簇金仆姑。今日把似君，胜予亲挽弧。东扫倭，西灭胡，乾坤何事非吾徒？青钱首中乌台选，即上春官计褒贬。风霜万里不辞寒，固知君子铁作肝。君不见，董仲舒、公孙弘，两生射策皆第一，至今人品谁第一？”

叶泰，字两湖，昆明人。中举之后的第一科会试和殿试（该科考试本应在正德十五年举行，不知何故推迟到正德十六年），即明正德十六年（1521年）辛巳科，便考中第三甲第二百名连捷进士。叶泰是一位淡泊名利的君子，中进士后被任命为礼部主事。任职不久，便以祖母和母亲年老为由，请求回归故里养亲。他回昆明的十多年间，娱亲、讲道、做学问，不入公门。后又被起用为刑部主事，又晋升为光禄寺丞。任职期间因得罪权贵，被左迁庐州推官，又转襄阳同知。明世宗幸成天，叶泰把接驾诸事做得很好，又没有惊扰百姓，又被升迁为工部郎中、右副都御使等职。后辞官回归故里。有诗文传世，他的七言律诗《泛滇池》借景言事："一曲瑶琴碧海头，野人生计满汀洲。归来幸有扬雄宅，老去宁无彭泽舟。流水高山应我待，阳春白雪可谁讴？汉家带砺多豪杰，李广当年错觅侯。"七言律诗《飞云阁》，借景抒情，韵味悠长："畔半萦迂一径长，松梢石角碍衣裳。云来绝壁遥生色，天浸沧溟倒暮光。旌节何年来汉使，高台无处觅梁王。凌风莫厌频舒眺，戎马平时有醉乡。"

李遇元，建水人。中举13年以后，即明嘉靖二十六年（1547年）丁未科，考中第三甲第七十七名进士。选翰林院庶吉士，官至福建按察使。

石元麟，保山人。中举四年以后，即明万历二年（1574年）甲戌科，考中第二甲第二十名进士，官至郎中。而与石元麟乡试同榜的解元、建水人王高选，却终身没有考中进士。

宣大勋，蒙化（今巍山）人。中举十三年以后，即明万历四十一年（1613年）癸丑科，考中第三甲第二百四十九名进士。而与宣大勋同榜的解元、石屏人苏鸿却终身没有考中进士。

杨朝栋，剑川人。中举四年以后，即明万历四十一年（1613年）癸丑科，考中第三甲第二百四十六名进士，而与杨朝栋同榜的解元、蒙化人马易从却终身没有考中进士。

李昇，昆明人。中举六年以后，即明崇祯十五年（1642年）壬午科，考中第八十四名（该科不分甲第，只排名次）进士。而与李昇同榜的解元、保山人潘世臣却终身没有考中进士。

赵士麟（1629—1700年），字麟伯、号玉峰，河阳（今澄江）

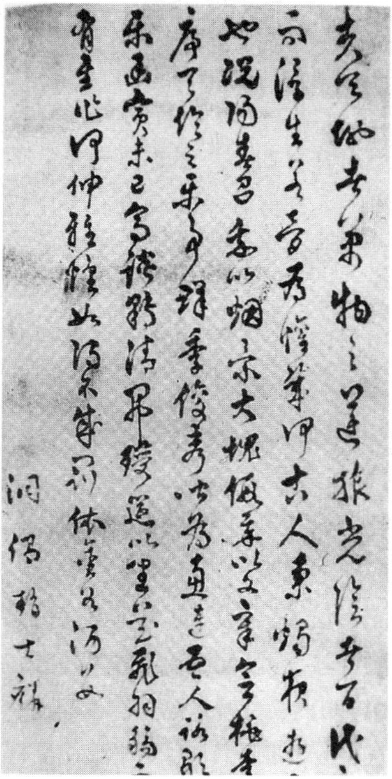

赵士麟墨宝

人。中举四年以后，即清康熙三年（1664年）甲辰科，考中第三甲第一百五十四名进士。而与赵士麟同榜的解元、南安（今双柏）人倪垣却终身没有考中进士。赵士麟是清初著名的高官和有成就的诗人。他一生大多时间远离故乡，四处为官，颇多善政。尤其在浙江任巡抚时，倡导在杭州筑西湖堤，可与白（居易）堤、苏（轼）堤媲美，对水利、风光均有裨益，故他死后，浙江孤山县曾列之为名宦祭祀。他的诗作辑入其全集《读书堂集》，《四库全书总目提要》有数言评识。他的诗可谓是其从政时正风俗、倡教化、关心民间疾苦的心声和记录。在《蚁聚吟四章》中，他曾以“滇南无完室”而“泪下如汍澜”，以上官“催科恣敲扑，吏人皆虎冠”而痛哭流涕，以官兵“临阵怯如羊，遇民如猛虎”而愤慨嗟叹。他在《杂感》中，发现岩谷中一对母子过着赤贫的生活，为之悲叹不已：“母子相依为命久，苍天垂念亦含凄。”萧霖评他的诗“典重精纯，动关名教，推为南中弁冕，亦无愧词”。

赵士麟还精于书法，在清康熙年间，与昆明虞世璎、赵士英、元江马汝为在书法方面被称为“滇中四杰”。《书林记事》中，说他的书法“出入李西台、赵承昌（孟頫）之间，时复摹石以惠后学，今所传《读书堂石刻》皆是也”。赵士麟的主要著作有《绶衣集》《敬一录》《读书堂法帖》等。

时远，赵州（今大理）人。中举后的下一年，即清乾隆二年（1737年）丁巳恩科，便考中第三甲第一百四十八名连捷进士。而与时远同榜的解元、河西（今属通海）人刘静轩却终身没有考中进士。时远中进士后，不愿出省为官，在省内担任教职，官至临安府教授。

赵之瑞，赵州（今大理）人。中举四年之后，考中清乾隆十年（1745年）乙丑科，第三甲第一百六十八名进士。而与赵之瑞同榜的解元、赵州人周飏谓却终身没有考中进士。

谢清问，字愈成，号省堂，河阳（今澄江）人。谢清问之父谢天德早逝，孀母李氏，谢清问对她十分孝顺。生平亲宗睦族，乐善好施，拾金不昧。中举四年之后考中清乾隆二十二年（1757年）丁丑科第三甲第一百五十六名进士，莅任大名府。谢清问为官政绩卓著，元城县筑漳河堤，获鹿县修建城郭，井陉县除狐祟，魏县化悍民。屡办皇差，如巡幸五台、江南、山东、津淀及永定河工程；避暑热河，监修密云县新设营房并石匣龙潭俱称旨。又被派往文渊阁、文源阁详校，选蒙恩赍。乾隆三十九年（1774年），山东王伦谋逆，谢清问驻守定州要口，擒获贼谍立下了军功，议叙加四级，内擢江南道监察御史。乾隆五十年（1785年），谢清问被乾隆皇帝恩赐千叟宴。嘉庆三年（1798年）病逝于京城。道光四年（1824年）奉文崇祀乡贤祠。

甘岳，白盐井（今大姚县石羊镇）人。中举十四年后，考中清嘉庆十三年（1808年）戊辰科，第三甲第一百三十三名进士。而与甘岳同榜的解元、昆明人那文凤却终身没有考中进士。

夏文蔚，昆明人。中举后的下一年，即清嘉庆元年（1796年）丙辰科，便考中第三甲第九十三名连捷进士。

杜薇，字浣花，昆明人。中举九年之后，考中清嘉庆十四年（1809年）乙巳恩科第三甲第十名进士，选翰林院庶吉士。嘉庆十六年（1811年）四月十日散馆，以部属用。后官至从四品的陕西榆林府知府。有《浣花诗钞》等著述传世。

董正官，字钧伯，亦字训之，太和（今大理）人。中举两年之后，考中清道光十三年（1833年）癸巳补行壬辰正科，第三甲第八十二名进士，官福建安溪、长泰、霞浦、云霄等县知县及台湾噶玛兰知县。咸丰三年（1853年），台中土匪作乱，前往查办途中被伏击身亡。著有《石斋遗稿》四卷、《兰溪唱和集》一卷、《石斋诗文稿》若干卷。

傅国卿，昆明人。中举四年以后，考中清咸丰三年（1853年）癸丑科，第三甲第七十三名进士。

宋廷梁，字子才，晋宁人。中举两年以后，考中清光绪三年（1877年）丁丑科，第三甲第一百三十三名进士。而与宋廷梁同榜的解元、建水人王家轼却终身没有考中进士。宋廷梁有《赋梅书屋诗》等著作传世。

杨增辉，蒙自人。中举后的下一年，即清光绪十二年（1886年）丙戌科，便考中了第三甲第一百零三名连捷进士。而与杨增辉同榜的解元、昆明人寇仲衡却终身没有考中进士。

吕钰，云南县（今祥云）人。中举七年以后，考中清光绪二十一年（1895年）乙未科，第二甲第二十八名进士。而与吕钰同榜的解元、永善人聂培湖却终身没有考中进士。

明清两个朝代，云南文举人考中文进士的平均中式率仅有10.9%，而这二十一位倒数第一的文举人，考中文进士的中式率却高达12%，这说明“知耻而后勇”的古话是完全正确的，也说明这二十一位不甘落后、奋发有为的人，都是智商和情商很高的人杰。而这二十一位人杰中，又数清初的澄江人赵士麟最为优秀。清代初年的文进士十分难考，清朝顺治十七年（1660年）至康熙三年（1664年）间，在云南举行了两科乡试，共录取了八十六位文举人。而这八十六位文举人中，仅有赵士麟等四人最终考中文进士，而赵士麟又是这四人中最早考中文进士的人，也是清代第一位云南籍的文进士。赵士麟还是清初云南籍官员中职务最高、政声最高、诗文成就最高的人物。他官至正二品的吏部左侍郎。康熙二十三年（1684年）二月，赵士麟以都察院左都御史之职到浙江杭州任巡抚。赵士麟认为："养民必先于作士，作士必先于明理。"到任不久，便在西湖边创建"敬一书院"以培养人才。政务繁忙的赵士麟，每月的初一、十五，必抽空亲临"敬一书院"，向诸生讲授"五经""四书"等，"听者莫不心悚"。赵士麟见杭州贫困百姓受高利贷之害，难以生存，便用变卖家产之金，替贫困百姓还债；见豪强、无赖欺行霸市，便制定《抚浙条约》严惩"市虎"；见杭州的大运河各处河道淤塞，又带头捐资治理。赵士麟治浙两年多，惠民的善政不胜枚举，被百姓呼为"赵恩公"。赵士麟离任后，浙人写有两副对联悬挂在"敬一书院"以颂扬赵士麟的恩德。其一云："德望重东南，想当年恩周万井、泽被六师，知滇水钟灵不偶；功勋垂宇宙，看今日庙貌一新、馨香千古，与孤山屹立俱崇。"其二云："小集借湖山，宦辙聚滇黔万里；大名仰天水，崇祀共苏白千秋。"在浙人的眼里，赵士麟的恩德和才干可与白居易、苏东坡齐名。赵士麟的诗文不仅关心民瘼，有很高的思想性，其艺术成就也很高。他的山水诗清新淡雅、意境深远，如七律《仙湖夜月》："俞元仙迹问仙湖，一片烟波点荻芦。天上自来通碧海，人间不道有蓬壶。凫鸥泛泛眠沙渚，桃柳阴阴入画图。最爱夜深蟾殿启，琉璃万顷一痕孤。"七律《玉笋擎天》："青峰远峙入湖清，秀骨嶙峋净若莹。似笔生花词可写，当天作柱手能擎。波光荡影终须直，风力吹襟自不倾。四壁无邻真突兀，千岩万壑羡孤撑。”等。

道光年间编撰的《澄江府志》云：赵士麟“幼读书五行并下，一过目终身不忘”。如此聪明的赵士麟，怎么会在乡试时考倒数第一呢？大约是清廷首次在云南开科取士，赵士麟还不明白乡试的取士标准，或者是一时疏忽大意，没有做相关的准备。

明嘉靖元年壬午科云贵乡试浅析

明代的皇帝对各省的乡试不如清代的皇帝重视，正副主考官以及同考官的学历和职务都很低，大多数是一些举人出身的低级官员。而清代乡试的正副主考官，不管是学历和职务都较高，大多数是翰林出身的中级官员，有不少的主考官还是三鼎甲的状元、榜眼、探花。由于明代的皇帝对乡试不够重视，特别是对诸如云南这样边远省份乡试的不重视，致使云南文举人的含金量较低，考中

云南贡院牌坊

文进士的中式率很低，甚至有六科云南乡试选拔出来的举人，后来无人考中进士。当然，云南举人考进士的中式率很低，主要的原因不是主考官的学历低、职务低，取士的眼光低没有选拔出优秀的人才，而是云南生员长期处在遥远的边疆信息闭塞等原因，故在高手云集的会试中很难取胜。更何况，乡试主考官、同考官的学历低、职务低，并不必然等于他们取士的水平和眼光低；学历低、职务低，但取士的水平和眼光都很高的人，有的是。如嘉靖元年壬午科云贵乡试的主考官和同考官中，就有取士的高手。

嘉靖元年（1522年）壬午科云贵乡试的正副考官和同考官，大多是举人和贡生出身的低级官员。正主考官是河南汝宁府信阳州正八品的儒学学政季鸾，副主考官是浙江宁波府慈溪县从八品的儒学教谕周忠，同考官四人则是与正副主考官品级相同或略低的学官。而只负责纠察关防总摄考场事务和监察，不承担阅卷和取士重任的外帘官，他们的官阶和职务都较高。如该科乡试的监临官是正二品的云南巡抚罗玉，提调官是从二品的云南右布政使黄衷。他们二位虽然职务很高，却不能过问和干涉内帘官的阅卷和选拔举人，还必须像对待钦差大臣那样地对待考官。而考官享受到了钦差大臣般的殊荣，却不会滋生得意忘形、趾高气扬的张狂，反而会产生沉重的责任感、神圣的使命感，小心谨慎、如履薄冰地认真阅卷，反复斟酌，公正无私地为朝廷选拔人才。

壬午科云贵乡试的考试内容为：第一场，四书二题、易经四题、书经三题、诗经四题、春秋四题、礼记四题；第二场，论一题，诏、诰、表三题，判语五题；第三场，策五题。三场考试和阅卷完毕后，考官依据取士标准和朝廷规定的名额，共选拔了55位文举人，其中云南34人，贵州21人。解元（乡试第一名举人）是云南金齿卫（今保山）人张合，亚元（乡试第二名举人）是云南太和县（今大理）人李元阳。34位云南籍举人中，后来有李元阳、唐锜、张合、贾文元、赵汝廉五人先后或同榜考中文进士，中式率高达14.7%（明代文举人考中文进士的平均中式率仅有9.6%）。该科贵州举人，后来有几人考中进士，待考。总之壬午科云贵乡试是明代云贵乡试中很成功的一次乡试。该科乡试为什么会被后人称道？主要原因是参加该科乡试的云南生员，综合素质较高，后来考中进士并成为名人的人也较多，没有考中进士的人，其中也不乏人才，如昆明人倪辂；次要原因是该科乡试的考官和同考官有尽职尽责、公正无私、慧眼识珠的品质和才能。

嘉靖元年《云贵乡试录》选刊了这次乡试中的几份优秀试卷以及同考官和考官对这些优秀试卷的评语，还记录了考官对这次乡试的感慨。

第一场考试，张合选做的题目是《国治而后天下平》此话出自于《大学》："身修而后家齐，家齐而后国治，国治而后天下平。"意思是：品德修养提高了，然后家庭才会整顿，家庭整顿好了，然后国家才会治理，国家治理好了，然后天下就能太平。这是一个既好作，又难作的题目，好作是因为这个题目的意思人人皆知，文章人人都能作；难作是因为既然人人都能作，就不能人云亦云，必须写出新意，必须有与众不同又言之成理的独到见解。而张合果真写出了一篇让人耳目一新的佳作。故同考官詹某批曰："《大学》一题人皆能习之，皆能道之。下笔处便欠切当。是篇发明经意，略无汎漫之语，而气格复整，岂深于造道者邪？"詹某批语中的"下笔处便欠切当"一语，容易使人误会，笔者认为该批语的大意是：这样题目的文章人人能写，但能写好的却不多见。一般人写这样题目的文章，下笔处便欠切当。而这篇文章既能阐明经意，又写得不枝不蔓，是一篇好文章。副主考官周忠的评语是："讲圣经本色语，自是难造。此作妙矣！"正主考官季鸾最后裁定是："无一句之疵，录之！"李元阳选作的题目是《学问之道无他求其放心已矣》。此话出自于《孟子·告子》。孟子的原意是希望读书人研究“学问”，而寻找回已经丢失的“良心”，从而走上“仁义”之道。但探讨学问时，稍不注意，就容易就“学问”而论学问。李元阳的文章破题就紧扣主题地说：“孟子论仁为人心，而叹人失之不求及此谓！”紧接着，便谈论“学贵知要”。李元阳认为，学习之要，又分为“学”与“问”两端。学必须博采众说，问则应该访众辨歧。但“学”与“问”毕竟只是学习的一个方面，更重要的是另外一个方面，即求诸心（寻找良心），点出了孟子的原义。于是进一步引申，论述了人心的特点。指出人心既能统率众理、体应万事，也容易因受到外界的干扰而自行丧失。因此，我们必须善于控制自己的心，就像鸟儿的翅膀一样，既可以飞翔在天，也可以收敛于地。而学习的目的正是为了使自己的“心存”。心存则仁存，以仁心制外，则处事得当，而义也就在其中了。文章的束股又回到了主题，进一步论述了孟子提出这一命题的历史背景和“济乱世，救人心”的良苦用心。全文中心突出、结构严谨、或骈或散、收放自如。故同考官方某十分赞赏，批曰：“此题场中作者多以‘学问’二字混讲，枯澁可厌！且于本章说‘仁义’处略不相关。此作专主《周易》学聚问辨立意，发挥殆尽，其起结又能照管‘仁义’，深得孟子立言微旨。子可谓究心理，学有素矣！”副主考官周忠的批语是：“遍观诸作，全非孟子本意。独此篇体认真切，笔力雄健，非平日养心静而允之以学者，不能至此。”正主考官季鸾的最后裁定是：“洗涤旧闻，可以式矣。”李元阳写的另一篇文章《乐只君子德音是茂》，属《诗经》题，也写得很好。同考官方某批曰：“《南山》一题，乃美与燕之宾，其旨甚明。场中作者率以常语牵合，虽多，无取也。此篇词气春容，丰而不赘，善说《诗》者耳。置之魁选，可为得人贺矣！”副主考官周忠的批语是：“文字峻整，佳作也。”正主考官季鸾的最后评语是：“写主人尊宾意，千载如见，可以为式矣！”

从同考官和主考官对张合、李元阳两人的试卷评语可以看出，他们都一致地认为张、李二人是这次乡试中最优秀的人。至于谁更优秀一些，却稍有分歧。同考官方某认为李元阳似乎更优秀一些，可“置之魁选”，即定为解元。而主考官季鸾却认为张合的文章“无一句之疵”，即完美无缺。为了更慎重一些，季鸾征求副主考官周忠的意见，两人将张、李二人的文章反复对比，最后将16岁的张合置为第一名，即解元；25岁的李元阳置为第二名，即亚元。而从张、李二人此后的业绩也可以看出，张李二人的确是该科举人中最优秀的人物。至于谁更优秀一些，则是仁者见仁、智者见智，难分伯仲。其实该科乡试所选拔的人才，除张李二人之外，唐锜、赵汝廉、贾文元、倪辂等也很优秀，故主考官感叹道；“云贵之士较天下尝寡。至于今，则文鸣四方，志角天下，贤埒诸藩，已信乎！”

张合是距摘取状元桂冠只有一步之遥的云南进士。因体弱多病，英年早逝。详见《距摘取状元桂冠只有一步之遥的云南进士》。

李元阳（1497—1579年），字仁甫，号中溪，太和（今大理）人，明嘉靖五年（1526年）丙戌科第三甲第六十五名进士。授翰林院庶吉士，历官江西分宜、江苏江阴知县，户部主事、监察御史、荆州知府等职。刘文征《滇志·人物志》载：“（李元阳）知江阴县，有循良绩。召入为御史，遇事敢

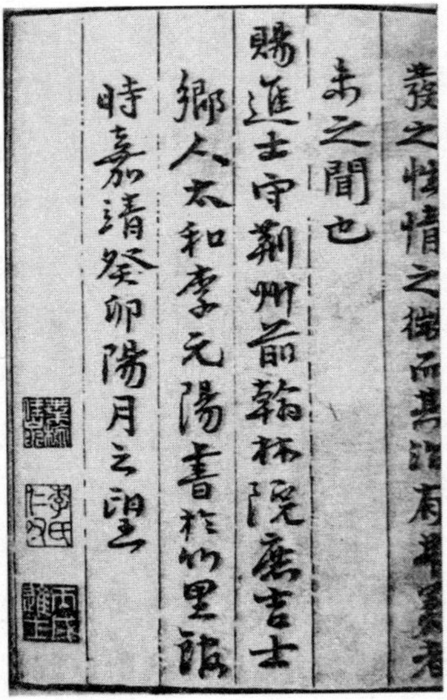

李元阳墨宝

言，如止辇承天，诘奸东朝，每每为士林称重。巡按闽中，墨吏望风解缓。遇文人墨士，虽布衣与抗礼，荐举耆逸林富、马明衡等。都试监临，所得士皆一时文选。程文一一出其手，至今为制艺家正鹄。以持正不阿，当事衔之。会以扈从出公知荆州府，筑堤捍江，民镌碑志德。寻罢归。家居四十余年，精研理学，所著《心性图说》，与罗念庵洪先、王龙溪畿相印可。至擒为诗文，森爽潇洒，有尘外致。”

李元阳是云南古代最著名的山水诗人和游记作家。明嘉靖二十一年（1542年），酷爱游山玩水的李元阳“以外艰（父丧）去任，遂里居不出”。以后的30多年间，他首先将他的居住地改造成为一个园林，以便悠游林下、寄情山水。他于宅后作“默游园”，郭外作缨江、艳雪二亭台，鉴湖、绿野二楼，日夕读书论道其中。其读书亭近中溪，自题对联：“花间鹤是仙都送；阶下泉从雪涧来。”有友赠联云：“一人林下烹仙茗；万卷堂中听响泉。”接着便四处出游，足迹几达半个云南。

省城昆明是李元阳访古探幽的重点。他从高峣泛舟滇池，被周边的湖光山色所陶醉，深情地写下了：“不到昆明三十年，重来今日已皤然。担头诗卷半挑酒，水上人家都种莲。山色满湖能不醉？荷香十里欲登仙。碧鸡岩畔堪题字，好把滇歌取次镌。”太华山（昆明西山）的罗汉岩（龙门所在地）特别险奇，《一统志》载：“在太华右，卓立海岸，其南峭壁千仞，常绕白云；其北迤逦幽奥，相传为梁王避暑宫。”李元阳泛舟滇池后，登山漫游罗汉岩，被罗汉岩的险奇所吸引，写下了一首长达200多字的古体诗《罗汉岩》：“湖山飞岩映波绿，石壁插水山不足。舣艇跻攀到上头，下见湖光洗寒玉。寒玉汹涌动席前，二十万顷涵云烟。冥冥一鹤飞不去，天际回翔似有缘……”西山诸峰中，还有一座山峰“状若耳窍，因名进耳”。进耳山上有一座环境清幽的进耳寺，李元阳漫步在进耳寺里，口占了一首七律："江海闲身得漫游，莲宫一榻喜清幽。湖窥水鉴频疑曙，风度岩廊易作秋。千里遮围山势合，孤帆迢递海门收。禽鱼上下应无数，独羡安眠沙际鸥。""螺峰拥翠"是明代昆明的六景之一，螺峰山也名圆通山，山下有元代古刹圆通寺，山上亭台楼阁隐现在茂密的树林中，是文人墨客重九登临的首选之地，也是善男信女烧香拜佛的重要场所。一生礼佛并写过许多禅诗的李元阳，曾多次到圆通寺朝拜。有一次，他朝拜毕佛祖，从圆通山南麓陡峭的石壁下登山，被陡峭、多姿的石壁所打动，不禁写下了一首七绝："铁壁蜷然拥绀宫，曲崖石磴穿玲珑。何年脱下苍龙骨，至今鳞甲生秋风。"

嵩明药灵山，又名秀崧山，海拔2627.4米，是一座风光旖旎、生长着300多种药材的名山，山上有一座很有名气的何有庵。李元阳有感于庵主"白斋师"的为人，特写了一篇《嵩明何有庵记》。该记在称颂了"白斋师"的为人后，还对何有庵的环境和设施有所记录："按状，庵跨崧山，前为楼阁奉弥勒像，后为观音殿，左为茄蓝殿，右为祖师堂，金碧丹垩，在翠烟碧澜之上。左山为蟠尾，凡三。顾右，则海子三隐三现。"

家乡大理，更是到处都留有李元阳的足迹。他泛舟洱海，观察之细，令人赞叹。白天的洱海是："洱波三万顷，轻舟泛长风"；夜晚的洱海是："不见波跳险，但闻摇橹声。渔灯在一舍，斗柄正三更。"晴天的洱海是："琉璃泻万古，灏气开鸿蒙。风恬水无波，一镜涵虚空。澄明万象丽，照耀金银宫。中流棹讴发，心与境俱融。"阴雨的洱海是："风轻雨细一江浪，凫没鸥兴几叶舟。"居住在苍山中溪旁的李元阳，对苍山的描写就更多，更细腻了，从宏观上看苍山是："点苍山势若游龙，深入烟霞第几重？二十四峰青欲滴，中间一朵白芙蓉。"（《游苍山背白石岩》）从微观上看苍山"玉带云"是："苍山多白云，鲜妍逗高岊。风吹云缕分，如丝又如缬。悠杨出崦嵫，萦回恋巇嵲。暂开非有祛，才定翻成掣。翩然鹏翼垂，郁彼隼旟揭。来封隐士庐，占断苍虹穴。色形稍染日，石碍疑堆雪。须臾风候殊，变态不容瞥。但见翠微间，玉英纷点缀。逢迎似袂连，接续如牵绁。一带缅山腰，玉光同皎洁。横亘百里长，延缘浑如截。曙色欲曈昽，见者为击节。方舆富伟观，此境真奇绝。传图反见疑，欲说难为舌。汉家禅五陵，兹山方隔别。留与山中人，晨夕自怡悦。”（《点苍山夏秋有白云如带，横亘山腰，世称奇绝》）苍山马龙峰和圣应峰之间的“清碧溪”，是苍山的一个著名景观。那里，自上而下有三潭清澈、甘洌的泉水，称为“水叠三潭”。李元阳曾三次探访这个名胜，并写过一篇《游清溪三潭记》。他在这篇游记中说，清碧溪之水“明莹不可藏针”，水底青绿黑白的石子“丽于宝玉”；还说，若有树叶落到潭中的水面，就会有小鸟立即飞到水面用嘴叼去；“下潭水光深青色，中潭水光鸦碧色，上潭水光鹦绿色。”

漾濞县境内，苍山龙泉峰与玉局峰西麓，有闻名遐迩的石门关。李元阳游览石门关，被石门关的险峻和奇景所震撼，曾写下《石门山行》《游石门关记》等诗文。《石门山行》是一首七言古诗，该诗长达210字，将石门山的险峻和奇异景观写得淋漓尽致：“石门倚天千仞青，花源崖夹春冥冥。芝墙瑶洞杳莫测，羽衣金节藏仙灵。仙人乘鸾从此去，石扇千年永不扃。上有五城之绛阙，雨旸祈报称明馨，我来窥门入不得，遥寻石磴迂游軿 。须臾得到洞天上，拜谒虚皇礼列星。万丈铁崖无尺土，淄泉直落声丁丁。青冥下视不见底，白昼倏忽生雷霆……”

剑川西南25公里的地方，有一座佛教名山石宝山。李元阳曾两次到此访古探幽，第一次是嘉靖九年（1530年），李元阳陪同被谪戍云南永昌的四川状元杨慎一道登山；另一次是32年之后的嘉靖四十一年（1562年），李元阳与弟李元和等人重游。两次游览石宝山，李元阳都写有详细的游记，第二次游览时，他还在石宝山的崖壁上题了这样一首诗："剑海西来石宝山，凌风千仞猿猱攀。岩唇往往构飞阁，石窟层层可闭圜。恍疑片云天上落，五丁把住留人间。霜痕雨溜石色古，璆琳琅玕何足数？老藤穿石挂虚空，欲堕不堕寒人股。"

宾川鸡足山海拔3240米，是中国五大佛教名山之一，明代时有大小佛寺、庵院100多所。李元阳嘉靖二十五年（1546年）游鸡足山，写有长达2400多字的《游鸡足山记》，对鸡足山的风光、佛寺、僧人有较详细地记录。李元阳游鸡足山，还写有一首五言古诗《同诸人渡榆水上鸡足山大顶》，这首长达260字的诗描写了他与诸人登鸡足山时所见到的许多景观："乘兴访名山，发棹榆河涘。兰舫辞碧波，跃浪看鳣鲔。……突见华首门，下拜斯为美。古松千尺强，马远画中似。桧枝如建纛，半被雷火死。排空罗汉壁，嵌洞援藤藟……"

李元阳的山水诗清新、隽永，具有很强的生命力。他曾说："古今游观题咏，不在园苑则在宫观，不在宫观而在岩洞，皆以山水形状之变无穷，故章句之变亦无穷。然寄墨于园苑者以年计，寄宫观者以世计，寄岩洞者与山河同其永矣。"李元阳的游记大多景不虚设，必在写景中摇荡胸次，写出生生不尽的意来。如游鸡足山天柱峰普光殿，见大殿恢宏，不由得生出了"追维存殁"之情来，"恨殁者长往，存者不再见矣。江山千古，登眺须臾，胜迹既留，音容在目。"（《游鸡足山记》）李元阳游记的另一特点是文有赋心，但又脱去汉代大赋不厌其烦的长篇铺叙、堆砌词藻的恶习，而具有六朝抒情小赋清新明丽的特点。如《翠屏草堂记》篇幅短小、文词清丽，就体现了抒情小赋的特征。有人认为，李元阳的游记宗法于柳宗元，且得其神髓，如果就其风格的瘦削、幽远，艺术上的融情于景、铺排收结来讲，李元阳的确是学柳而得柳。不仅如此，李元阳的游记也于法外创新，如风格的峭洁就甚于柳宗元。

唐锜（1493—1559年），字子荐，号池南，晋宁人。明嘉靖五年（1526年）丙戌科第三甲第一百七十四名进士，被派任定远县（今安徽）县令。在任期间，重民意、体民艰、正婚丧、减差粮，勤政爱民、廉洁自持，做了许多有益于百姓的事。定远百姓感念他的恩德为他建立了生祠，按时祭祀。后来，唐锜升任陕西巡按、监察御史，其间曾为中华民族始祖轩辕黄帝陵基题书了“黄帝陵”及“桥山龙驭”。落款是“大明嘉靖丙申（嘉靖十五年，1536年）十月九日滇南唐锜书”（此碑至今尚存）。后“因忤权要归里囊中萧然”。唐锜回乡后，与当时谪放云南的四川新都状元、著名学者杨慎结为文字友，成为“杨门六学士”之一。杨慎每至晋宁，必往唐家，互相唱和，情谊至深。

唐锜有诗文传世，他的五言律诗《盘龙寺忆孙松山中丞》，描述了晋宁盘龙寺的幽雅景致：“郁郁松千树，何年林向东。翠森禅瓦碧，晴映佛灯红。泉响咬龙窟，霜寒鹳鹤宫。客怀兼酒兴，万里正无穷。”

赵汝廉（1495—1569年），字敦夫，云南太和县（今大理）人。自幼聪明好学、慈悲仁爱，8岁时便能赋诗作对。15岁时赵汝廉乘船在江中行，因风高浪急，距赵汝廉不远的一条小船眼看着就要被大浪掀翻了。赵汝廉焦急地叫他的船家赶快向即将倾覆的那条小船靠拢，以便救援船上的船客。船家说：“风浪太大，将船划过去，我们的船也有可能被掀翻。”赵汝廉却说：“人的生死是老天命定的，我们看着别人有生命危险，却不去救援，能安心吗？”船家拗不过赵汝廉，只好将自己的大船划过去，把就要倾覆的那条小船上的人，全部救到自己的船上。

赵汝廉考中举人后，于嘉靖十一年（1532年）壬辰科考中第三甲第一百二十七名进士，并入选翰林院庶吉士。嘉靖十四年（1535

年），赵汝廉被任命为吏部考功司主事。嘉靖十九年（1540年），又升任考功司的郎中。考功司是主管考核和升迁官员的重要部门，由于多年在考功司任职，得罪了不少人。赵汝廉心中不忍，多次向上司反映，要调动工作，并向上司请求调到南京的清闲部门任职。上司认为赵汝廉很有才干，在那些清闲部门任职会埋没他的才干，但经不住他的一再请求，只好将他调离考功司。此后，赵汝廉历任太常寺少卿、右通政、太仆寺卿、太常寺卿、都察院右副都御史等职。位居高官的赵汝廉，以年老多病为由，主动要求退休。退休返乡后的赵汝廉，不治第宅，只筑一草庵以居。后人景仰赵汝廉的宽厚仁慈、淡泊名利，曾撰写对联："柏叶名台无双士；榆郡书香第一家。"悬挂在大理下关赵汝廉的故居。

贾文元，大理人。考中举人后，又于嘉靖十一年（1532年）壬辰科考中第三甲第一百二十四名进士，官至主事。

倪辂，昆明人。考中举人后，授威远知县，力辞不赴，闭门著书。于万历十三年（1585年）前后，写成了一部影响深远的《南诏野史》。该书内容驳杂、史料丰富，弥补了正史的很多缺失，是一部很有价值的史书。

云南乡试中学历最高的主考官钱棨

清康熙以后，主持各省乡试的主考官，其学历都远远地高于顺治年间和明代乡试的主考官，正主考一般都是翰林出身的官员，还有不少是一甲进士中的状元、榜眼、探花。在明清两个朝代，国家级的科举考试依次为乡试、会试、殿试三级。乡试每三年一次，在子、卯、午、酉年举行，无论是国都京城，还是边疆云南，都是如此。这种在子、卯、午、酉年举行的乡试，称为“正科”，以有别于朝廷遇到庆典时特别举行的“恩科”。乡试的中式者称为举人，举人的第一名称为“解元”，第二名称为“亚元”。考中举人便有资格考进士，或在“大挑”后担任八品至七品的低级官员。会试和殿试一般在乡试后的次年举行，若乡试有恩科，则会试和殿试也有恩科。会试的中式者称为贡士，会试的第一名称为“会元”。殿试是皇帝或以皇帝的名义对贡士进行的考试，凡参加殿试的贡士，都能成为进士。进士有一甲、二甲、三甲三个等次。一甲只取三人，第一名称为“状元”，第二名称为“榜眼”，第三名称为“探花”。这三名进士不用再考试就可以直接进入翰林院，状元授翰林院修撰的职务，榜眼和探花授翰林院编修的职务。修撰的品级为从六品，编修的品级为正七品。

在科举取士的时代，各级考试都十分严格，且竞争激烈。如果有哪一位幸运的应试者考中解元、会元、状元，那么他就会成为轰动朝野的“三元”。“三元”是三级考试中的尖子，是学历最高的科举明星。据史料载，从唐代至清代仅有十二人考中“三元”（明清两代的科举考试最严密，竞争也最激烈，故“三元”的含金量也最高）。而在这十二位“三元”中，最荣耀、最罕见者为清乾隆年间的苏州人钱棨。这是因为钱棨不但是“三元”考中者，还是“六元” 考中者。何谓“六元” 考中者？原来钱棨不但考中了被称为“大三元”的解元、会元、状元，还考中了被称为“小三元”的三个“案首”（排名次时，为首的和第一的称为“元”），即在考秀才时，连续考中县试、府试、院试的第一名。一个人能在大小六次考试中都考第一名，这大约是科举取士时代空前绝后、最幸运的考生了。更有意思的是，这位科场最幸运的人还给嘉庆初年云南的士子带来了好运，其原因是：钱棨不但于嘉庆三年（1798年）担任戊辰科云南乡试的正主考官，乡试结束后又转任主管云南教育和考试的提督学政。而钱棨在云南期间既为朝廷选拔了不少云南人才，又为朝廷培养了不少云南人才。

钱棨（1743—1799年），字湘舲，苏州府长洲县（今苏州）人，清乾隆八年（1743年）出生于长洲的一个书香门第，其曾祖父钱中谐是清顺治年间的进士并被点为翰林，祖父、父亲都是满腹学问的读书人。钱棨勤奋好学，大器晚成。乾隆三十一年（1766年），二十三岁的钱棨考中第一名秀才；乾隆四十四年（1779年），三十六岁的钱棨考中己亥恩科江南乡试第一名举人（解元）；乾隆四十六年（1781年）38岁的钱棨考中辛丑科会试第一名贡士（会元），接着又考中同科殿试第一甲第一名进士（状元）。当时，清朝已经立国将近140年了，尚无一人考中“三元”（整个清朝仅有二人考中“三元”，即钱棨和嘉庆二十五年（1820年）庚辰科会试和殿试的广西人陈继昌）。年逾古稀又好大喜功的乾隆皇帝知道后，兴奋不已。他在举行传胪大典的那一天，亲自挥毫写成《御制三元诗》以记自盛。其诗云：“龙虎传胪唱，太和晓日暾。

国朝经百载，春榜得三元……”

乾隆皇帝的御诗一出，大小官员立刻跟风写诗迎合，民间诗人也纷纷作诗记盛。一时间，钱棨考中三元（当时的人们很少有人知道钱棨考中的是古今未有的六元）之事迅速成为一种全国性的大狂欢，就连边陲云南的士子都知道国朝竟有此等盛事，而惊叹不已。钱棨的家乡苏州府更是亢奋而发狂，苏州知府及长洲、元和、吴县的地方官联合在苏州府学东面专门为钱棨建造了一座高大的牌楼“三元坊”，他们还将乾隆皇帝的《御制三元诗》刻成石碑并请乾隆皇帝为之作跋。石碑刻成后，立于苏州府学内，成为苏州人最大的骄傲（江苏省本是中国最大的状元省，有清一代全中国共有114人考中文状元，江苏一省就占去了49名，而苏州一地就出了26位文状元，但考中“三元”者，却仅有钱棨一个人），该石碑后来在“文革”期间被砸毁，又成为了苏州人最大的遗憾。

钱棨考中三元后，入翰林院为修撰，掌修国史。乾隆五十二年（1787年），钱棨奉命进入上书房当皇子皇孙们的老师。钱棨的这个职务十分重要，意味着未来的皇位继承人都是他的学生。权臣和珅很想拉拢钱棨，但钱棨为人刚正不阿，不愿与权势熏天又为非作歹的和珅同流合污。《清稗类钞》对钱棨不愿与和珅结交有记载：“时和珅方柄用，欲招致之，决意不往。”和珅见钱棨不为己用，十分忌恨，便常常在乾隆皇帝的面前说钱棨的坏话。乾隆五十四年（1789年）三月初六，乾隆皇帝突然来到上书房，检查钱棨等师傅与皇子皇孙们的教学情况。事有不凑巧，最近几天钱棨因病没到上书房授课，皇子皇孙们因师傅生病，也没有到上书房攻读，平时书声朗朗的上书房，冷清得门可罗雀。乾隆皇帝见状大怒，下旨痛责上书房师傅旷职误公，不能恪尽师道，贻误诸皇子皇孙之学业。部议钱棨等革职留任，八年无过方准开复。后来乾隆皇帝了解到平时十分尽职的钱棨，那几天的确卧病在床，感到有些错怪钱棨了。

乾隆五十八年（1793年），钱棨被擢为右赞善。乾隆六十年（1795年），担任中允。不久，又升任正五品的侍读，充日讲起居注官。嘉庆二年（1797年），钱棨任左庶子。嘉庆三年（1798年），钱棨被升任正四品的侍读学士并出任戊午科云南乡试的正主考官。

乡试的正主考官担负的责任十分重大，他必须统领好其他的考官，对数千名考生的试卷进行公正无私的评判，慧眼识珠地为朝廷选拔出考生中的优秀人才并定出名次。钱棨等考官根据云南乡试的录取名额和公认的判卷标准，经过十多个日日夜夜的苦战，终于为朝廷选拔了64位文举人。这64位文举人中，后来有周锡章、刘陶、胡尊礼、陈毓章、段联锋五人先后或同榜考中文进士。

周锡章，字采川，楚雄人，乾隆四十五年（1780年）举人周庶琦的侄子。周锡章幼有神童之称，12岁时考中秀才，为人孝友慷慨，读书喜谈经济。嘉庆三年（1798年），19岁的周锡章考中第二名举人（亚元）；嘉庆四年（1799年）周锡章考中第三甲第二十五名连捷进士，选翰林院庶吉士。嘉庆六年（1801年）四月二十日翰林院散馆，周锡章出任礼部主事。不久，升任从五品的礼部员外郎。后出京任从四品的贵州镇远府知府。周锡章在知府任上清操自矢、政绩卓著，后调贵阳。在贵阳时以政绩卓异升任正四品的广东惠、潮道。当时的广东有陋规，每逢年节，下级都要给上司送重礼。周锡章本想革除这一陋规，又担心后任抱怨他，但接受下级的重礼则又伤廉，他只好将收到的银两钤印封交首邑库存，遇到有关教养这类的公事，就将库存之银拿出来使用。周锡章任满离任时，库存之银尚有洋银六千元，他将这些银元送到钱庄生息，三千元的利息用来增加生员的生活费，二千元的利息加进孤贫之人的口粮钱，一千元的利息增拨给育婴堂。周锡章离任后，转任盐运司的官员，因为政绩突出，不久升任正三品的按察使。周锡章任按察使时，正是天气很热的盛夏，他不顾炎热，上任不到两个月就了结了前任遗留下来的二百多个案子。周锡章十分关心民瘼并体谅狱中犯人的疾苦，他曾经对人说：“我辈安居广厦，尚难受此酷热，况囹圄乎。”因此，凡有州县的案子送到省里，他立刻讯传，从不拖延，断案英明、公正，从不冤枉一个好人，故广东百姓都称周锡章为“周青天”。

由于周锡章的政绩十分卓著，按察使任满后便升任从二品的湖北布政使（相当于如今的第一副省长）。周锡章在湖北布政使任上，举廉除贪，吏治一清。他还大力整治湖北境内长江两岸州县的堤工水利，使长江在湖北境内既能泽润百姓，又不危害百姓，而周锡章也成为了清代中叶朝野闻名的干吏。由于积劳成疾，周锡章不幸病死在任上，湖北百姓闻知，失声痛哭，如丧考妣。为感念周锡章的功德，湖北以“名宦”祀之。

刘陶，楚雄人，自幼就聪明而勤奋。嘉庆三年（1798年）考中举人后，嘉庆四年便考中己未科第三甲第二名连捷进士，官至清苑县知县，有政声。

胡尊礼，宾川人。嘉庆三年（1798年）考中举人后，于嘉庆六年考中辛酉恩科第三甲第三十一名进士。

陈毓章，河阳县（今澄江）人，乾隆二十八年（1763年）癸未科进士陈士凤的儿子。陈毓章嘉庆三年（1798年）考中举人后，于嘉庆十年考中乙丑科第三甲第六十三名进士。

段联锋，晋宁人，嘉庆三年（1798年）考中举人后，于嘉庆二十二年考中丁丑科第三甲第八十九名进士。

后来未考中进士的嘉庆三年（1798年）举人，其中也有不少贤者和人才，如钱懋龄等。

钱懋龄，原名简，字敬以，昆明人，出生于一个著名的科举家族。钱懋龄这位举人，性孝友，他曾经替小弟偿还逋负数百缗。他的兄长去世后，遗留下来了一个年幼的孤女，钱懋龄把她当成亲生的女儿，精心地将她抚养成人，又选择佳婿让她成家。叔父在广文为官，年老而双目失明，罢官后无薪俸，无法生活。钱懋龄掏自己的钱租房子给叔父居住，还每月供给叔父生活费，又承担起教育叔父之子的责任。堂兄病故后，寡嫂和她的子女没有了依靠，钱懋龄就把他们接到自己的家里赡养。凡昆明地方建义学、修桥补路、救济穷人等，钱懋龄都带头捐款，是昆明著名的贤人。

戊午科云南乡试圆满结束后，嘉庆皇帝为了尽快改变云南落后的教育现状，特就地让钱棨转任云南的提督学政。嘉庆四年（1799年）正月，太上皇乾隆驾崩，嘉庆皇帝终于真正亲政了，钱棨的冤家和珅以“二十大罪”被嘉庆皇帝赐白绫一条在狱中自尽。嘉庆皇帝打算重用他的老师钱棨，他先提升钱棨为从二品的内阁学士兼礼部侍郎，并命钱棨继续留在云南担任学政。嘉庆皇帝的用意是，待钱棨在云南干出更大的政绩，再进一步提升到朝廷辅佐自己。

钱棨在云南学政任上，深感云南举人的学养欠深厚，进士的中式率和甲次太低，至今尚无鼎甲之人，与江浙等省的差距太大。为了不辜负嘉庆皇帝对自己的厚望，他决心在三年任内，努力课士，尽快改变云南落后的教育现状。他课士时，循循善诱、诲人不倦，常常用昆明先贤钱南园的勤奋好学以及铮铮风骨来激励士子；还用自己的亲身经历告诉学子如何正视自己的不足，戒骄戒躁，刻苦用功。他向学子说：老夫当年考秀才时，县试、府试、院试都取得第一名，考中了人人羡慕的“小三元”。此后就不知天外有天，目中无人了。结果是：在以后的十三年间，有六次乡试都名落孙山。我不甘心永远做一个不能登堂入室的“小三元”，后来我仔细观看了自己的落卷，又认真研究了中式者的卷子，才发觉自己写的文章词藻华丽、内容空洞、文不及义，不符合“清真雅正”的要求，而“清真雅正”是本朝取士的标准。世宗雍正皇帝曾晓谕考官：“所拔之文，务令雅正清真，理法兼备。”高宗乾隆皇帝也曾晓谕考官："考试各官，凡岁科两试以及乡会衡文，务取清真雅正，法不诡于先型，辞不背于经义者，拟置前茅，以为多士程式。"何谓"清真雅正"？"清"指的是文章叙说有条理，文气流畅、不散乱；"真"指的是文章的内容纯正、精当；"雅"指的是文章的语言必须典雅、朴实、简约；"正"指的是文章的思想、文风必须纯正，"正"是"雅"的提升。清真雅正的基础是"理法辞气"。八股文之"理"就是孔孟之道、程朱之学，即一篇文章阐发的"义理"是否符合程朱的解释，是否醇正。如有不符，必将黜落；若理醇脉正，且有创意，则为佳作。八股文之"法"指文章的作法。戴名世说："制举业者……而法有二焉：有行文之法，有御题之法。"御题之法是指"相其题之轻重缓急，审其题之脉胳腠理，布置严谨，而不使一毫发之有失，此法之有定者"。即看到一篇文章的题目后，必须先仔细揣摩题目的出处，也就是确定这句话是谁言之，对谁言之，在何环境下言之以及说此话时的神情。御题之法在八股文的写作中极为重要，它是应试成功很重要的环节。行文之法是指作八股文时对文章主体部分结构起伏呼应、顿挫跌宕的布局等。戴名世认为：行文之法，法之无定者，即行文之法不是死板之法，他有许多的机巧变化，不同的题目，不同的表现内容和主题，都可以采取不同的表现方式。总之，一篇八股文若作得丝丝入扣，议论通畅，裁减整齐，便能过关。八股文之"辞"是指文章的文采和字句的表达。李光地的《榕村语录》云："文字不可怪，所以旧来立法，科场文谓之清通中式，清通二字最好；本色文字、句句有实理实事。"这就是说文章既不能带有注疏之死板，也不能带有辞赋之浮华，应该朴实自然、珠圆玉润、言之有物。八股文之"气"，乃是为文者的思想借助文辞和句式，外化为文章行文的气势、气概。若能使人感到灏气盘空、大气盘旋、魄力沉厚者为佳。八股文中的"理法辞气"，最重要的还是"理"，即应试者对考题

“义理”的阐述内容，必须按照四书五经注释的要求，个人没有太大的发挥空间，一旦发挥过头，即违背了程朱传注，则会被判定为“心术佻薄”，文章也就必然被黜落。

由于钱棨的课士有理有据、深入浅出又旁征博引、理论联系实际，听课的士子都有茅塞顿开、醍醐灌顶之感。

钱棨在云南任学政期间，还刻有《迎晖山榭文稿》一书。该书收录了他为了课士自己所作的范文和对昆明士子杨永年等人习作的点评。在该书的序言里，钱棨一方面指出当时云南士子作文中普遍存在的问题；一方面又热情鼓励说：“滇之人士得于地灵磅礴之气”，可教可追！由于钱棨的内心深处感到：云南山川壮丽，“滇之人士得于地灵磅礴之气”，只要自己尽心尽力、教授得法，云南科甲不盛的状况一定会改变。因此他在不到一年的时间里，几乎跑遍了云南的各州县，他使尽浑身解数，殚精竭虑地课士。嘉庆四年（1799年）八月，钱棨从云南各地巡考归来，因劳累过度，又染上了疟疾，竟在昆明病故，病故时年仅五十六岁，有《湘舲诗稿》遗世。云南各地的士子失声痛哭，如丧考妣。戊午科云南乡试亚元（第二名举人），本年刚考中连捷进士的楚雄人周锡章更是悲痛欲绝，有三日不进饮食。嘉庆皇帝得知钱棨的死讯后，也十分伤心，辍朝一日以表哀悼。

钱棨虽然因劳累过度而英年早逝了，但他的心血却结出了丰硕的果实。他去世后的一年，即嘉庆五年（1800年）庚申恩科云南乡试，所取的54名文举人，后来竟有14人先后或同榜考中进士，进士的中式率一下子就从嘉庆三年云南乡试该科举人进士中式率的7.8%，提高到了25.9%（清代的云南共举行了104科97次乡试，进士的平均中式率仅有12.2%，有5699人考中文举人，后来仅有698人考中文进士）。这14位进士是：倪琇、樊如杞、李钟景、胡瑢、王瑞、李钟璧、万永福、叶雨青、尹佩棻、胡之鋘、陈钰、艾濂、杜薇之、苏鳌。

倪琇，详见《云南五大科举家族·昆明倪氏科举家族》。

樊如杞，详见《金榜上的云南少年有几人》。

李钟景，宾川人，嘉庆五年（1800年）考中举人后，于嘉庆六年考中辛酉恩科第二甲第七十二名连捷进士。

胡瑢，石屏人，嘉庆五年（1800年）考中举人后，于嘉庆六年考中辛酉恩科第三甲第五十四名连捷进士。

王瑞，楚雄人，嘉庆五年（1800年）考中举人后，于嘉庆六年考中辛酉恩科第三甲第五十九名连捷进士。

李钟璧，字石渠，太和（今大理）人，嘉庆五年（1800年）考中举人后，于嘉庆七年考中壬戌科第二甲第四十一名进士，选翰林院庶吉士。嘉庆十年四月二十日散馆，以知县即用。

万永福，蒙自人，嘉庆五年（1800年）考中举人后，于嘉庆七年考中壬戌科第三甲第一百一十四名进士。

叶雨青，阿迷（今开远）人，嘉庆五年（1800年）考中举人后，于嘉庆七年考中壬戌科第三甲第一百五十二名进士。

尹佩棻，蒙自人，内阁学士兼礼部侍郎尹壮图的侄子。嘉庆五年（1800年）考中举人后，于嘉庆十年考中乙丑科第三甲第一百二十八名进士。

胡之鍈，太和（今大理）人，嘉庆五年（1800年）考中举人后，于嘉庆十三年考中戊辰科第三甲第一百零五名进士。

陈钰，字卓然，楚雄人，出生于楚雄的一个书香门第，为人忠直成性，自幼便奋志于诗书。嘉庆五年（1800年）考中举人后，于嘉庆十三年考中戊辰科第三甲第一百一十四名进士，官至金华县知县。陈钰在知县任上，生活十分简朴，食无兼味。他也倡导百姓过俭朴日子，凡事都遵循古礼，使金华民间奢侈之风丕变。陈钰断案十分审慎，从不冤枉一个好人，百姓称他为“陈佛子”。陈钰尚清廉而短应酬，与他同在一城为官的知府对他十分不满，事事为难陈钰，陈钰不甘愿受气，以生病为由，辞职回乡。

艾濂，字齐周，号玉溪，邓川人，嘉庆五年（1800年）考中举人后，于嘉庆十三年考中戊辰科第三甲第一百二十七名进士，官至宁国县知县。宁国县的漕粮征收历来都很重，而百姓则以抗捐作为传统，逋赋多则征解额，因而宁国的历任知县大多被弹劾，而被罢官。艾濂到任后，严定章程，明赏罚，审理了许多积压多年的旧案，既不冤枉一个好人，也不放纵一个坏人，百姓无不称颂，从而改变了百姓与官府一贯对立的局面。艾濂曾担任过江南乡试的同考官，公正无私地向主考官推荐了一些优秀试卷。后来因丁艰而回乡守制，从此便不愿出外再做官。艾濂去世时，有《虫吟集》传世。

杜薇之，字浣花，昆明人，嘉庆五年（1800年）考中举人后，于嘉庆十四年考中己巳恩科第三甲第十名进士，选翰林院庶吉士。嘉庆十六年散馆，以部属用，后官至从四品的陕西榆林府知府。有《浣花诗钞》等著作传世。

杜薇之为清代中叶昆明著名诗人，他的七言律诗《碧峣别墅》，描写了晚年寄情于家乡山水的娱悦以及滇池的秀美景色："草阁萧萧净夕晖，湿烧红叶茗烟微。晴空翠朴千峰近，江淡云拖一雁飞。松竹绕亭幽兴剧，琴书欹枕素心违。年来久怙烟霞癖，不为莼羹鲈脍肥。"而《昆池竹枝词》则既有唐人风骨，又有民歌风味："鹭外红绡卷暮霞，烟波浩渺夕阳斜。闻君旧住渔村里，疏柳柴门第几家？"

苏鳌，晋宁人，嘉庆五年（1800年）考中第一名举人（解元）后，于嘉庆十九年考中甲戌科第三甲第一百一十七名进士。

嘉庆五年云南乡试中式的其他举人，有的饱读诗书、学问渊博，却曾经阴错阳差多次参加乡试一直不能中式。而到嘉庆四年有幸受到钱棨的点拨，下年便考中了举人。但以后却因为各种原因，始终没有考中进士，缪彤就是其中最典型的一位。

缪彤，原名开元，字应泰，改名后，改字翊廷，别号惺轩，曲靖府沾益州（今宣威榕城）人，性格风流倜傥、豪放不羁，青少年时代就颇有诗才和诗名，但由于不谙八股文的写作，多次乡试都名落孙山。嘉庆五年（1800年）考中举人后，又沉醉在游山玩水、琴棋诗画之中。他的著作《汇典》《亦园诗》等古宏博雄、磅礴奇崛。缪彤的山水诗，艺术成就较高，颇有东晋著名山水诗人谢灵运的神韵。如七言律诗《宛水环清》：“盘龙如带绕榕城，沿岸莹然彻底清。几辈浊流归浩渺，一江秀色独澄明。青山倒映峰峰影，红蓼秋涵瑟瑟情。指水论心宜比似，濯来我欲请长缨。”该诗托宣威八景之一的“宛水环清”以言志，表达了诗人的高远志向。再如五言律诗《活水池》：“池接龙宫近，澄澄暗引泉。无尘开宝鉴，有本漾清涟。净印诸峰月，常涵一片天。源头活水句，道妙证言诠。”该诗表现了诗人寄情山水、清高孤傲的性情。又如七言律诗《高顶樵歌》：“二州界截最高坡，振策人从绝顶过。何处采樵归来晚，一声遥唱乐偏多。烟云深径穿芳草，风雨闲身护绿蓑。荣辱那曾开念虑，寄自物外自高歌。”该诗通过赞美樵夫自由自在的生活，表达了诗人对自由自在生活的向往。

林则徐与己卯科云南乡试

林则徐像

林则徐（1785—1850年），字元抚，福建侯官人，清嘉庆十六年（1811年）进士，官至从一品的总督，为清末著名政治家和禁烟派代表人物。嘉庆二十四年（1819年），林则徐被清廷任命为己卯科云南乡试的正主考官，为清廷选拔了众多的云南人才。林则徐在该科云南乡试选拔的54位文举人，后来有16人考中文进士，中式率高达30%。嘉庆二十四年的己卯科云南乡试，是云南明清两个朝代182科乡试中后来进士中式率最高的一科乡试，即云南科举史上空前绝后的一次乡试。林则徐在这次乡试选拔的人才，多年以后，要么人品高洁，成为楷模；要么政绩卓著，名传政界；要么功勋显赫，声震朝野；要么学问渊博，蜚声文坛；要么兼而有之，流芳千古。

明清两个朝代，国家级的科举考试依次为乡试、会试、殿试三级。乡试每三年一次，在子、卯、午、酉年举行，无论是国都京城，还是边疆云南，都是如此。这种在子、卯、午、酉年举行的乡试，称“正科”，以有别于朝廷遇到庆典时特别举行的“恩科”乡试。云南的乡试和全国一样，考期在农历的八月八日至八月十六日。届时，云南全省（明宣德四年至明嘉靖十三年间，贵州的生员等也到昆明参加乡试）的生员（秀才）与监生、荫生、官生、贡生，经科考、录考、录遗考试合格者，均可应考，考中的称为举人，举人便有资格考进士，或担任八品至七品的低级官员。举人的录取率受名额和参考人数的影响，每一科并不相同，明代一般在3%左右，清代一般在2%左右。举人的第一名称为“解元”，第二名称为“亚元”。云南的首次乡试于明永乐九年（1411年）在昆明举行，这年是辛卯年，辛卯科乡试有28人中举，解元是昆明沙浪里（今五华区沙朗乡）人洪诚（永乐十六年戊戌科中进士）；云南的末次乡试，是清光绪二十九年（1903年）癸卯科，癸卯科乡试有64人中举，解元是剑川人周钟岳。

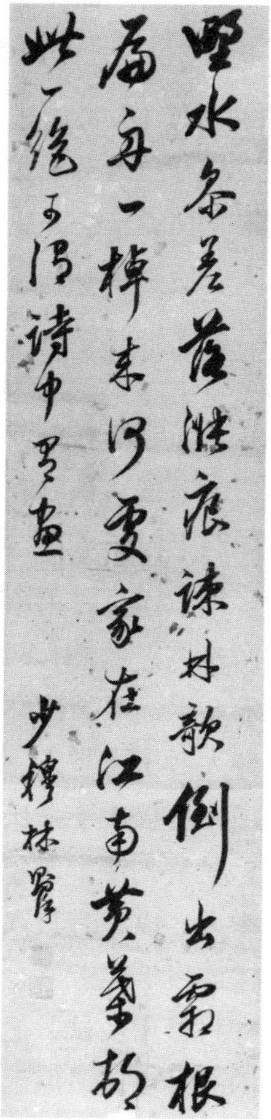
林则徐墨宝

明代时，云南举行乡试78科，共有2755个云南人考中文举人，后来有264人考中进士，考中进士的总中式率为9.6%，每科平均有3.38人考中进士。明代有6科云南乡试后来无人考中进士，即明永乐十五年（1417年）丁酉科云南乡试，该科有53人考中文举人，后来却无人考中进士；明永乐十八年（1420年）庚子科云南乡试，该科有39人考中文举人，后来却无人考中进士；明宣德元年（1426年）丙午科云南乡试，该科有10人考中文举人，后来却无人考中进士；明宣德四年（1429年）己酉科云南乡试，该科有10个云南人考中文举人，后来却无人考中进士；明宣德十年（1435年）乙卯科云南乡试，该科有10个云南人考中文举人，后来却无人考中进士；明正统六年（1441年）辛酉科云南乡试，该科有14个云南人考中文举人，后来却无人考中进士。明代云南乡试，后来进士中式率最高的一科是明正德十四年（1519年）己卯科云贵乡试，该科有34个云南人考中文举人，后来有10人考中进士，中式率高达29.4%。

清代时，云南举行乡试104科（97次），共考中文举人5699人，后来有698人考中进士，考中进士的总中式率为12.2%，每科平均有6.71人考中进士。清代有一科云南乡试后来无人考中进士，即清康熙八年（1669年）己酉科云南乡试，该科有30人考中文举人，后来却无人考中进士。清代有八科云南乡试，后来每科仅有1人考中进士，即清康熙五年（1666年）丙午科云南乡试，该科有27人考中文举人，后来仅有魏殿元考中进士；清康熙二十二年（1683年）补康熙二十年辛酉科云南乡试，该科有27人考中文举人，后来仅有许贺来考中进士，清康熙二十三年（1684年）甲子科云南乡试，该科有30人考中文举人，以后仅有谢俨考中进士；清乾隆二十五年（1760年）庚辰恩科云南乡试，该科有54人考中文举人，以后仅有余大鹤考中进士；清乾隆三十六年（1771年）辛卯科云南乡试，该科有54人考中文举人，以后仅有胡敏考中进士；清乾隆四十四年（1779年）己亥恩科云南乡试，该科有54人考中文举人，以后仅有尹英图考中进士，清乾隆四十五年（1780年）庚子科云南乡试，该科有54人考中文举人，以后仅有戴斯琯考中进士；清乾隆五十三年（1788年）预行乾隆五十四年己酉科云南乡试，该科有54人考中文举人，以后仅有杨本昌考中进士。清代云南乡试、进士中式率仅次于嘉庆二十四年（1819年）己卯科云南乡试的一科乡试，是清光绪十四年（1888年）戊子科云南乡试，该科有64人考中文举人，以后有17人考中进士，中式率为26.6%。

林则徐主持的清嘉庆二十四年（1819年）己卯科云南乡试，之所以选拔人才最多，成为明清两代云南空前绝后的一科乡试，原因当然是多方面的，但肯定与林则徐超凡的雄才大略、锐利的识才眼光、公正的选才标准是分不开的。

林则徐在这科乡试的出题方面，十分注重考察应试士子经世致用的能力。其首题为："汤之《铭盘》曰：苟日新、日日新，又日新。"次题为："诵《诗》三百，授之以政，不达；使之四方，不能专对；虽多，亦奚以为？"三题为："其事则为齐桓晋文；其文则史；孔子曰：其义则丘窃取之矣。"林则徐在这科乡试的衡文遴选方面，严格录取"有志于学，求付实用""文理优长"的"真才"，"僻诡浮薄之词，概斥勿录"。结果该科乡试共选拔了64个人才，其中正榜54人（这54人称为举人，有资格参加会试），副榜10人（这10人称为副贡，若以后考中举人，才有资格参加会试）。乡试结束后，林则徐还主持选编了试卷中"文艺诗策优雅者"十四篇，又撰写了《己卯科云南乡试录序》和《己卯科云南乡试策问》两篇文章，详细地记载了这次云南乡试的主要情况。由于林则徐的工作认真负责，云南士子"感悦奋发"，盛赞这科乡试是"自庄蹻启域，汉武置郡以来未有如今日之盛也"。林则徐主持的这一科乡试，不但以后有16位文举人考中进士成为清廷干练的官员，而且几乎网罗了五华书院山长刘大绅的五个最得意的门生，即被称为"五华五子"的五位才子戴䌹孙（考中该科乡试举人）、李于阳（考中该科乡试副榜）、杨国翰（考中该科乡试举人）、池生春（考中该科乡试举人），戴淳因"绝意仕进"，没有参加乡试。

己卯科中举后考中进士的16位举人是杨国翰、谢长年、梁之儒、李士林、黄初、毕光荣、张相侯、张晋熙、池生春、张于淳、谭精品、黄琮、杨际泰、戴䌹孙、汪自修、李樾。

杨国翰（1787—1832年），字凤藻，号丹山，云州大寨梨园村人。自幼好学，19岁由秀才进为廪生，赴省城昆明五华书院深造，学业优良，与戴䌹孙、池生春、李于阳、戴淳等号称"五华五子"。清嘉庆二十四年（1819年）赴省应己卯科乡试考中举人，次年进京会试中庚辰科进士，正值清宣宗道光皇帝即位，钦点知县分发浙江，先后任奉化、诸暨、海盐、仁和等县知县。

杨国翰知县任职期间，长于治理、忧国忧民，勤政爱民。在奉化，针对重男轻女弃婴不育之风，捐资倡办育婴堂收养弃婴。在诸暨，到任时正面临社会混乱，他秘密查访，依法审理处决，严禁赌博和宰杀耕牛，深得民心，卸任时民众香花相送出境。在海盐，任内大力倡修水利，加固海塘，增设学校，劝民储薯芋防荒。由于政绩优异，吏部奏报朝廷，道光皇帝特命进京陛见，随即晋升，先后任温台、玉环等府同知。

杨国翰早在应乡试时适逢林则徐任主考官，才华得林器重。到浙江任职又逢林调任江苏按察使，曾向林上书建议三事：惩贪墨、锄奸匪、清案件，林深为赞赏。杨国翰平生敬仰岳飞，五华书院时梦中读《岳飞传》，读至岳飞被奸臣杀害，大哭而醒。后来到杭州，特往岳王庙凭吊，写成《观精忠柏记》一文，吊诗有：“草木有知心不死，英雄何恨鬼犹灵”句。主要诗作有：《步华吟诗草》《鸡血藤膏谣》《漉血战》《观贡象》《留缅书》《上林臬台书》《题寄庵师文钞序》等。

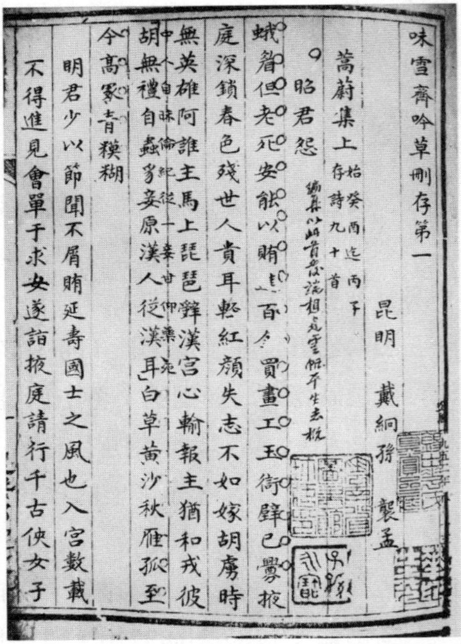
味雪齋吟草刪存第一
昆明　戴絅孫　襲孟
蒿蔚集上　始癸酉迄丙子　存詩九十首
昭君怨
蛾眉但老死安能以賄遺百金買畫工玉街辟已嚳掖
庭深鎖春色殘世人貴耳輕紅顏失志不如嫁胡虜時
無英雄阿誰主馬上琵琶辭漢宮心輸報主猶和戎彼
胡無禮自蟲豸妾原漢人從漢耳白草黃沙秋雁孤至
今高冢青模糊
明君少以節聞不屑賄延壽國士之風也入宮數載
不得進見會單于求女遂詣掖庭請行千古俠女子

戴絅孙著述

道光十二年（1832年），杨国翰母丧奉旨护送灵柩归家乡故土安葬，长途劳瘁，加之悲伤过度，刚抵家即溘然长逝。林则徐闻知杨国翰死讯，尤感悲痛，亲自撰写《杨丹山墓记》，全文如下：

杨公讳国翰，字凤藻，号丹山。其父诰授奉政大夫林青公，始自江西临川游艺云州，娶其母诰封宜人徐太宜人，遂为州人。生公兄弟三人，公其长也。自少不好嬉戏，长则奋志圣贤。于嘉庆丙寅岁，屡魁多士，以补员寻拔前茅而食饩。余己卯奉命主滇闱，揭晓后，获公名，知为五华五子首选，同考皆以得士贺。余奉命都中，公捷南宫，钦点知县，分发浙扛。会余亦奉命出视杭嘉湖道，先后抵浙，公暇辄得谈励。时中丞帅先洲先生，号知人，不轻许可，独于公历试艰巨，谓有古名良风，不可以百里限，并称余为国家得人，嗣后余迁臬吴中，转藩陕楚江陵间，公贤声几遍天下。会公以海盐卓异，于道光八年北上引见，旋蒙西暖阁召见，天颜温霁，圣训周详，在公以为异数，而不知其夙积也。

以公年方强仕，优游资格，故于十年外擢温台、玉环同知。甫一载，大吏以君娴习海疆，专折奏办东防塘工。时太宜人就养署中，公以王事不敢辞，太宜人年老，又不忍离，勉以就事。阅岁壬辰夏杪，太宜人病沉环山，恐乱子心，俾二弟勿通消息，公于海滨窃听，星夜旋署，得侍医药，半阅月，太宜人竟不起焉。是岁君奉旨扶榇回籍归葬，道经姑苏，余时抚吴，得就舟中吊奠，见公面墨泣哀，余节慰者再。孰意竟以忧劳成疾，甫抵里而长逝矣。

嗟呼!公以名进士，初宰奉化。先是奉化有溺女之风，官其地者，皆漠然置之，公独捐廉，倡始为育婴堂，经营尽善，岁活数百婴，立千古未有之德。继任署诸暨，清厘前任积案，禁屠耕牛，慑服巨盗，饬胥役，绝樗蒲，境内肃然。于四明则造浮梁。初，江东旧有浮桥，前失机宜，岁圮难继。公下车，择立董事，亲授规画，而人乐助予。不数月，大改前观，设桥吏以启闭，量赢余为岁修，能于江湖奔放中建此不拔之基，可谓知为政矣。于海盐则营义地以禁火葬，凿白洋以固海塘。调仁和，仁和固省会首邑，食众事烦，任斯职者，鲜不疲累，君独三莅焉。绝盐当之规，亲发审之案，宜乎"清恐人知"之额，高悬于赵玉峰乡贤祠也。摄海昌，则兴学校，课农桑，士民蒸蒸日上。擢玉环，则平允盐务，肃清海洋，储芋丝以救饥民，扫台浆以惩奸弁，凡此皆就其地之先者宜者，约举一二端，非谓君之实心善政尽于此也。

余又闻君故乡程月川中丞，丁兴斋侍读学士，与夫池龠庭、黄象坤诸太史之数称君孝友生成，尤为不可企及。善乎！丁学士评其文曰："德行本也，文艺末也，本德行为文艺，其入理既深，其言不朽，得之矣。独是文章只是润身，政事乃可及物。"余按公坐则本德行以发为文章，起则本文章以著为政事。若公者可谓言行相符，宜为天地间不朽之完人也。况乎英年长才，朝廷方倚大用，吾辈正俟虚席，兹乃忽闻其讣，而为之撰其墓焉，岂吾之意也哉！

吾于公始则校其文艺，同考以得士贺；继则课其功名，中丞以得人贺。中间天子面谕以"好好照此做去"，是则公之实在人，公之名长不朽矣。

谢长年，字松坪，谢长清之弟，楚雄人。谢长年性沉静，好读书，文名噪甚。清嘉庆二十五年（1820年）庚辰科第三甲第六十六名进士。任朝仪县知县时，勤于课士，捐廉增书院膏火。特别关心民瘼，单骑下乡，劝民安分耕种。过蒙童馆，亲讲《孝经》。听讼立折。禁需索，绝请托。因政绩卓著，晋升为定远同知。几个月后，丁忧归。与兄长谢长清服阙，相聚不离。

梁之儒，昆明人。嘉庆二十五年（1820年）考中庚辰科第三甲第七十九名连捷进士，官至江西龙南知县，勤政爱民、积劳成疾。后回云南任曲靖府教授，为曲靖培养了许多人才，因劳累过度而死于任上。

李士林，字艺圃，通海人。幼嗜学，博通经史，工诗古文词。云贵总督伯麟，云南提学使顾莼都十分器重李士林，名震一时。己卯科云南乡试，李士林考中解元（第一名举人）。道光二年（1822年），李士林考中壬午恩科第二甲第三十五名进士，后授广西岑溪知县。历官安徽滁州知州，凤阳、颍州知府，皆著政声。安徽巡抚康绍镛以“勤慎廉明”荐。

黄初，字星海，后改名黄耀枢，永北（今永胜）人。道光二年（1822年）考中壬午恩科第二甲第八十八名进士，中进士后担任四川丰都知县，以德化民，狱讼顿稀。岁饥、倡首平粜、全活甚众。捐廉修无祀坟墓，设施棺会，兴水利、广义学，士民颂以额曰“治比文翁”。

毕光荣，昆明人。清道光二年（1822年）壬午恩科第三甲第五十六名进士，官至江西瑞昌县知县，勤政爱民、政绩卓著。

张相侯，邓川人。道光二年（1822年）考中壬午恩科第三甲第六十二名进士。洪水泛滥，淹没良田，张相侯捐出廉银购买石料，集合沿江村民，规定义务工役制度，于农闲时亲自带领村民加筑、修整河岸。修整河岸时，他亲自挑土、抬石，与村民同劳。由于工程质量优良，沅江有很多年代没有泛滥。后来，张相侯因病辞官，县里的民众流泪相送，就连那些一向称霸地方的豪绅猾吏，也被张相侯的政绩感动，在城门口置酒为张相侯践行。两袖清风的张相侯回到家乡后，又省吃俭用，捐银设置义塾以教育乡里的劳苦子弟。

张晋熙，昆明人。道光三年（1823年）考中癸未科第二甲第四名进士。张晋熙为官精明干练、廉洁爱民、政绩卓著、声震朝野。后官至从二品的河南布政使，为清代中后期著名高官。

池生春（1798—1836年），字籥庭，一字剑芝，楚雄人。“五华五子”之一。池生春少读书过目不忘，有神童之称，道光三年（1823年）考中癸未科第二甲第十五名进士，入翰林院，授翰林院编修，尚书房行走。池生春曾任会试同考官，主持陕西乡试，后担任广西学政。

池生春学术醇粹，好教化人，唯恐人不为君子。他在广西学政任上，见桂地僻陋，士风浇鄙，便想方设法劝导。池生春取士重行谊，黜浮华，条举为学之方凡立志、修身、穷经、讲学四端。每临州郡试，便将诸生召集到大堂内，执经考问，优秀者便奖励给衣物，薄劣不中程者督罚不稍宽假。又选拔边远州县的优秀生员到桂林受业学官，关心瑶民子弟的教育，出府钱修治下县书院十余所。池生春为官十分节俭，生活清贫超过了寒儒，由于体质本来就羸弱，再加上不分昼夜地治事及检诸生课艺，39岁时便病死在任上，被广西人奉为名宦祭祀。池生春死后留有《入秦日记》一卷、《文稿》四卷传世。池生春的诗写得清新、隽永，很有诗味，如七言律诗《重游华亭寺》：“华亭深处已题名，今日登山屐更轻。石气成风吹海立。松声似雨杂潮生。泉涌幽涧茶烟湿，云护深林鹤梦清。犹有元朝旧碑在，土花空映晚霞明。”

张于淳，字葛民，浪穹（今洱源）人。天资敏异，未弱冠便博通经史。道光三年（1823年）考中癸未科第二甲第七十名进士，授甘肃大通县知县。张于淳在大通任上政绩卓著，后调武威任知县。此时的武威，回疆未靖，羽檄纷驰。张于淳尽心筹划，民不滋扰。后以卓异迁皋兰，卒于官。

谭精品，字梅庵，永北（今永胜）人。道光六年（1826年）考中丙戌科第二甲第六十五名进士，历官湖南泸溪、湘乡知县，政绩卓著。曾担任道光十二年（1832年）壬辰恩科会试的同考官，协助主考官潘世恩为朝廷选拔了很多人才。

黄琮（1798—1863年），字象坤，号矩卿，昆明人。道光丙戌（1826年）进士，选翰林院庶吉士，散馆授翰林院编修，官至兵部左侍郎，卒谥“文洁”，著有《知蔬味斋诗钞》等。黄琮对云南文化有两大贡献：一是纂辑《滇诗嗣音集》二十卷，这是继《滇南诗略》后云南又一部规模较大的诗集。共收216家，主要是乾嘉以后滇人的诗作；二是掌教五华书院时“恒以诗古文辞提倡后进，奖励熔裁，多所成就”。同治初年之后的四十年间，云南通古学之耆宿，大多出自他的门下。其“讲院金针度后生”之功，可与刘大绅媲美。他的诗作大多雅洁清丽。如“雨声过江去，月色上城斜。满地竹柏影，一林柑子花。”（《嘉定试院夜坐》）“湿云漏日红粘树，新水含烟绿上堤。”（《渠江舟次》）“一缕红霞低照水，渔人吹火傍桃花。”（《舟暮即事》）“点苍十九峰，峰峰高插天。山灵不许人轻看，强半收裹入云烟。云烟气象时时变，一峰隐去一峰见。两峰峰间夹一溪，飞来一十八匹练。上关下关风飕飕，叶榆城中五月秋。峰尖莹莹太古雪，冷光上接银河流。有时晴明齐放出，分明一十九枝笔。青镂管安玉兔毫，描写青天画白日。斜阳送入洱海中，墨花生处光熊熊。涤尽还须高架阁，龙宫撑出珊瑚红。珊瑚摇动波澜紫，老龙惊骇波心里。吹出山腰玉带云，一十九枝全束起。我爱此山好，要为山写真。放开看山眼，傅取山精神。巫山一十二，黄山三十六，也与点苍一例看，只恐山灵笑人俗。”（《点苍山》）等。

杨际泰，昆明人。道光六年（1826年）考中丙戌科第三甲第一百零六名进士，官至浙江新昌县知县。杨际泰在新昌县任上扶贫助残、修桥补路，十分热心公益事业。杨际泰之父杨汝兰“淡泊荣利喜好山水”，曾出资招雇民间工匠在昆明的西山三清阁上开凿从揽海处至云华洞的隧道。杨际泰继承父志，从云华洞将工程延续，又开凿了龙门石坊、达天阁等石窟，使龙门石窟成为西山最著名的景观。

戴䌹孙（1795—1857年），字袭孟，号筠帆，昆明人，家住城内五华山北麓（今小梅园巷）。戴䌹孙自幼丧父，家境十分贫寒，靠外伯祖抚养成长，因勤奋好学且悟性较高，15岁时便考上秀才。戴䌹孙在五华书院求学时，便深受乾隆三十七年进士、五华书院山长刘大绅的器重。刘大绅曾将在该书院求学的戴䌹孙、池生春、李于阳、戴淳、杨国翰五个高材生的诗选编为《五华五子诗抄》，故时人将戴䌹孙等五人并称为“五华五子”。清嘉庆二十四年（1819年），己卯科云南乡试，称为云南首县的昆明县，也只有14人中举人，而24岁的戴䌹孙就是其中之一。由于该科的考官为林则徐，故戴䌹孙与林则徐有师生之谊，并深受林则徐忧国忧民思想的影响。

道光九年（1829年），己丑科会试和殿试，云南举人有八人中进士。“性好学”的戴䌹孙考中第三甲第二十五名进士，位居云南进士的第二名。戴䌹孙中进士后，在京城担任工部主事等职务。由于戴䌹孙为人正直，不会巴结上司，在六品主事任上一干就是十五年。对此，即使是名利心淡漠的戴䌹孙也颇有怨言，他在《怨时四诗》中写道：“悔学娥江孝女碑，绿窗心苦忆临池。腰枝已是惭杨柳，镜里春风枉画眉。”道光末年，戴䌹孙终于由六品主事升迁为从五品员外郎，后来又任浙江、贵州道监察御史。他任御史期间，曾上疏咸丰皇帝，奏请召见大臣举行日讲。又言：翰林官宜讲求经济与谏官同以拾遗补阙为职，庶于实政有裨，不宜专求工于小楷试帖。疏入，上嘉纳之。由于思念阔别二十多年的家乡，又厌恶官场上的勾心斗角，戴䌹孙在贵州道御史任上以病乞假回归故里。《新纂云南通志》说戴䌹孙“性耿直，遇当世气焰薰灼者，必睥睨凌其上，若志行投合，则又倾输肝胆如平生观”。晚年的戴䌹孙掌教育材书院，为培养昆明的人才作出了很大的贡献。

由于热爱家乡的山水，闲暇之时，戴䌹孙常爱流连山水，为其写铭，或吟诗作对以抒所感。他曾为祖遍山、九龙池写铭。《祖遍山铭》："双塔云中，一楼天际。城郭千家，沧海几世。我怀元代，镇比梁州，咸阳泽永，大德名留。寺接青门，河通绿水。风约苹花，雨敲松子。金仙法界，玉女高城。空牵世网，祗负山灵。漆园久已断消息，罗浮上问玉局翁。滇中黔中多异事，鹫岭飞来图画东。"《九龙池铭》："梁宫久废，沐浦仅名。今呼菜海，昔称柳营。栖凤亭荒，孕龙池古。虹涧通桥，月波翦橹。派流滇水，影倒华山，迩在人怀。佳日春秋，无不宜者。晓爱听鹂，凉看洗马，风疏柳岸，露重莲房；青菰笋嫩，红稻花香。往事闲征，芳时肯负！馆就曹家，螺香蔗酒。"春天的清晨游览太华山，他写过一首脍炙人口的七言古诗《春晓望太华山》："镵天数点高峰出，曈曈晓镜上初日。回风吹逐岫云孤，山光倒入昆明湖。我家旧傍太华住，吟身久为烟霞痼。谢安屐齿未得闲，目成空与心相遇。朝来帐望几凭栏，层峦瘦尽芙蓉寒。石嵌径曲隐深窈，铁立壁石森巑岏。波涛下博鲛宫紫，楼阁凌虚绛霄起。万里空青开断烟，百丈悬崖照春水。绿萝何处梁王宫，沐浦桃花锦浪中。会凌绝顶眺城廓，俯视一气青濛濛。"晴朗的夏日登筇竹寺，他被清幽宁静的环境所陶醉，不禁题写了一副意境深邃的对联："护门惟遣白云，听钟声何处；倚杖却分青霭，话竹色当年。"

戴䌹孙的一生著述很多，这些著述大多散失于咸丰、同治年间的战乱。现存而又最有影响的是他于道光年间编纂的《昆明县志》以及《味雪斋诗文钞》。

昆明人刘文征明天启年间编纂的《滇志》载：昆明县曾编写有《昆明县志》三卷，但后来失传。清初，云南修志蔚然成风，仅省志就有蔡毓荣纂修的康熙《云南通志》；范承勋、王继文修，吴自肃、丁炜等纂的雍正《云南通志》；谢圣纶纂辑的乾隆《滇志略》等。云南各府、州、县的志书更是多得不胜枚举，但作为云南省治和首邑的昆明，却没有一部有资于政的县志。远离家乡在京城为官的戴䌹孙，很早就有为家乡昆明修志的念头了，但却苦于资料缺乏，无法动手编纂。事有凑巧，道光十五年（1835年），云贵总督阮元、伊里布修，王崧、李诚纂的《云南通志稿》二百一十六卷传到京城，书中有关昆明的各种记载，给戴䌹孙提供了很多可靠而有用的资料。于是，他决定自费自编一部《昆明县志》，并于得到《云南通志稿》的当年，即道光十五年用公余时间开始编纂《昆明县志》。

“志为史之一体，非具史才者，莫能为。即为，亦莫能善也。”故“作史莫难于志”（见戴䌹孙《昆明县志》昆明知县谢宇俊序）。因此，前人编纂的旧志，虽有一些典范之作和很多成功的经验，但更多的旧志却是平庸之作，留下了可供鉴戒的教训。这些教训被有的后人吸取了，而更多的后人却熟视无睹、置若罔闻，因此，旧志中常常存在着一些最容易犯的毛病。清人章学诚曾将这些毛病归纳为八条，成为修志的八忌。这八忌是：忌条理混杂、忌详略失体、忌偏尚文辞、忌装点名胜、忌擅翻旧案、忌浮记功绩、忌泥古不变、忌贪载传奇。另外，从前编纂的地方志，“官修者成于众手，分门别类，各不相谋，失之繁芜；私家著述，成于一手，此如韩五泉《朝邑志》、康对山《武功县志》，载在《四库》。最擅时名。而议者病其太简等诸赝鼎之俦。”（戴䌹孙《昆明县志》昆明知县谢宇俊序）。为避免落入前人修志的窠臼和犯前人修志易犯的毛病，戴䌹孙翻阅了许多地方文献，认真思考、仔细甄别、去粗取精、去伪存真，“详采旧闻，择从厥善，不敢侈于援引，而失之滥，亦不敢貌为高简而近于略，虽华未振，而体例必审……”（《昆明县志》卷十）。经过五个寒暑的不懈努力，终于在道光二十一年（1841年）将第一部《昆明县志》编纂完毕。

《昆明县志》编竣后，由于碰到云南长达十八年之久的战乱以及其他原因，一直无缘付梓，幸好戴氏的子孙精心收藏，志稿才在战乱中完整无损。清光绪二十七年（1901年），经邑绅吕心源等人出资、谋划，志稿才得以印行问世。戴䌹孙编纂的《昆明县志》，内厘十卷，下系子目十八志。卷一：疆域、山川；卷二：风土、物产；卷三：建置；卷四：学校、祠祀；卷五：官师、选举；卷六：黎献上（宦绩、卓行、忠义）、黎献中（儒林、文苑、隐逸）、黎献下（艺术、寓贤、方外）；卷七：闺媛；卷八：艺文、祥异；卷九：古迹、冢墓；卷十：杂志、序志。是一部编纂得很好的地方志。昆明知县谢宇俊在该志的序里称赞道："侍御（戴䌹孙）以诗古文词雄视道咸之间。虽屈于曹部，不获与修国史。而是书去取合宜，繁简得中，有《朝邑》《武功》之长而无其失。在近代地志中，洵为善本。后之守土者，观事知俗，得借镜以为行政之资，是不惟可征侍御生平著述之才、之识而有益于治，并可慰侍御嘉惠后来者之苦衷。即诸君子表彰先正遗书之雅意，亦未可泯也。"

《昆明县志·风土》说："吾滇人重去乡，昆明尤甚。县中自士大夫之服官于外，惟乡举赴礼部试，乃出里门。否则，井田桑麻以终老田间为乐也。其他牵车牛远服贾者，百不一二见，以故淳朴之气较他处为优。然碍以见闻，辄不失之窒？"此说可谓抓到昆明人最突出的习性了。如今，一百六十多年过去了，地道的老昆明人似乎还有当年的那个不愿出远门的习性，没有多少变化。

"（戴䌹孙）生平无书不读，以诗、古文负海内重名。诗歌雄健古丽，自成一家；文亦淡雅、简净，骈体似初唐人。"（《续修昆明县志》）这些脍炙人口的诗文，大多收进了他的《味雪斋诗文钞》。与戴䌹孙同时或稍晚一些的文人对他的诗文评价很高。同为五华五子之一的池生春称赞戴䌹孙"梦里生花一枝笔，定知夺自青莲手”。叶绍本认为戴䌹孙的诗“天才亮特，壮浪纵姿，得力于太白而奄有韩苏诸家之长”（《味雪斋诗钞》评跋）。晚清著名学者、石屏人许印芳称赞戴䌹孙“才高学博，能为古文兼工古今诗体，在五华五子中足称巨擘”（许印芳辑《滇诗重光集》）。袁嘉谷评戴䌹孙的诗文：“出入唐宗，排奡纵横。”王柏心说戴诗：“真而腴，质而婉，袭芳综而内怀贞亮，宣滞导郁而力持宕佚，不规抚于格律而自无姚冶轻嫱之习，不沾蹈于音调而疾徐高下咸中伦脊。”（《味雪斋诗钞》王柏心评跋）前人对戴氏诗文的评论可谓不胜枚举，还是具体看一看他的各类诗作吧！

戴䌹孙的赠友诗如《哭杨毅山比部十首》《赠黄矩卿同年琮》《送李岳洲明府延福出宰粤东》《马子云丽致书为西洋刀索赋成此寄题》等，可谓情真意切、生动感人；山水诗如《春晓望太华山》《晚登霞建楼望玉笋山抚仙湖》《游燕子洞》等，则“刻削冷隽”“情味婉笃”。述怀之作《病中自遣》：“伏枕夜孤吟，苍茫万感侵。残灯欺病眼，冷雨碎春心。世路逢迎懒，穷途岁月深。书箱兼药裹，生计日销沉。”真挚感人，尽吐心声。长达近二百字的感时之作《北风叹》：“霖风杀如刀，村农泪成血，血尽使眼枯，磨刀声未歇。芳春拨谷唤，负耒起耕垡。分秧初夏交，中田饱炎热，即畊亦已种，丰熟计秋月。良苗正含浆，北风妬坚粟，万窃纷怒号，千林莽萧瑟，谁开土囊口？动此星卷舌。太息方阜空，毒甚硕鼠啮，勒我三时功，忍兹一朝华。去年秋不登，全家厌糠覈，今年风又甚，何以救饥渴。里胥昨朝来，征粮贴已出，强勉供鸡豚，典卖及衣褐，岂不惜冻馁，聊免受鞭鞑，不如灾旱潦，犹获念名实，掩泪祈颢苍，田农苦业拙，奥寒协风雨，水火恃生活，安得明岁秋，丰年乐歌阙。”真可谓忧国忧民，道尽了穷苦村农一年四季的各种劳苦。

饮水晶宫之水长大的戴䌹孙，对家乡昆明有很深的情结，他长年在外为官无时不思念家乡。有一年，已经是岁末临近大年初一了，他还漂荡在异乡的一只小船上。“独在异乡为异客，每逢佳节倍思亲”，他不由得想起在家里过年的情景：和亲人一块儿贴春联、煮饵饫、饮糯米酒、雪中赏山茶，多么惬意呵！如今形单影孤，距家千里，只好口占《家山好》二首以解乡愁：

为忆家山好，城春逼岁华。
镫回楹贴换，饵煮灶烟斜。
白酒开香糯，青松幂晚花。
群芳谁第一，雪意上红茶。

为忆家山好，城东小结庐。
雪痕埋迳滑，月影动窗虚。
醉竹尊前酒，落花床上书。
主人寒未睡，茗碗夜镫余。

汪自修，通海人。道光十二年（1832年）考中壬辰恩科第三甲第五十一名进士，历任山东惠民县、贵州毕节县、安徽来安县知县等，在任上皆有政声。回籍后，以派夫封马，小民不堪其苦，捐银一千六百两分送十六营，筹设夫马会。邑令详请上峰嘉奖，奉旨建坊，题赠“乐善好施”四字。

李樾，丽江人。道光十三年（1833年）考中癸巳补行壬辰正科第三甲第十六名进士，选翰林院庶吉士，散馆，以知县即用。

己卯科云南乡试，终身没有考中进士的举人和副贡，也不乏人才，如举人钱履和、副贡李于阳等。

钱履和，字励生，昆明人。官至四川安岳县知县，是爱民如子的好官。钱履和死后，安岳县士民为感念钱履和的恩德，奉为安岳名宦，并建“留清亭”祭祀之。

李于阳（1784—1826年）始名鳌，字占亭，号即园，祖籍大理，到其父时落籍昆明。李于阳是“五华五子”中成名最早，负才最奇的一位诗人，“诗名满昆华、苍洱之间”。他的诗“古质苍凉，语多愤激，至伤时感事，则凄楚悱恻”，如《祷雨叹》《泣牛谣》《苦饥行》《食粥叹》《兵夫叹》《卖儿叹》等，以不同的社会生活画面，深刻地描绘了清朝中后期民不聊生的悲惨景况。而他的一些描写昆明、楚雄、大理景物、古迹、民间传说的诗歌，则写得或清新隽永，或“惊采绝艳,奇气横溢”。如《温泉道中》：“青山行不尽，一片鹧鸪声。石与人争路，农听鸟唤耕。闲云卧高树，落日隐孤城。夹道鹃花发，香随马足生。”是一幅清新淡雅的春行图；《游罗汉岩》：“游山爱月佳，看月逢秋好。美境不可期，人情善颠倒。夜窗风雨过，寒灯如豆小。身拟落鲛宫，涛声四面绕。昨夕对月明，悔不来游早。”是一首情景交融的抒情诗；《楚雄道中遇雨》：“风声催落叶，爽气逼征衣。古道荒烟合，空林独鸟归。霓横山腹卧，云挟雨头飞。遥见持竿者，披蓑上钓矶。”是一幅风雨溟濛的水墨画。而七言古诗《星回节怀古》却写得形象鲜明、故事曲折、人物生动、情节跌宕、引人入胜：“廿四日当夏六月，滇南俗是星回节。万点春星落万家，光芒倒射彩云窟。此俗相沿近千年，说吊夫人慈善贤。虎踞鲸吞都已矣，英雄姓氏让婵娟。婵娟片语何明决，劝君不听声呜咽。赠君铁钏送君行，妾魂随钏心随铁。松楼欢宴歌未终，楼下烽生楼上空。可怜夫骨妻收葬，铁钏分明系臂红。却恨狂奴心不死，妾思金屋贮之子。红颜笑指千顷波，妾身皎如洱海水。至今洱水滔滔清，至今火炬年年明。榆人更有捞尸会，八月扁舟箫鼓行。乾坤所重是贞烈，父老传闻不一说。或云武侯征南还，民畏天威实感悦。马前秉炬迎王师，留得余辉未消歇。或云农家照大田，相携妇子祝丰年。总之立说皆成妙，无妨执笔想当然。”

李于阳虽然很有诗才和诗名，但科举考试却一直不顺利，他参加了多次乡试都名落孙山。嘉庆二十四年（1819年）的云南乡试，他已经是35岁的老秀才了，幸好遇上了颇能识才的主考官林则徐，好友戴䌹孙、杨国翰、池生春等人都中举了，唯独自己一人考中了副榜。他虽然心里不高兴，但仍然觉得林则徐对自己有知遇之恩，是自己的命运与举人无缘，因此十分钦佩和感激这位比自己还小一岁的主考官。乡试结束后，林则徐离开昆明回京复命。知恩图报的李于阳还十分想念恩师林则徐，他在不久之后，便写了一首充满感激和思念、崇敬与赞颂的七言律诗《呈林少穆先生》寄给林则徐。该诗云：“天上星轺万里过，风云郁勃壮山河。人文应运开边徼，仙使蜚声震大罗。破格争传知己贵，不才愈觉感恩多。苍茫望处蓬莱隔，每对秋风想玉珂。”七年之后，李于阳怀着满腹愤懑和思念病逝于昆明，享年42岁。

漫漫会试路，揪揪举人心

云南举人赴京会试，路途遥远，困难重重，内心忐忑，胜算寥寥，而其中有二事最为揪心：一是路上生病耽误了考期，二是考试出错而名落孙山。

廿日无诗病转加，强持斑管咏韶华。
春光满眼花千树，膏雨及时麦四涯。
目注燕京思报国，身游鹿郡叹离家。
甘霖远被吾乡否，回首烟云万里遐。

这是清代嵩明举人刘凤骞上京会试，在路途上生病，写的一首七律。会试是明清两个朝代每三年一次在京城举行的考试。届时各省的举人皆可应考，逢丑、辰、未、戌年为正科，若乡试有恩科，则次年（偶尔也在本年）亦举行会试，称会试恩科。考期原定在农历的二月，清乾隆十年（1745年），延期到农历的三月。会试中式者称为贡士，殿试后称为进士。元明清三个朝代，云南举人入京会试，路途遥远，关山阻隔，会试之路是一条充满困难和危险的漫漫长路。

元明清三代，从云南省城上北京会试有两条道路可走。一条出云南胜境关进入今贵州，由贵州经湖广（今湖南、湖北）、河南、直隶（今河北），到北京。另一条出云南入四川，由四川经湖广、河南、直隶，达北京。经贵州北上路途较近，没有特殊原因，人们

云贵两省交界地的胜镜关

都选择经贵州北上。由昆明经贵州北上的古驿路有很多的驿站，最大的几个驿站之间的路程为：昆明滇阳驿（今昆明东北波罗村）到贵阳府城1040里，贵阳府城至平溪卫590里，贵州平溪卫至罗旧驿210里，沅州（今湖南黔阳）罗旧驿至澧州城（今湖南澧阳）880里，湖南澧州至孙黄驿130里，湖北公安县孙黄驿至荆州（今湖北江陵）120里，荆州府城至襄阳490里，湖北襄阳至卫辉（今河南汲县）1030里，卫辉至北京顺城门1240里，全程5730里。有的地方也可以乘船走水路，如行走到黔东镇远，便可以乘船到湖南常德。如果水陆兼行，全程为6540里，往返行程为13080里。从省城昆明启程至北京，一般要行走三个月。乾隆十年（1745年）以后，会试的时间改为农历三月，云南举人一般在冬月底至腊月初就要出发，才能按时参加下一年的会试。从省城昆明启程至北京，在昆明境内也有东北、东南两条路可走。东北方向的驿路开辟较早，走东北一线的人，一般出小东门往东北行，经大鼓楼、王旗营、下河埂、波罗村

（滇阳驿）、金殿北面、清水河、麦地塘、小石桥、兔耳关，然后进入嵩明的杨林。东南方向的驿路开辟稍晚，走东南一线的人，一般出南门往南行，再转东，顺着如今的金碧路、拓东路、东站、十里铺、放马桥、高坡村后山、大板桥、浑水塘、小哨村，然后进入嵩明的杨林。

由于从云南去京城赶考路途十分遥远，沿途充满着预想不到的各种困难和险阻，举人们一般都邀约四五个赶考人结伴而行，这样既可以互相照顾又可以切磋学问和消除寂寞。朝廷和地方官员对赶考的举子也很爱护，要么安排公车接送，要么给予路费补助。如清顺治十八年（1661年）各省举人会试，官方给每个举人十至二十两银子作路费，并给云贵举人驿马。举人上路前可到当地官府领取火牌，持火牌而行，可在沿途驿站要夫脚三名，驿站无夫脚时，则折合给予银子。云南举人上京会试，最大的担心和麻烦就是在路上生病。本文开篇引用的那首诗，它的作者刘凤騫便是在去会试的路上生病的，不过他生的只是一点小病，虽然影响了写诗，却仍能吹箫解愁和继续赶路。若生了重病，轻则耽误了考期，重则病死异乡。

清光绪三年(1877年)举人、永善人吴德昭于次年入京会试时，便病死在京城。清光绪十五年（1889年），晋宁州金砂村的李承祜（同治十二年即1873年癸酉科举人）、李承祐（光绪二年即1876年丙子科举人）兄弟俩，双双赴京会试。李承祐在路途上就受了风寒，到京城后，便卧床不起，没等到会试便病死在京城。作为兄长的李承祜忙于料理胞弟的后事，又要扶柩回晋宁，只好放弃了这次会试。此后，李承祜也没有考中进士，享年七十九岁而病故。路途太遥远，无论走路、骑马、坐车、乘船，有时也会发生事故。如昆明举人尹尚廉，道光二年（1822年）上京城会试，他走到距京城不远的今河北安平时，他偷懒图方便，搭乘安平同知周炳的运铜船沿滹沱河北上，运铜船航行到新滩时，被大风吹翻，可怜一位饱读诗书的举人竟淹死在异乡的滹沱河里。尹尚廉（1776—1822年），嘉庆十八年（1813年），也就是他三十七岁时才考中文举人，地方志说他“性孤介，寡交游”“生平学术恪道程朱”，善诗，“所成皆有法度，著有《玉案山房诗抄》行世”。笔者曾翻阅过《玉案山房诗抄》，该诗抄见证了尹尚廉果然善诗，性孤介的尹尚廉喜游寺庙，他的记游诗写得的确不错，如《盘龙寺》：“深山藏古寺，到寺却无山，隔海看蛇走，连云望鹤还。莺花重阁醉，岁月老僧闲。飞锡何年事，藤萝好共攀。”《碧峣书屋省段玉峰外舅，同诸子登太华寺》：“山海千秋壮，飞楼暮霭边。白云生下界，明月挂中天。禅榻空尘梦，秋声杂夜泉。那堪向明发，舟骑各纷然。”又如清光绪十六年(1890年)庚寅恩科会试，光绪八年(1882年)举人永善人吕思清会试落第。从京城返乡的途中，在四川的巫山县梅福滩舟覆身亡。偏僻人稀之地，土匪抢劫赶考举子的事件，虽不能说没有，但绝对是很少发生的，这是因为：举人上京赶考，所带的路费都不太多，而官府对抢劫举子的土匪追查很严，且判刑很重，土匪犯不着冒很大的风险，干收获不多的蠢事。另外，土匪们也不会抢错，因为上京赶考的举子大多用黄布做成旗帜，其上大书“奉旨会试”等，结伴招摇上路，识别很容易。由于举人上京会试有很多的特权和方便，沿途的关卡不搜查，城乡的地痞流氓不敢骚扰，个别的举子便利用这些特权和方便干了一些不该干的事。如光绪二十九年（1903年）癸卯科会试，云南新平举人马太元会试途中经过辰州（今湖南沅陵），便登岸销售随行携带的鸦片二百两，每一百两售价三十五两银子。抵常德又“出售鸦片二百五十两，价每百三十三两”。此事在马太元撰写的《游汴笔记》和《北游笔记》里，都有或详或略的记录。

明清两代，云南上京会试的文举人有8400多人，去会试的人次更多得无法统计，而最终考中文进士的仅有962人，约占文举人总数的11%。其中大约有0.3%的人最幸运，他们考一次便考中了进士，称为连捷进士。10.7%的人要考二至十多次（经过四至三十多年），才能考中进士。如宾川人曾高捷，他早在明万历三十四年（1606年）便考中了文举人，而直到明崇祯十三年（1640年）才考中了文进士，即34年后才考中进士。明清两代的中国人，平均寿命较短，只有40多年，文人的仕途更短，平均只有十多年，有所谓“文章草草皆千古，仕宦匆匆只十年”之说。不知命运坎坷的曾高捷中进士后能在官场混几年？89%的人考到信心丧失或考一辈子也考不中进士。在这漫漫的会试路上，在那决定命运的放榜时刻，产生出了许多或悲或喜，或动人或感人，或神奇或温馨的故事。

蒙自尹氏祖孙三代四人尹均、尹壮图、尹英图、尹佩珩可谓科举考试中最幸运的家族了。尹均于乾隆十八年（1753年）考中举人后，第二年第一次会试便连捷进士，以后又选翰林院庶吉士。尹均之子尹壮图，于乾隆二十七年（1762年）考中举人后，乾隆三十一年（1766年）第二次会试也考中了进士，以后也选翰林院庶吉士，官至内阁学士兼礼部侍郎，是在全国都知名的名人。尹壮图之堂弟尹英图，于乾隆四十四年（1779年）考中举人，直到乾隆五十二年（1787年），即考了四次才考中进士，后来也进入了翰林院，任翰林院检讨，官至知府。尹英图考进士虽然没有他的叔父、堂兄顺利，但仍是很幸运的人，这是因为乾隆后期是清代录取进士最少的时期之一，考进士比乾隆中期、光绪时期难得多。他的叔父、堂兄考中进士的时期都是

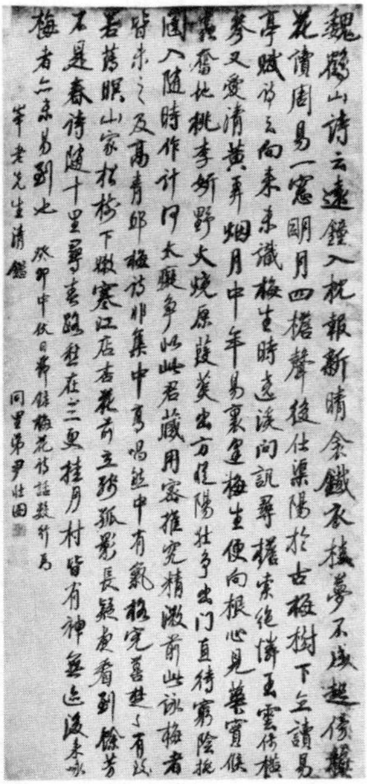

尹壮图墨宝

乾隆中期，如他的叔父考中进士的乾隆十九年（1754年）甲戌科，该科录取云南籍进士7人；他的堂兄考中进士的乾隆三十一年（1766年）丙戌科，该科录取云南籍进士5人。而他考的四科，总共录取云南籍进士10人，每科平均录取2.5人；他考中进士的那一科，只录取云南籍进士2人。尹壮图的儿子尹佩珩也于嘉庆十六年（1811年）中进士，并选翰林院庶吉士。蒙自尹氏祖孙为什么会有祖孙四翰林的幸运？传说尹氏祖孙三代四人每次进京会试，都随身带有宝物。这宝物其实并不是人们想象中的稀奇之物，它只不过是驰名云南的土特食品——蒙自年糕。蒙自年糕既是尹氏祖孙充饥的干粮，又是尹氏祖孙祭祀祖宗、天地的祭品。他们每到除夕的这一天，都要在旅途中挑选一家较好的旅店，点几样上好的酒菜加上从家里带来的年糕虔诚地祭祀祖宗、天地。他们严格按照平时在家里的规矩，除夕之夜祭祀祖宗，恳请列祖列宗庇护；大年初一的早上祭祀天地，祈求仁慈的天地保佑。祭祀完天地之后，才启程赶路。由于尹氏祖孙三代超过一般人的敬祖、尊神，感动了祖宗、天地。祖宗、神灵在冥冥之中百般护佑，他们才旅途平安、考试顺利、仕途显达。这个传说或许很能吸引人，但笔者从来都不轻信这传说，因为传说的真实性一般都很成问题，如这个传说带有迷信色彩的结论，就只能姑妄言之、姑且听之，但笔者却相信这个传说的基本情节是真实的。因为蒙自年糕口感好、保质期长、携带方便，旅途上随便烧烤一下就能放心食用，而且特别耐饱，的确是干粮的首选。而以年糕为祭品，祭祀祖宗和天地则是中国人的传统习俗，至于在去会试的路途中还不忘郑重其事地祭祀祖宗、天地，可能一般举子都做不到，但他们这与众不同的虔诚也在情理之中。

像蒙自尹氏祖孙这样幸运的举人当然是极少数，多数举人考到心死或身死也考不上进士。如乾隆四十五年（1780年）庚子科文举人倪端，这位昆明举人生不逢时，他有资格考进士的年代，正逢进士录取率很低的乾隆后期。乾隆四十五年庚子恩科，云南录取三人；乾隆四十六年，云南录取四人；乾隆四十九年，云南录取一人；乾隆五十二年，云南录取二人；乾隆五十四年，云南录取一人；乾隆五十五年庚戌恩科，云南录取一人；乾隆五十八年，云南脱科（无人考中进士。一说有严烺一人考中进士）；乾隆六十年，云南录取二人。以上八科总共录取了十四人，而光绪二年（1876年）丙子恩科，这一科便录取了十五个云南人。由于有以上特殊原因或者还有其他原因，倪端虽然饱读诗书、人品高洁，却终生考不中进士，最后只得到元江、阿迷等地任学正。戴䌹孙《昆明县志》载：“倪端，字筠圃，乾隆庚子举人，父没时，告以曾贷李姓金无券，当偿之。端仓卒未及问李为谁，鬻产，怀金遍访之，两为人给去，后卒得其人偿焉。会试北上旅次卫辉（今河南汲县——引者注），启装时，见床头有遗金，托疾留，俟失金者至，还之乃行。”又如道光二十四年（1844年）甲辰科昆明举人赖钟俊，他第二次会试落第，虽然伤心，却不怨天尤人，自责之余，仍有信心再考，并写《不第三首》诗以记之。其一云：“朝来传揭晓，名姓互争喧。乍听意俱失，相悲声暗吞。晚烟孤馆静，长夜一灯昏。共定归期约，循程返故园。”其二云：“历遍程将万，才能近帝居。一名犹未达，百念竟成虚。自分才缘浅，非关赏鉴疏。皇恩仍远渥，舆马给归庐。”其三云：“有泪怜知己，无才说故吾。两番嗟不第，一夕悔为儒。闽粤连烽火，滇黔共道途。羸车从此去，何日更皇都。”赖钟俊第二次落第之后，笔者不知道他还有多少次落第的经历，只知道他后来还是泄气了，满腹牢骚地去楚雄府任教授。光绪元年（1875年）乙亥科举人、著名学者和诗人赵藩的会试之路更令人

赵藩像

感叹。赵藩（1851—1927年），剑川人，他生逢其时，有资格考进士的年代，正逢进士录取率最高的光绪年间。这一时期，云南籍举人每一科都有10人以上中进士，最多的一科多达15人中进士，但不知什么原因，他考了6次，却考不中进士，后来只好以举人的资格接受“大挑”，走入仕途。光绪元年（1875年）冬月，刚中举的赵藩与同乡木晋奎（同治九年即1870年庚午科举人）等离家入京会试，赵藩首次落第，第三次落第的木晋奎则因伤心过度病死在京城。赵藩十分感伤，写《哭木应侯孝廉四首》以记之，其一为：“憔悴京华竟不归，乱鸦啼急掩空扉。贫令多病天河甚，老殉微名计亦非。万里中元新鬼哭，一抔浅土故人稀，年来剩有穷途泪，那不因君酒落晖。”光绪三年（1877年）赵藩第二次入京会试。经过隆中时，胸怀大志、十分景仰诸葛亮的赵藩前往武乡侯祠拜谒，写下了《隆中谒武乡侯祠》：“高冈云气湿濛濛，卧龙犹疑尚此中。大好溪山名士宅，不轻出处帝臣风。立谈早定三分局，异代犹尊一亩宫。祠宇西南瞻拜遍，参天松柏共青葱。”光绪六年（1880年），赵藩第三次入京会试，过武昌登临黄鹤楼，极目远望，思乡忧国之情油然而生：“高楼初纵目，江汉古朝宗。词客三杯酒，仙人一笛风。汀洲又芳草，身世几飘蓬。阁笔怀乡国，凭阑落照中。”（《登

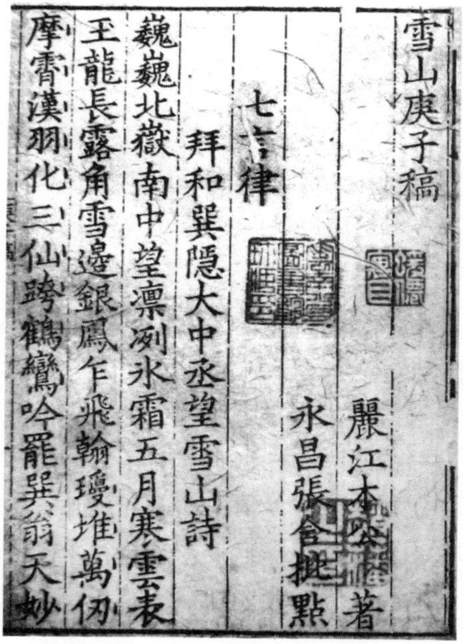
雪山庚子稿
麗江木公 著
永昌張含批點
七言律
拜和巽隱大中丞望雪山詩
巍巍北嶽南中望凛冽氷霜五月寒雲表
玉龍長露角雪邊銀鳳乍飛翰瓊堆萬仞
摩霄漢羽化三仙跨鶴鸞吟罷巽翁天妙

张含批点《雪山庚子稿》

黄鹤楼》）光绪九年（1883年），赵藩第四次入京会试。该年中国军队入越，帮助越南抵抗法国入侵，旅途中赵藩因得不到我援越军队在越南与法国军队作战的情况，心里十分担忧。他在旅途中写作了《出滇后久不得越南军讯感赋》诗，该诗表达了作者关心国事的爱国情怀："献雉雄藩带砺绵，东南唇齿粤同滇。惊涛万里轮舟人，瘴雾三冬战垒连。槃敦莫争盟白马，辅车须织备朱鸢，别来晌町无消息，看剑衔杯意惘然。"光绪十二年（1886年），赵藩第五次入京会试，落第后心情沮丧，写了一首很伤感的七言绝句："泪眼看花不当春，国门东去暗伤神。潞河一派无情水，送过番番下第人。"光绪十六年（1890年），四十岁的赵藩第六次入京会试，途经玉屏在舟中失足落水得救。会试第六次落第，心死不再会试（与赵藩同榜的举人、多次赴京会试的同伴、保山人吴式创，比赵藩更有耐心，会试七次，一说九次，终于考上了进士，并入选翰林院庶吉士）。

据统计，明清两代文举人考中文进士的平均年龄达37岁（云南的文化相对落后，考中文进士的平均年龄应略大于37岁），若以进士的平均寿命为50岁计，进士入仕的平均时间大约只有10年左右（扣除等待入仕和丁忧的时间），即进士读书和准备应试所花费的时间为任职时间的3倍。据笔者统计，云南考中文进士的文举人，平均要考三至四次、七至十年（其中一般有恩科），才能考中。以昆明至北京的路程计，每次会试的来回行程为5730公里，三次会试的来回行程就有17 190公里，等于沿地球的赤道环行了近二分之一圈。明代著名诗人、保山举人张含，七次会试均未考中进士，他去会试的总行程近50 000公里，等于沿地球的赤道环行了一圈还多9000多公里。清代嵩明举人刘凤骞，即本文第二自然段所引七律的作者，因多次未考中进士，最后只好去大理府担任教职并病死在任上。因无翔实可考的资料，不知他上京城会试共有多少次，总行程多少公里？会试之路真可谓漫长了。

最有毅力的会试人

笔者不太赞同“有志者事竟成”这句古话。因为有志者事不成的例子在人世间比比皆是。以古代的科举考试为例。屡考屡败，终身与举人或进士无缘分者，竟是应试者中的大多数人。笔者认为，要想科举考试成功，首先必须有对付科举考试的学问和技巧，以及临场发挥的智慧和才能，其次才是坚定不移的志向，即百折不挠的精神。具有百折不挠的精神还不行，还必须有吸取失败的教训，而苛责自己的勇气，以及不断完善自己的能力。只有这样才能最终实现个人的愿望——“金榜题名”。否则，意志再坚强，千折不挠，也不会成功。大多数与举人、进士无缘分的落第者，都是“有志者事不成”。石屏人赛玙，清雍正七年（1729年）癸酉科云南乡试考中了文举人。以后的五十九年间，赛玙无数次入京会试，都落第。直到乾隆五十四年（1789年）己酉科，已经92岁高龄的赛玙，才得到乾隆皇帝的特殊照顾，恩赐为进士。由于赛玙的进士头衔是恩赐的，而不是考中的，从严格的意义上说，也不是“有志者事竟成”。

明清两个朝代的云南举子，最优秀者和最幸运的人，仅上京赶考一次，便“金榜题名”成为士子羡慕的“连捷进士”。综合素质较高，而且比较幸运、机灵的人要考二至五次才能成功。综合素质不错，但不太幸运、不太机灵的执著者，则要考十多次，二三十年才能如愿以偿。笔者梳理云南科举史，发现奋斗20年以上（含二十年），最终才“金榜题名”的人，竟有14人之多。现依中式者生活年代的早晚，排名于此：杨宗尧、杨一和、何文极、曾高捷、王浩、杨梿、黄云书、尹佩玱、曾思濬、黄金钺、陈维恺、杨正观、段献增、黄堃。

杨宗尧（1475—1521年），字从道，别号中行子，太和县（今大理）喜洲人。性诚实、至孝，年方16岁时，曾割股奉亲除顽疾。明弘治十一年（1498年）戊午科云贵乡试，23岁的杨宗尧考中举人的第一名解元。此后，曾七次入京会试都落第。直到23年之后的第八次上京赶考，才考中正德十六年（1521年）辛巳科第三甲第八十七名进士。杨宗尧平生博雅好古，人号之为“书笥”，皓首穷经、夜分不寐，虽然最终考中了进士，但中进士的当年便病逝，无论仕途，还是学问，均无较大的成就。

杨一和，太和县（今大理）人。明嘉靖七年（1528年）戊子科云贵乡试，杨一和考中了文举人。此后，曾七次入京会试都落第。直到二十二年之后的第八次上京应试，才考中明嘉靖二十九年（1550年）庚戌科第二甲第四十九名进士。

何文极，号近台，太和县（今大理）喜洲庆洞庄人。明嘉靖三十四年（1555年）乙卯科云南乡试，何文极考中了文举人。此后，曾七次入京会试都落第。直到22年之后的第八次上京应试，才考中明万历五年（1577年）丁丑科第三甲第一百八十八名进士。何文极中进士后，官至江陵县知县。后归里，88岁时去世。

曾高捷，宾川人。明万历三十四年（1606年）丙午科云南乡试，曾高捷考中了文举人。此后，曾11次入京会试都落第。直到34年后的第12次上京应试，才考中明崇祯十三年（1640年）庚辰科第三甲第二百零二名进士。后归里，80岁时去世，有《省子文集》传世。

王浩，蒙自人。清康熙五十年（1711年）辛卯科云南乡试，王浩考中了文举人。此后，曾九次入京会试都落第。直到二十二年之后的第十次上京应试，才考中清雍正十一年（1733年）癸丑科第三甲第二百一十九名进士。

杨樋，太和县（今大理）喜洲人。清乾隆元年（1736年）丙辰恩科云南乡试，杨樋考中了文举人。此后，曾八次入京会试都落第。直到二十一年之后的第九次上京应试，才考中清乾隆二十二年（1757年）丁丑科第三甲第一百三十二名进士。

黄云书，字特登，号炳史，云龙人。清乾隆六十年（1795年）乙卯科云南乡试，黄云书考中了文举人。此后，曾13次入京会试都落第。直到二十八年之后的第十四次上京应试，才考中清道光三年（1823年）癸未科第三甲第一百二十七名进士。多次入京会试，他在途中写下许多记载见闻，抒发感慨的诗篇。如七言绝句《贵州道中》二首："大剑长枪不让天，森然高插过云边。来时便作归时虑，怕看奇峰几万千。""鸡冠剑战形模奇，怪石当年谁凿之。更异峰头悬一个，临危振古永如兹。"七言律诗《镇远府游》："此地当年谁凿成，石梯数丈上云程。巍巍翠嵂当头叠，澎湃波涛对面横。古寺寥寥僧不在，清风习习树空鸣。鸟还唤客催归舍，下去须知仔细行。"七言律诗《舟行有感》："此江此次四回春，处处依稀记未真。千古长河由故道，几年熟客变新人。临流自想清流辈，对月偏忘明月身。实景都归蕉叶鹿，休谈前世后来因。"五言律诗《舟行苦迟》："水涸舟偏重，心忙路更赊。多愁惟酌酒，少醒不烹茶。久在清流往，翻令白发加。何方能遣闷，远远望梅花。"

尹佩玱，蒙自人。清道光元年（1821年）辛巳恩科云南乡试，尹佩玱考中文举人。此后，曾十四次入京会试都落第。直到29年之后的第15次入京应试，才考中清道光三十年（1850年）庚戌科第三甲第五十二名进士。尹佩玱出生于蒙自著名的尹氏科举家族，是内阁学士兼礼部侍郎尹壮图的侄子。在尹佩玱考中进士之前，家族中已经有五人考中进士，对他有很大的压力。为了不给尹氏家族丢脸，他下定决心非考中进士不可。经过29年的不懈努力，终于考中了进士。

曾思濬，通海人。清道光十四年（1834年）甲午科云南乡试，曾思濬考中了文举人。此后，曾十三次入京会试都落第。直到26年之后的第14次入京应试，才考中清咸丰十年（1860年）庚申恩科第三甲第四十一名进士。

黄金钺，南安（今双柏）人。清道光十五年（1835年）乙未恩科云南乡试，黄金钺考中了文举人。此后，曾十次入京会试都落第。直到21年之后的第11次入京应试，才考中清咸丰六年（1856年）丙辰科第三甲第七十二名进士。

陈维恺（1812—1868年），字虞举，号庚圃，昆明人。清道光十七年（1837年）丁酉科云南乡试，陈维恺考中了文举人。此后，大约有14次入京会试都落第。直到28年之后的大约第15次上京应试，才考中清同治四年（1865年）乙丑科第三甲第一百名进士。

杨正观，太和县（今大理）人。清道光二十三年（1843年）癸卯科云南乡试，杨正观考中第二名文举人（亚元）。此后，曾10次入京会试都落第。直到20年之后的第11次上京应试，才考中清同治二年（1863年）癸亥恩科第三甲第六十七名进士。

段献增，安宁人。清光绪二年（1876年）丙子科带补甲子科云南乡试，段献增考中文举人。此后，曾九次入京会试都落第。直到22年之后的第十次上京应试，才考中清光绪二十四年（1898年）戊戌科第三甲第一百零五名进士。

黄堃，永善人。清光绪八年（1882年）壬午科云南乡试，黄堃考中文举人。此后，曾八次入京会试都落第。直到21年之后的第九次上京应试，才考中清光绪二十九年（1903年）癸卯补行辛丑、壬寅恩正并科第三甲第一百零八名进士。

漫漫会试路，孜孜举人心。从这14个人百折不挠的奋斗史里，笔者有以下两点感悟：

一、从这14个人的籍贯看，有多达7人出自于滇西，体现了滇西吃苦耐劳、坚韧不拔的民风（每次入京会试，往返行程一万三千多里，辛苦异常）。7人中，有5人是大理人，说明有“文献名邦”之称的大理，士子对功名特别向往。5个大理人中，又有3人家在喜洲。喜洲位于大理古城之北20公里苍山东麓洱海西岸、风光旖旎、良田万顷、水产丰盛、地灵人杰。明清两个朝代，小小的一个喜洲，就有30个人考中文进士（明代14人，清代16人），进士之多远远地超过了云南的多数州县。一个非州非县，以农业为主的乡镇，为什么能一枝独秀、蜚声三迤？笔者有过深思。深思的结论是喜洲经济发达，有崇文好儒，耕读传家的良好风尚。由于不少的家庭吃穿不愁，有经济能力支持子弟埋头读书；又由于喜洲地处边远，交通相对闭塞，环境对读书人的诱惑少、干扰少，读书人能心无挂碍地专心读书,一心应试，或边开馆授徒，边按期应试，哪怕常年不事农活、多次科举受挫，也无衣食之忧、也少旁人耻笑。

二、从这14个人的业绩看，这些“腹中贮书一万卷，不肯低头在草莽”的金榜老人，未中式之前，为对付科举考试而皓首穷经，无闲情逸志埋头专研大学问；中式之后，仕途太短暂，没有足够的履职经历等待慢慢的升迁。因此，金榜老人大多除科举之外，一事无成。

科场中最幸运的云南考生

清代的乡试和会试，除正科之外，还有不少的恩科。其中有几次恩科和正科一反常态，乡试和会试挤在一年里举行，而且原来在八月举行的乡试，提前到二月或三月；原来在二月或三月举行的会试，延后到八月。这些反常规的乡试和会试，给全国的应试者提供了一个难得的机会，即一些最幸运的考生能在同一年之内，既考中举人，又考中进士，成为最为特殊的连捷进士（一般的连捷进士，是在中举之后的下一年考中进士）。这种双喜临门的罕见际遇，使受惠者惊喜万分，如在梦中，也使旁观者羡慕不已，视为奇迹。那些奋斗三十多年，会试十多次才中式的考生与一年之内双喜临门者两相对比，中式时与其说是喜，不如说是悲了。

清代反常规又考期颠倒的乡试和会试仅有四次。第一次是康熙五十二年（1713年），这一年既举行癸巳恩科乡试，又举行癸巳恩科会试和殿试。云南人中有马瑛、林鹤来双喜临门。第二次是雍正元年（1723年），这一年既举行癸卯恩科乡试，又举行癸卯恩科会试和殿试。云南人中有王藩、罗凤彩、苏霖渤、窦容、徐毓桂双喜临门。第三次是在雍正二年（1724年），这一年既举行甲辰科乡试，又举行甲辰科会试和殿试。云南人中有杨如松、张复双喜临门。第四次是在乾隆十七年（1752年）这一年既举行壬申恩科乡试，又举行壬申恩科会试和殿试。云南人中有赵瑗、黄锡恩双喜临门。

马瑛，新兴州（今玉溪市红塔区）人。康熙五十二年（1713年）癸巳恩科云南乡试考中第七名文举人后，又于本年考中第三甲第五十五名连捷进士。马瑛双喜临门之后，因眷恋云南，不愿离省为官，官至大理府教授。

林鹤来，建水人。康熙五十二年（1713年）癸巳恩科云南乡试考中文举人后，又于本年考中第三甲第六十九名连捷进士。林鹤来双喜临门之后，因眷恋云南，不愿离省为官，官至开化府教授。

王藩（1698—？），字价人，晋宁人。雍正元年（1723 年）癸卯恩科云南乡试考中文举人后，又于本年考中第三甲第三十三名连捷进士。王藩双喜临门之后，被任命为奉新县知县。奉新为汉代的豫章郡，清朝时，是江西南昌府的险要都邑。由于地处交通要道，人杂事多，号称难治之地。王藩到任后，拒绝送礼，杜绝请委，革除积弊和陋规，使奉新政通人和，被百姓呼为青天。王藩还捐俸修城池、办义学、修桥补路，政绩卓著。后因与上司不和，被诬告而罢官。百姓闻之，愤慨万分，罢市辍耕以示抗议，痛哭流涕以表惋惜。王藩离开奉新时，袱被行装犹如寒士，有数千百姓送行至数百里之外。

罗凤彩（1695—1772年），字苞仪，号竹园，别号桐冈。先世由江西庐陵迁徙石屏，曾祖罗万藻以明经教授里中，六世未显名。凤彩九岁而孤，自幼勤学，雍正元年（1723年）癸卯恩科云南乡试考中文举人后，又于本年考中第三甲第五十二名连捷进士。罗凤彩双喜临门之后，初授刑部广西主事，继而调任四川司员外郎。在四川，平反冤狱错案，判决明允。雍正六年（1728年）授广东道监察御史，稽查镶黄旗汉军亏空，查旧太仓，皆能秉公实心办理，奉旨嘉奖，得晋升一级。雍正七年（1729年）巡视中城，擢户科掌印给事中。钦命查赈直隶、宣化等处灾民。弊绝风清，抚恤灾民。奉敕视学山东，颁教条，兴利除弊，振拔有才学之士。雍正十年（1732

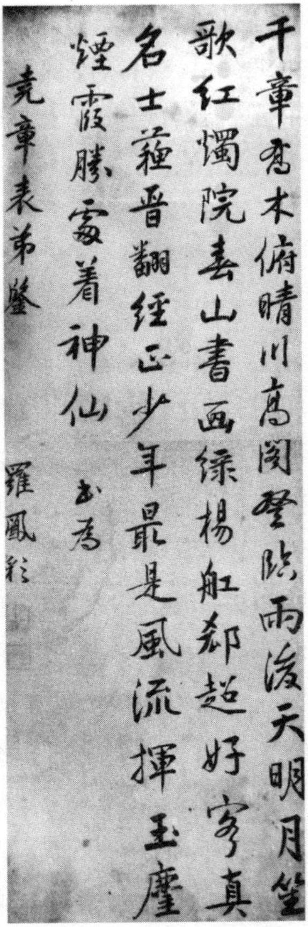

罗凤彩墨宝

年），稽查抵通粮船事，巡察淮安漕务，所至清操。乾隆元年（1736年），广开言路，凤彩持大体，不以矫厉沽名。所陈《请均出贡》一疏，士林称颂不绝。雍正四年（1739年），再巡视中城；雍正五年（1740年）巡漕天津水灾区。所至以清廉著称。由太常少卿升通政司副使，晋升宗人府丞，后告官归里。凤彩先后居官20年，平生义利之辨最严，待人宽厚谦和。归田后，洽谈人世纷华，一切荣名虚誉等视为浮云。教子孙有矩法。其子元琦、孙庆恩、湛恩、会恩、觐恩、荫恩等均为石屏好学有才有识之士。屏人羡慕不已，常以罗家及朱家出人才，激励子孙好好读书。

苏霖渤，字海门，号观崖，赵州（今大理）人。雍正元年（1723年）癸卯恩科云南乡试考中文举人后，又于本年考中第三甲第一百一十三名连捷进士。苏霖渤双喜临门之后，被任命为贵州开泰县知县。开泰为新开苗疆，很难治理。苏霖渤布德立威，精心治理，终使苗民畏服。不久，苏霖渤又承办古州军务，以办事干练，被升为刑部江西司主事。苏霖渤在刑事主事任上多所平反，曾以命案力争，全活多人，差点被人弹劾。任江南道御史时，先后陈奏中外利病二十余疏，被采纳的多达十之八九。视学山西时，认真课士，选拔有真才实学之人，受到山西士子的一致称颂。后以母老乞归，主讲西林书院。

窦容，呈贡人。雍正元年（1723年）癸卯恩科云南乡试考中文举人后，又于本年考中第三甲第一百二十四名连捷进士。

徐毓桂，楚雄人。雍正元年（1723年）癸卯恩科云南乡试考中文举人后，又于本年考中第三甲第一百三十一名连捷进士，官至知县。

杨如松，保山人。雍正二年（1724年）甲辰科云南乡试考中文举人后，又于本年考中第三甲第一百五十五名连捷进士。

张复，字伯敦，云南县（今祥云）人。雍正二年（1724年）甲辰科云南乡试考中文举人后，又于本年考中第三甲第一百五十七名连捷进士。张复双喜临门之后，被任命为户部主事。不久，升任员外郎。后左迁从五品的甘肃宁州知州。张复在知州任上勤政爱民、政绩卓著。有《觐光草》《澹园诗草》《杂信草》等著作传世。

赵瑗（1733—？），字遽叔，号检斋，昆阳州（今属晋宁县）人。自幼聪明好学。乾隆十七年（1752年）壬申恩科云南乡试，十九岁的赵瑗考中文举人。同一年，赵瑗又考中壬申恩科殿试第二甲第五十五名连捷进士，是云南士子中科场最幸运者之一。赵瑗考中进士后，被选为翰林院庶吉士。乾隆十九年（1754年）闰四月十二日，翰林院散馆，赵瑗先后担任工部司员外郎、制造库郎中等职。赵瑗娴熟案牍，考核官吏认真求实、不徇私情、受到官员的好评和尊重。乾隆二十四年（1759年），被任命为己卯科湖北乡试正主考官，为朝廷选拔了不少人才；乾隆二十五年（1760年）被任命为庚辰科会试同考官。乾隆二十九年（1764年）被任命为河南卫辉府知府，改任归德府知府。赵瑗在知府任上，勤政爱民、廉洁自律、礼贤下士，颇有政声，后被调任为开封府知府。开封地处要冲，政务繁忙，但被赵瑗处理得井井有条、游刃有余。由于政绩卓著，任满后升任正四品的河南陈许道、陈汝道道员。

赵瑗淡泊名利，乾隆四十八年（1783年），即将跻身于三品以上高官的赵瑗，却以母丧为由，自请辞官回归故里。赵瑗回昆阳时，年仅50岁，他日以赋诗填词为乐，著有《庚山诗集》《渠川外集》等。赵瑗的诗清新淡雅，如七律《立秋后一日偕同人小憩长松山一笑亭》："秋光先我到山亭，亭外秋山入座青。今日重来寻旧雨，故人相对似晨星。泬寥天际看无极，荦确坡头亿所经。三十年来供一笑，抚琴放鹤署新铭。"

黄锡恩，字龙章，号素庵，永北（今永胜）人。乾隆十七年（1752年）壬申恩科云南乡试考中文举人后，又于本年考中第三甲第三十九名连捷进士。黄锡恩双喜临门之后，被任命为甘肃碾伯知县，后又担任中卫县知县。黄锡恩在中卫知县任上，捐廉修筑城堡，增设义学，政绩卓著。百姓为感念黄锡恩的恩德，立德政碑以祀之。后官至礼部主事，著有《忆山诗草全集》。

以上11人是科举取士时代，云南人中最幸运的考生。但考试顺利，并不意味着仕途顺畅、官运亨通、功业显赫、人生幸福。人世间，万事如意的人几乎没有，这11个曾经很幸运的人，也是如此。他们要么仕途不顺，官运欠通；要么眷恋云南，不图进取；要么淡泊名利，激流勇退；要么寿命不长，英年早逝，竟没有一人成为因立德、立言、立功，而三不朽的人物。

清乾隆三十六年辛卯恩科会试剖析

清雍正元年（1723年）至清乾隆三十一年（1766年）的四十三年间，清廷共举行了十九科会试和殿试（乾隆元年的博学鸿词科不计），共录取文进士5023人，平均每科录取264.4人（雍正八年的庚戌科殿试录取的进士竟多达399人），平均每年录取116.8人。其中共录取云南籍文进士155人，平均每科录取8.2人（其中雍正八年和雍正十一年殿试，每科都录取云南籍进士13人，共录取26人），平均每年录取3.6人。由于四十三年间录取的文进士太多，而能提供给这些进士的合适官位又较少，这就造成一些进士需要长期等待，才能得到官位的不正常现象。为了消除进士等待多年才能得到官位的怨气，乾隆皇帝从乾隆三十四年开始，大幅度地缩减了每科录取进士的名额，每科会试和殿试，平均只录取文进士150人左右（乾隆五十五年庚戌恩科，仅录取97名文进士），而平均每科录取的云南籍文进士更少，只有2人左右。由于清廷大幅度地削减每科文进士的录取名额，致使乾隆中后期的文进士十分难考。

本文以乾隆三十六年（1771年）辛卯恩科会试为案例，进行剖析。

乾隆三十六年辛卯恩科会试正主考官（总裁）是内阁大学士刘统勋，副主考官（副总裁）有满人左都御史观保，内阁学士庄存与。第一场考试有四书文三篇、五言八韵试帖诗一首，第二场考试为经文五篇；第三场考试为策问五道。三场考试，第一场考试最为

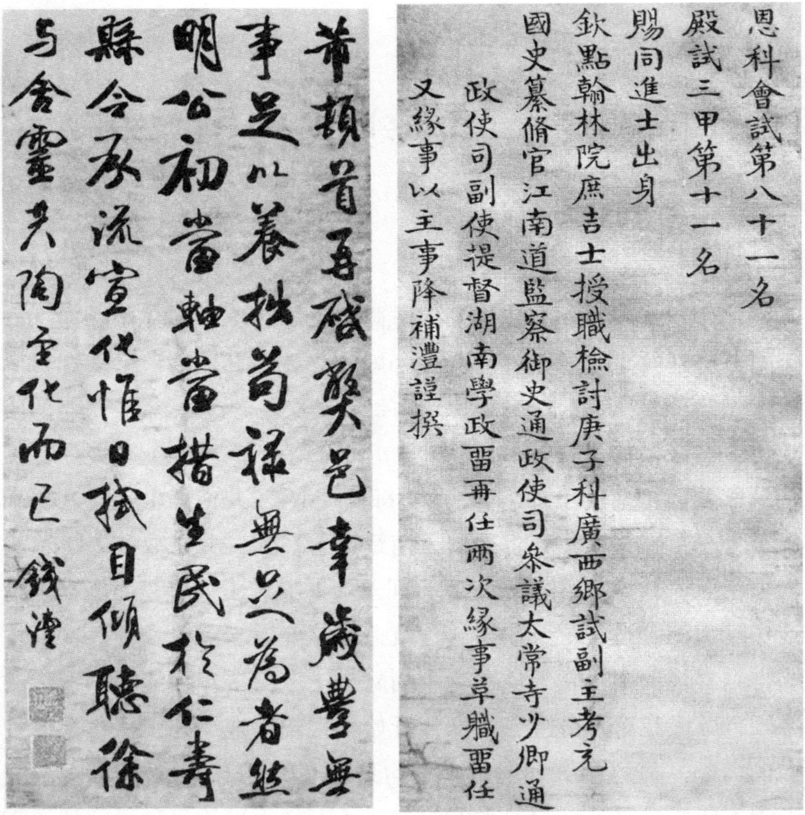

钱沣墨宝

重要。该科会试第一场考试的四书文三篇，依次是《子曰若臧武仲之知公绰之不欲卞庄子之勇冉求之艺》《明乎郊社之礼禘尝之义》《今日性善则彼皆非与》。该科会试共录取161名贡士（殿试后，便称为进士），其中2人是云南人，即昆明人钱沣、宾川人杨湝。因钱沣后来成为云南人的骄傲，故仅以钱沣第一场考试所作的四书文为例，进行分析。

四书文三篇，钱沣选作的是第一篇《子曰若臧武仲之知公绰之不欲卞庄子之勇冉求之艺》，该题出自《论语·宪问》。原意是：子路向孔子请教什么是“完人”，孔子先列举了分别具备有聪明、无欲、勇敢和多才多艺的臧武仲、孟公绰、卞庄和冉求四位贤者。然后又论说当今的“完人”应该做到见利思义、临危受命和信守诺言。但该考题隐去了两端，仅存中间，只有熟读四书，对四书有准确理解的人，才能知道该考题的意思，并较好地完成这一篇八股文。

对四书烂熟于胸，对八股文的写作技巧能灵活运用的钱沣，破题时便不侵上、不犯下、不遗漏、肖题之神，扼题之旨地将本题字眼和盘托出：“备举众长立成人之槩也。盖成人非一长所能竟也。智、廉、勇、艺之必备……”钱沣的破题，首先阐明孔子虽分举四人之所长，实则指“成人”（完人）还必须兼有智慧、廉洁、勇敢和才艺，可谓一语破的。钱沣还指出，一个人又不可能同时兼有上述四种品质，至多不过是各具其能而已。因此，人必须互相学习，取长补短。这样，才“不至于绌于一偏”。下文便转入写实。他论述道，以聪明见长的臧武仲，有值得以廉洁著称的孟公绰学习的地方，而以勇敢闻名的卞庄子，也有以才艺出众的冉求效仿之处。反之亦然。故，不拘一地之士，才能称为“通才”；不固守一人之学，才能广泛地获益。钱沣在最后的“束股”里总结道：人的性情禀赋不必相同相通，能力也有大有小，但关键在于能够“自变其所短，尽兼其所长”，向着“完人”的楷模尽力追求；以“完人”的标准“化其偏颇，发其光泽”，就大体可能近乎先王之道了。钱沣的五言八韵试帖诗也写得既中规中矩，又才华横溢。

最先批阅钱沣试卷的人是担任初选的同考官、桐城古文大师姚鼐，他见文章写得灏气盘空、“清真雅正”，便欣喜地批了一个“荐”字。试卷推荐给副总裁庄存与后，庄存与也认为是一份优秀的试卷，挥笔写了一个“取”字，并加评语曰：“长松千尺，挺挺出群。”试卷转交给另一位副总裁观保观看时，观保也赞同庄存与的意见，在写了一个“取”字的后面也加评语：“磊落坚苍，天然古秀。”最后轮到正总裁刘统勋审核时，刘统勋的批示是：“中”，还总评其文曰：“脱尽时蹊，足见夙养。”钱沣的二三两场考试也很顺利，这样钱沣就被录取为本科会试的第八十一名贡士。

填写会试杏榜时，原先被弥封糊名的试卷被拆封。姚鼐才知道他欣赏的那份试卷的作者竟是云南名士钱沣，便很兴奋地再加了一段评语：“胎息古文，步趋先正，语语具见本色。立心不苟，可知后场尤源源本本，博奥沉雄，益证积学功深。榜发，知为滇知名士，愈信文章自有定价，无谓世无碧眼人，尽皆买椟还珠！”

由于该科会试应试的举人很多，可谓高手云集，而录取的贡士又较少，竞争十分激烈，因此很优秀的钱沣在殿试之后，只被列为第三甲第十一名进士，而杨溎的排名更后，为第三甲第六十八名进士。朝考选拔翰林时，钱沣被选为翰林院庶吉士，杨溎则落选。

钱沣（1740—1795年），字东注，号南园，昆明人。中进士后选翰林院庶吉士，授翰林院检讨，历任江南道监察御史、通政司副使、提督湖南学政、湖广道监察御史等职。钱南园刚正不阿，为御史期间，先后举劾陕西巡抚毕沅、山东巡抚国泰，并疏劾权臣和珅奸诈，直声震天下。钱南园工书画，能诗文，著有《南园集》等。

关于钱南园的书画，《新辞海》钱沣条有如下介绍：“钱沣（1740—1795年），清代书画家……工书，正楷学颜真卿，结体严整开阔，气势雄伟；行书参用米芾笔法，也雄厚有力。清代中叶以后学颜字的往往取法于他。又工画马，笔墨凝重，自成一格。”

唐太宗李世民有一句名言：“取法于上，仅得其中；取法于中，不免为下。”这句话的意思是：学习某人或某种方法不容易学习得惟妙惟肖，总会比所学习的榜样差一些，只有博采众家、吸取众家之长，才能取得较高的成就。钱南园深谙这个道理，他的楷书不仅仅向颜真卿学习，还向王羲之、王献之、欧阳询、褚遂良、柳公权、苏轼等历代书法大师学习。他的小楷主要学习《黄庭经》《十三行》《灵飞经》《乐毅论》等名帖；大楷主要学习《颜家庙碑》《自书告身》《中兴颂》《东方画像赞》等法帖。袁嘉谷编纂的《滇绎》说钱南园的书法“貌颜得颜、貌欧得欧”。由于钱南园楷书取法于众，并汲取了众家之长，后期的楷书结字不似欧阳询的瘦长，又不像颜真卿的方圆，有“颜筋柳骨”；用笔又有欧阳询的方圆互用和褚遂良的虚实变化，而自成一家。其代表作有《枯树赋》《冒雨寻菊序》《端阳竞渡序》等。钱南园的行草书也不仅仅只向宋代的米芾学习，他还向唐代的欧阳询、褚遂良、颜真卿等书法大师学习。其中颜真卿的《争座位帖》《祭侄文稿》《刘中使帖》等是钱南园早年最爱临摹的名帖。因此，钱南园的行草书既有米芾的瑰伟、雄强、妍丽、姿致、豪爽、淋漓，又有欧阳询、褚遂良、颜真卿等人的劲健、玉润、雄浑。其代表作有《桂花厅记》《守株图诗》。晚清著名书法家陈荣昌说：“《桂花厅记》，纯用平原法；《守株图诗》，纯用襄阳法，皆钱书之最佳者。”

总之，一代大师钱南园的书法，小楷刚健婀娜，大楷力透纸背，行草风神独绝；清刚之气溢于楮墨，后世评价很高。晚清学者戴䌹孙编纂的《昆明县志》说“其书法尤与颜鲁公为近，世争宝之”。上海古籍出版社1990年出版的《中国书画》一书认为：钱南园的“书法直逼颜真卿，苍劲雄浑如《争座位帖》，亦参以褚、欧，融化而自成一家。论者评‘能以阳刚学鲁公，千古一人而已，岂以其气同耶’（李瑞清语）”。清代著名书法家和书法理论家包世臣把书法列为五品：“平和简静，遒丽天成曰：神品；酝酿无迹，横直相安曰：妙品；逐迹穷源，思力交至曰：能品；楚调自歌，不谬风雅曰：逸品；墨守迹象，雅有门庭曰：佳品。”笔者认为钱南园的书法取法于众又自成一家，应为“神品”或“妙品”。

清代著名文学家刘熙载著有《艺概》一书，他在该书的“书概”部分探讨书法源流，谈论笔法，品评诸家，语言简明，时有精论。如他说：“论书者曰‘苍’，曰‘雄’，曰‘秀’，余谓更当益一‘深’字。凡苍而涉于老秃，雄而失于粗疏，秀而入于轻靡者，不深故也。”钱南园人品高洁，嫉恶如仇、忧国忧民，他的书法浑厚沉重，笔画之间饱含着愤世嫉俗的深邃思想，故能做到“苍”而不老秃，“雄”而不粗疏，“秀”而不轻靡，不愧为“颜鲁公后第一人”。

钱南园的绘画，以画马为主，尤喜画瘦马（入仕以后也偶画壮马），这大约因为他出身于社会的底层，平时所看到的马大都是吃得很差又经常要出苦力、走远路的瘦马。钱南园所画的瘦马，着重表现马的神姿风骨，似乎是在向世人暗示这些因未能善加饲养而饿得筋骨显露的瘦马，其中不乏千里马，只不过生不逢时，未遇到伯乐罢了。这些千姿百态的瘦马，既表现了天下寒士“食不饱，力不足，才美不外见”的穷困境遇，又是作者坚韧刚毅、不向命运屈服性格的真实写照。钱南园在一首《自题画马》诗中言为心声地写道：“蹴踏边沙岁月深，骨毛消瘦雪霜侵。严城一夜风雨急，犹向苍茫倾壮心。”为更好地表现马的骨力、气质，在技法上，他大胆移用书法技巧入画，尤重线条之力度与变化。他画瘦马时，不大用前人先勾勒再着墨赋色的方法，而是采用渴笔，根据形体结构，光线明暗，兼皴带擦，后再用淡墨渲染，使得他笔下的马挺劲苍浑，坚实有力，带有钱南园自己的个性特点。钱南园曾两次在湖南任提督学政，他所画的马在湖南士子中有深远的影响。清咸同年间，早年长期不得志，后来叱咤风云的湖南人左宗棠，特别欣赏钱南园所画之马，他对钱氏的马有这样的评价：“风鬃雾鬣，筋骨显露，笔力仿佛古篆，不敢逼视。”清代昆明学者邹泽有《题钱南园先生画瘦马图》，诗中称赞钱南园的人品和画风：“南园侍御人杰者，直声铮铮满天下。书法妙敌颜鲁公，时或游戏图画马。先生画马不画肉，特地棱棱画瘦骨。脊凸腰凹额露筋，霜蹄削铁耳批竹。天骨卓立真雄姿，不肯俯首受靮羁。渥洼天马久不至，何来此匹殊权奇。駰騢骝骆骍骓驱，世人鉴赏徒毛皮。蠹材偾辕只可惜，老骥称德知者谁！我闻古有曹韩并良匠，颇能画马穷殊状。大都骨肉贵停匀，未必瘦硬独神王。先生画同马不同，奇气纵横骨力雄。寒风烈日不足畏，直使冀野群为空。可怪流俗无知己，忍令委顿市尘里。死骨且买五百金，生气况留一幅纸。千钱购来什袭藏，装以宫锦悬玉堂。如从天闲获上驷，四壁瞻顾生辉光。惜我未识先生面，夙闻其名极钦羡。今观图画含锋棱，桓桓遗直已如见。可知性情独有真，不比寻常工画人。媚骨不画画颈骨，流传于世多精神。脑满肠肥对此应羞死，安能与之齐驱并驾出风尘！”元代著名画家任仁发曾画过一幅一肥一瘦的《二马图》寓意世上的贪官和廉吏，他在该画的自题中说：“世之士大夫，廉滥不同，而肥瘠系焉。能瘠一身而肥一国，不失其为廉；苟肥一己而瘠乃民，岂不贻汙滥之耻欤！按图索骥，得不愧于心乎？”钱南园画瘦马和壮马时，不知是否受到《二马图》的启示？

钱南园不但工于画马，也擅长画人物、花卉、山水。他画的钟馗很受后人赞赏，光绪癸卯进士、昆明人张鼎有《题钱南园侍御画钟馗一首》赞曰：“我闻终南钟进士，蓝袍乌靴带束紫。威灵赫赫鬼魔惊，善画曾有吴道子。道子善画穷天工，谁与下笔追厥踪。吾滇南园真奇士，诗画久为文苑宗。偶作此图岂无意，宵小奸邪应知避。精灵正气腕底陈，相貌骨骼世间异。磔须努目竖毛发，捉鬼啖鬼鬼莫逃。挂之素壁俨然立，阴雨凄凄风习习。扇底不见小妹来，靴中疑闻老伥泣。我见此图如见公，观公图画起敬容。是钟是钱两不辨，独立望古吾谁从。吁嗟乎！终南进士讹传耳，我会正直动神鬼。以人重画画斯奇，世俗竞说吴道子，呜呼，道子安足比！”在张鼎看来，敢反大贪官和珅的钱南园，就是打鬼的钟馗。钱南园画的梅花，老干苍劲，新枝秀拔，用淡墨点染花瓣，再用浓墨勾点蕊萼，显得极为清润。石屏举人朱庭珍在《海潮寺观看钱南园侍御沣书金刚经墨本题后》一诗中说："世人宝公书画诗，大节谁复究始终，前年见公画梅卷，淡淡缟素开香风，行气如虹笔如剑，瘦蛟屈铁鹰蟠空。"

钱南园的诗歌作品，前人认为多学杜甫、韩愈和苏轼。《卧龙岗重谒武侯祠》《同万荔村送李五高维》《自随州至江陵独行八首》《立春日柬许少府》《元祐宫》《镇远除夕呈力堂二兄》《还家三首》等诗，或得杜甫之意韵，或似杜甫之章法，有的甚至集杜甫的诗句。现举《还家三首》之三为例："黄昏忽细雨，孤灯照凄迷。叩门欣弟归，赤脚踏水泥。始知仲已远，或到武昌西。叔壮颇复锐，季长与我齐。狂喜出赊酒，夜久满瓶携。嗔我问生事，杯进不容稽。人生固有穷，但恐志行低。齐人饕富贵，羞死妾与妻。"这首古体诗就颇有杜诗沉郁顿挫的风格。而《缚鼍行》《对雪》《龙门作寄望峰》《送房师姚梦谷先生还桐城》《哭陈再冯》《题秋崖小照》等诗，却有韩愈之刚劲奇险。《亦园二奇诗》《送师荔扉》《题画》等诗，又近似苏轼爽快之风格。现举《题画》为例："昔闻庄生说马蹄，患极烧剔整与齐。野人释耒束簪绂，形则贵盛心酸嘶。栈豆满前不敢顾，此情独与知心语。短衣欲背北风行，胡为顾我泣吞声，世间纵少扬州鹤，饶有天公付饮啄。千金费尽学屠龙，几年骨朽厌朝风。何况所见唯凡马，途尘纸墨为此画。门径强托苏与韩，田中刍狗嗟谁看！"这首七言古诗，明显受到苏轼以学问为诗，以议论为诗的影响。《滇南诗略》引用欧阳道瀛之语，如此评价钱南园的诗文："诗古文独主性情，力追大家。"

统而观之，钱南园的诗最显著的特色是：主题多与国计民生相关。故清代中叶著名文学家和文学评论家洪亮吉在《北江诗话》

中认为：钱诗“如浅话桑麻，亦关治术”。钱南园的诗，不仅记事咏史之作如此，就是一些写景抒情的短诗也常常流露忧国忧民的情怀。如五言律诗《季弟沆同赴晋宁》：“挂席盘江上，西山一抹横。风波无定准，星月独分明。浩荡怜生事，扶持见汝情。同舟寂不语，应恐夜龙惊。”该诗写诗人与胞弟由盘龙江乘船，经滇池赴晋宁的所见所感。表层句句写眼前之事，深层处处道世间之情。尤其是尾联隐含着当时的文字狱让人心存余悸，即使是同胞兄弟有时也难以痛快地表达思想。又如《八月十七日同徐镜秋望月》一诗：“脱木西风日夜飞，中庭月白见星稀。琼楼高更知霜早，已进豳风问授衣。”该诗本是即景述怀之作，却能突破望月赏景，思乡怀人的窠臼，把视线转向对民生疾苦的关切。总之，钱南园诗歌的思想风格，与他的忠孝气节密不可分，后人对此都有很高的评价。如《滇南诗略》的编纂人袁文揆在该书中说：“公（指钱南园）性劲直、遇事无所逊忌。诗格遒峻，适如其风节云。”《新纂云南通志》云：“沣为人刚严贞介，诗古文苍郁劲厚，有真性情，真气节，海内文坛无异词。”

金榜上的云南少年有几人

从隋代实行科举取士以后，“进士及第”即金榜题名，就是士子梦寐以求的头等大事，而考进士因为竞争十分激烈，也就成为了一件很艰难的事。唐代人云：“三十老明经，五十少进士。”意思是说：唐代的科举考试，考中明经比较容易，一个人即使是三十岁考中明经，世人已经认为年龄太大了，而要考中进士却十分困难，即使是五十岁才考中进士，仍会被世人认为是年纪较轻的。由于考进士太艰难，成为了读书人追求的最高目标；而考明经比较容易，被才华横溢的读书人所轻视。到北宋仁宗时，朝廷便将明经诸科废除，只保留进士一科。

明清两个朝代，考中文举人的人，平均年龄在31岁左右；考中文进士的人，平均年龄为37岁。边远的云南与中国的很多省份相比，文化落后得多，因此，云南籍的人考中文举人和文进士的平均年龄大概会略高于全国的平均年龄。中国古代的男子，年满20岁才为成年人，这一年要举行标志着成年的“弱冠”礼。因此，我们把十至二十岁的男子称为少年，大约是可以说得过去的。20岁以下（含20岁）便考中文进士的金榜少年，即使在文化最发达、科举最兴盛的江南也不多见。云南籍文举人中是否有20岁以下便考中文进士的金榜少年？笔者查阅了很多史料和方志，可以确定的有13人（由于云南史料和方志，除了少数十分著名的人物外，一般人物的传记很少写明这个人物的出生年代，就是这个人的生平也语焉不详，故实际上的金榜少年应略多于13人）。他们是：杨一清、严清、傅宗龙、雷耀龙、陈玺、赵瑷、李翊、周锡章、樊如杞、罗士菁、何桂清、喻怀仁、何彤云。

杨一清（1454—1530年），字应宁，号邃庵，云南安宁州石淙渡人。自幼聪明好学，八岁时即显悟绝伦，读书过目不忘，凡经史百家，典章文献无所不通，在乡有“神童”之誉。成化八年（1472年）十八岁的杨一清登进士第，在京陛见时，明宪宗由于得知杨一清一向以“神童”驰誉乡里，便即兴口出一联：“一间茅屋两先生，聚六七童子，教《百家》《千字》”。杨一清不加思索脱口对曰：“九重金銮一天子，会十八学士，读《四书》《五经》”。宪宗大为赏识，便放山西学政及按察佥事。不久又迁任陕西巡抚，督理边政。

当时甘陕一代，实为明帝国的边防要地，散居北方的鞑靼人，在明初虽一度被明廷以武力征服，而明朝中叶以后，势又复炽，并向南内侵，潜居河套一带。另外西面的吐鲁番也在此时崛起，相继占领了哈密、柳城，并长驱直入嘉峪关，威胁甘陕。明孝宗弘治十五年（1502年），擢杨一清为副都御史，督理陕西马政。马政本为当时西北边地一大要事，但由于内部为政者的苛暴和鞑靼、吐鲁番之扰边，致使马政完全废弛。杨一清受命督理马政时，正当鞑靼以十万骑入寇陕西花马池。杨一清到任之后，一面率精锐平定鞑靼人的扰边，一面下决心整顿军纪，劾罢边官总兵不法者多人；同时还修筑垣堡，大兴茶马之利。采取这项措施，主要是考虑到“虏情叵测”，从而通过茶马市易、“投之以剽利”，以便进一步了解鞑靼“出没之候，虚实之形”，最后从军事上采取“调度之方，制驭之术”，实行“分击合围之法，出备入保之宜”，另一方面也改变了由于战争影响而导致的边疆经济凋敝，由是甘陕为之大治。朝廷为此晋升杨一清为右都御史，总制三边军务。继而杨一清又上《修边策略》及《边防四策》，他所提出的这一系列巩固西北边疆的建议和措施，朝廷都给予支持和赞助，“发金数十万促使其成”。杨一清为总制出入于西北边疆者30余年，其功绩堪称卓著，正德六年状元、著名学者杨慎称道他为：“四朝元老，三边总戎，出将入相，文德武功。”

杨一清一生当中还有一个重大的功勋，就是谋诛宦官刘瑾。明代宦官之祸断断续续，在此以前有王振，在此以后有魏忠贤。刘瑾自幼入宫，长期侍奉明武宗朱厚照，在武宗即位之前，他就时常陪伴到处玩耍，到武宗登基以后，更是百般迎合，并怂恿皇帝说：现在大权操之于内阁，陛下等于傀儡，应即思对策。于是武宗便下诏要亲自批阅奏折，所有公文一概送至宫中，这等于将国家大政委归宦官刘瑾裁决。从此刘瑾号称“九千岁”，擅弄朝政，贪赃枉法，结党营私，残虐百姓，积弊日增，黑幕重重，人民深受其害。当时大臣李梦阳、刘健等见国势日衰，危机四伏，便与司礼监太监王岳商议驱逐刘瑾，不料吏部尚书焦芳向“刘公公”告密，计划宣告失败，王岳反遭放逐，刘瑾竟接替王岳做了司礼监太监，焦芳也荣升为大学士，此后政局更加混乱，不堪一顾了。刘瑾往往趁武宗游玩兴犹未了时，拿着重要奏折去请示，武宗厌烦地说：你决定好了，何必问朕!这样一来，刘瑾更有恃无恐，一朝权在手，便把令来行，作威作福，民不堪命，一班正直的朝臣，被他害死者不计其数，满朝文武及全国百姓对其毫无办法，只有干瞪眼。

当刘瑾大权在握的时候，朝廷公卿仰着他的鼻息，惟恐得罪，平日进入朝门，见到刘瑾便跪伏着不敢仰视，惟恐不知哪一天会遭罪赐死，朝廷内外，无不人人自危。由于阉党乱廷，为非作歹，宦官日益殷实富足，而明朝国库渐趋空虚。刘瑾的爪牙四处出巡，大肆敲诈勒索，所到之处，地方官拿不出万两纹银，就别想把钦差送走。有不少府县官员，往往由于筹不够银两，被逼得走投无路，终于自缢投环，至于百姓，更是十室九空。对此政局混乱，民生多艰的情况，杨一清十分洞悉，夙夜忧虑，食不甘味，寝不安席，在忧思愤懑之余，曾写下了《录民谣》八首：

东邻富实在家闲，西舍科差十倍难，不是官司好颠倒，里书奸弊这般般。

昨日投词入县门，两家曲直未能分，快担粮食街头卖，恐怕无钱送主文。

贫妇抛梭夜不眠，何曾一缕自身穿，卖来要了差科去，恰够门前勾摄钱。

关中久旱动经年，本户科差办不前，又代他人输赋税，不如逃去种人田。

连年少雨麦苗枯，时雨今年勾也无，雨足麦收农莫喜，要偿私债与官租。

雨中车骑暂徘徊，十室蓬门九不开，不信使君因避雨，只愁钦差下乡来。

老翁扶病自耕锄，借问当年子有无，只因公租私债急，两儿今已作人奴。

朝廷恩泽大于天，使者光明秋月圆，何事相闻不相及，前头知隔几山川。

杨一清通过这八首《民谣》，不仅把明代中期满目疮痍的社会状况揭露无遗，也将自己忧国忧民之心披露于字里行间。为此他的学生康海曾评论说“篇篇具实，字字洒泪”。正因如此，刘瑾以杨一清不惟不附于己，还指斥时病，便以“莫须有”的罪名，诬谄他“破冒边费”，逮捕下了锦衣狱。就在这“诏狱被逮，夺秩诬赃”的时候，他仍写下了不少关心国家，同情人民的诗篇，如《新

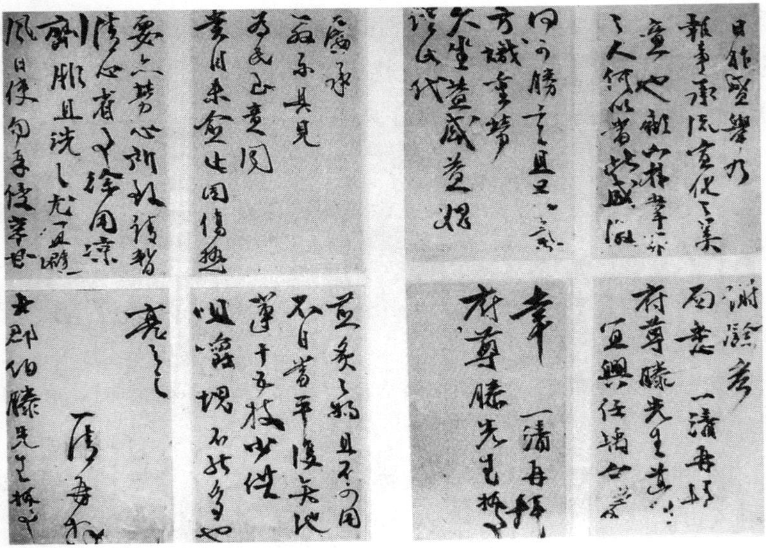

杨一清墨宝

月》《渡江》诸作，集中地体现了他的这种爱国爱民思想。为此乐垣曾赞誉他说“木梏在手之时，依然有忧国忧民之念”。后来幸得大学士李东阳、玉鍪等多方营救，“释归镇江”，才算免除了一场灾祸。正德五年（1510年）明朝宗室安化王朱寘𫔭以诛刘瑾，“清君侧”为名，反于宁夏，情况十分紧急，明武宗不得已，又才下诏起用杨一清总制军务，入西北征讨，并且派了中官张永为监军。张永虽身为太监，却是个正直人，对杨一清也很崇敬，一动身就求教杨一清如何平定此乱事。杨深知张、刘两太监素来不合，便回答说“宁夏兵事易平，然内变则不可测”。张永追问为什么？杨一清在手心写了一个“瑾”字，张永为之色变并且说道：“他日夜不离皇上左右，皇上偶不见他便不快活，由于这样过分宠信，使之大权在握，况且党羽密布，锦衣卫四出侦巡，谁敢轻举妄动，你叫我如何向皇上呈述，即使有此机会，我又如何能说动皇上呢？”杨一清一面向张监军晓以大义，一面又献策让张永把刘瑾私下暗造兵器，准备谋反的罪证获取，并亲自为张永写好两道奏折，一道是平宁夏安化王变乱的经过；一道则是揭发刘瑾逆谋，并立即建议张永趁回朝述职，先上第一道奏折，再以有军机面呈皇上，请屏退左右后再上第二道奏折，如皇上不相信，则请降旨查抄私造兵器和召刘瑾问对，以为坐证。张永听后仍有犹豫之色，杨一清又反复激励他，最后张永才算允应。杨一清认为事不宜迟，便建议张永兼程赶回京师，并叮嘱他严守机密，不可稍露任何一点蛛丝马迹，这样才不致重蹈王岳的覆辙。

张永走后，杨一清经过周密布署，一鼓作气平定了安化王的叛乱，高奏凯歌，班师回朝。刘瑾又想引此以为己功，满朝文武在其授意之下，正准备朝贺刘公公任人得法，布署军事有方，弹冠相庆。未料突来晴空霹雳，查抄刘瑾家私的圣旨下来，大家面面相觑，几乎不敢相信这是真的。后来经过详细打听，才知道是杨一清的神机妙算，通过中官张永面奏皇上，彻底揭发了刘瑾的种种罪行，替国家及百姓除了大害。经过大理寺审讯，刘瑾被判处凌迟之刑。临刑之日，受害者纷纷以钱买瑾肉以雪胸中之恨，百姓欢声震天，无不额首称庆。刘瑾被处决后，杨一清受诏拜吏部尚书，加太子少保、武英殿大学士，入参机务。

杨一清主事吏部之日，为官清正，廉洁自持；有一卸任亲属向他谋事，并问他说“天下郡县以何地最为富足，算是肥缺”？杨笑着回答说“莫如云南布政司之安宁州”。这个人又问“有何为证”？杨漫应道：“一州管两府，上有上权（谐‘钱’字音）府，下有下权府，吹吹打打吃晌午；一州辖三县（指罗次、连然、禄丰），右有赤龙城，左有打金甸（谐‘店’字音），金花银花铺满院”。此人一听信以为真，以为可以大捞油水，极力要求杨阁部放他做安宁知州。其他探知者，亦多方托人说项，同样恳请杨一清放他们去做安宁州官，以致出现了“皆奔竞以得安宁为望，吏部天下题名牌，‘安宁’二字至为之指摩灭没”的程度。实际上当时被放安宁知州者，没有一个不失望挂冠而归，其地不仅不是肥缺，而且在当时确系地瘠民贫，极为艰苦的地方，根本谈不上有油水可捞。杨一清所言也并非毫无依据。盖因安宁州有上、下权甫两村，地瘠缺水不宜栽种水稻，当地人全赖种杂粮做荞饼充饥，每天中午在柴火上烧烤而食，吃时必须吹打去其炭灰，方能入口。听者不加思索和深究，往往误以为两村一向富庶，才取名上钱甫和下钱甫，由于有钱，衣食足则礼义兴，便效钟鸣鼎食之家，召吹鼓手以鼓乐吹奏伴食，以充享受。至于赤龙城、打金甸，亦系安宁州属村，民间园圃之中，往往多种金银花，正由于当地土质硗确，特美其名。当时贪赃枉法的官吏，一听杨一清所说，便信以为真，心向往之，力求补此肥缺，以便搜刮民脂民膏。杨一清一眼看清了这类人的丑恶面目，故作此言谈，本意在于惩罚贪婪之人。

杨一清在朝，直言时弊，不能见容于人，后为奸佞所谗，只好上疏请骸骨归寓江南，自号“三南居士”。三南的意思是生于云南，长在湖南，老于江南。嘉靖九年（1530年）八月十四日，杨一清病逝，荣谥“文襄”，葬于镇江。杨一清是明代中期著名政治家和著名诗人，生平著作有《关中奏议》十卷、《石淙诗钞》等。《关中奏议》是杨玉清生平所上奏的奏疏，可分为五类：卷一、二曰马政类；卷三曰茶马类，系弘治十五年（1502年）以副都御史督理陕西马政时所上；卷四、五、六曰巡抚类，则为鞑靼入寇花马池时受命巡抚陕西时所上；卷七、八、九曰督制类，则为正德初，鞑靼寇犯固原、隆德时，一清以延绥、甘肃、宁夏有警，不相思援，无所统摄，请遣大臣领之，即命一清总制时所上；卷十曰后总制类，则为一清忤刘瑾夺职后，以安化王反被起用处理该事件时所上。全书以所陈多甘陕边事及筹边之策，故以“关中”命名，其中所载不尽皆一清奏稿，凡当日部臣奏疏及前后所奉谕旨皆编入其中，故于时事本末颇为详尽。史称杨一清官甘陕时，即详究边情利弊，每当边陲事急，一夕竟草十疏，悉中机宜，其才华一时无两，故当时人将其比之唐代姚祟，其干练之才，往往从《关中奏议》中可窥见一斑。此书于嘉靖初年始刊于南京。据《明史·艺文志》记载为三十卷本，书名无“关中”二字。清朝乾隆年间纂修《四库全书》，据直隶总督采进本收录，仅十卷，以下阙如，疑四库馆所据非全帙。嘉庆年间保山袁文揆获待刻本十八卷，就原书略去其循例呈请无关紧要之奏章，订为十二卷。题名《关中奏议》，由五华书院重刻，卷端载有云南提学使吴县顾莼序，乃今传世之本。1914年辑刻《云南丛书》又收入《丛书》之初编。杨一清生平著述尚有《石淙诗钞》，系其门人李梦阳、康海将其一生之诗作加以编订成书，各以类分，排比诠次，梓行于世，原题《石淙类稿》，共四十五卷。今存世之本乃明嘉靖间孙氏所刻的十九卷本，有诗无文。清乾隆间召儒臣纂修《四库全书》向各省征集文献，云南巡抚临川人李湖搜得此书，不以之上四库馆，而以边荒无著述复命，解任时携归，后为石屏陈履和见之抄回，由五华书院重刻。此书据钱塘丁丙《善本书室藏书志》著录：嘉靖孙氏刻本共十九卷，并有李梦阳评点，首为《风池稿》，次为《省墓稿》《谭后稿》《西巡稿》《北行稿》《容台稿》《行台稿》《归田稿》《自讼稿》《制府稿》《吏部稿》《玉堂稿》《归堂后稿》13类。辛亥革命后辑刻《云南丛书》时，仿照五华书院刻本刻入，后丛书处托浙江朱希祖购得嘉靖原刻本，以之和五华书院刻本对比，五华书院刻本少诗百五十余首，当时即有人主张应依原刻本覆刊印行，但由于许多原因未果，故今云南省图书馆庋藏之嘉靖刻本乃稀世之本，弥足珍视。杨一清诗作，清人朱彝尊《明诗综》不仅收录20余首，而且称其“古诗原本苏韩，近体一似陈简斋、陆放翁”。云南文人保山袁文典在《滇南诗略》中也有定评，认为“兹所裒辑三十余首，学力深厚，而以性灵出之，浏亮浑脱，笔墨悉化烟云，洵非盛唐诸公莫办。至其忧国忧民、沉郁顿挫处，尤为瓣香老杜而得其神髓者”，由于杨文襄的诗在思想内容和艺术手法上具上述特色，云南剑川赵樾村以诗吟咏说“将相功名一代中，诗歌卓有杜陵风，后先七子休腾踔，合与茶陵角两雄”。静言思之，实非过誉。然而，对杨一清诗歌成就了解最透彻、评价最全面的还是与他同一时期的诗坛领袖李梦阳。李梦阳比杨一清小十八岁，为明代中叶在诗坛影响很大的“前七子”中最著名的人物，他认为杨一清的诗忧国忧民，深郁苍凉，格调高浑，有盛唐及杜甫诗歌的韵味。如他对杨一清的《事平志感》一诗评云“此篇气格皆杜诗之史也”。他还认为杨一清的诗感情真挚，写景传神高妙，有很强的感染力。如他对杨一清的《希大谒先茔志感》一诗评云：“诗本情语，况道其实，安得不佳？”他更认为杨一清的诗风格多样，既有堂堂正正、雄健俊伟之作，亦有清新流丽、蕴藉婉转之篇，可谓各有千秋。如他对《送陶公甫之南昌训导》一诗评云“堂堂正气”；他对《送句容曹君时范赴南台》一诗评云“忠厚雄健”；他对《广武吟》评云“流丽俊伟”；他对《九月席上和曹汝学韵》一诗评云“风流蕴藉，又是一种”。

严清（1524—1590年），字直甫，号寅所，家住昆明城内圆通寺西侧（今圆通街与北门街相交之处一带）。严清少年时代就有美名流传于邻里，因此被嘉靖五年进士、昆明乡贤施昱看中择为佳婿。明嘉靖二十三年（1544年）甲辰科，年仅二十岁的严清便考中第三甲第一百五十九名进士。中进士后，严清历任富顺知县、保定知府、四川巡抚、吏部尚书等职。

严清在保定任职期间，保定府因接连几年干旱歉收，盗贼如麻。严清在境内打井抗旱，奖励农桑，安抚流民。等到年成稍好时，严清又对百姓耐心教化，使保定府的面貌焕然一新。保定府因邻近京城，老百姓的各种负担也比其他地区繁重，按惯例，保定府每年都要发民到京城充做库役，频繁的各种劳役，使百姓无法安心务农。严清到任后，体察民情、关心百姓，多次上疏朝廷请求废除此项劳役，后来朝廷终于免除了保定百姓的此项苛役。严清在保定府为官三年，为民请命，给当地百姓做了很多的好事，被当地百姓呼为“严清天”。明隆庆二年（1568年），严清以右佥都御史巡抚贵州，尚未上任，又改为巡抚四川。严清在四川为官时间较长，由于熟悉四川的地情民风，所举的政事都能结合实际、体恤民情。为减轻百姓的劳役，他议请从四川输送京师的课税中，割出二十万就近改作陕西军饷，以减少长途运送之苦；为不扰民，他废除各郡县团练每年到省城成都操练之制；为减轻负担，他将历年来没有定数的入贡“番人”数，裁为定额，额外不得超一人。严清痛恨强宗悍吏，常对横行霸道者严惩，普通百姓拍手称快，但也得罪了不少地方豪强。这些被打压的豪强常常伺机诋毁、打击严清。当时与四川毗邻的陕西灾害不断，有大批“陕西贼”流入四川，与地方豪强一个鼻孔出气的巡抚王廷瞻，便趁机弹劾严清“纵寇”。疏入，严清差点要被朝廷治罪，幸好四川内江人、大学士赵贞吉上疏为严清辩护：“贼起陨、陕，贻害川徼，即有罪，当罪守土臣，不宜专责巡抚。臣蜀人，深知清约己爱人，省事任怨。今蜀地岁荒民流，方倚清如父母，奈伺弃之。任事臣欲为国家利小民，必得罪豪右。论者不察，动以深文求之，顷海瑞既去，若清复罢，是任事之臣皆不免弹击，惟全驱保位得计矣。”疏奏，昏庸的隆庆皇帝不同意严清无罪。但因赵贞吉的开脱，严清得以解官候调。

万历皇帝即位后，严清立即得到起用，官职也不断得到提升，后来还当上了地位很重要的吏部尚书。万历皇帝十分倚重、尊重严清，从不直呼严清其名，只尊称“严尚书”。当时，朝野都认为严清是与海瑞、丘橓齐名的明代三大清官。明嘉靖四十一年（1562

年）壬戌科榜眼、著名学者王锡爵则认为“‘盖公’（指严清，引者注）之内行修洁与海、丘二公略同，而二公喜溪刻标异，稍暗于大体，乃公独薰然长者，色温气和，人无贤不肖贵贱皆礼接之，其亭法处议本人情、计久远，无崖岸峻物之行、谨咋抵掌之谈，以故明主眷遇尤渥，而海内至今称大人之能安国家、镇雅俗者，必首公云”。严清和他的夫人对儿孙的家教都特别严，其孙严似祖有祖父遗风，崇祯年间也考中了进士。明末清初，昆明地方父老为表彰乡贤，特在严家居住的圆通寺西侧建造了一座“世思牌坊”。

傅宗龙（1591—1641年），字仲伦，号括苍，明末昆明人。傅宗龙自幼聪明好学，明万历三十七年（1609年），己酉科云南乡试，云南首县昆明，只有四人（傅宗龙、董邦昌、徐光荣、周南）中举，傅宗龙是其中之一，而且是排名最前者。第二年，庚戌科殿试，年仅十九岁的傅宗龙又连中第三甲第四十六名进士，而这一年，全云南省只有八人中进士，昆明县只有傅宗龙一人中进士。

傅宗龙中进士后，历任铜梁知县、户部主事、御史、贵州巡抚、顺天巡抚、兵部右侍郎、兵部尚书等职。

明万历至崇祯年间，大明江山已处于风雨飘摇之中，东北女真人（后称满人）蠢蠢欲动，继而就向明朝大举进攻；中原有王二、高迎祥、李自成、张献忠风起云涌的农民起义；西南有贵州等省土司叛乱。而先后主政的万历、泰昌、天启、崇祯四个皇帝，要么身居后宫不理朝

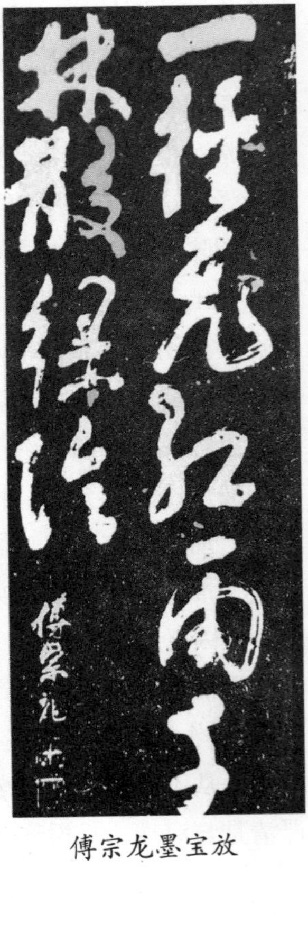

傅宗龙墨宝放

政，要么恣意放纵、沉于酒色，要么醉心木活、不务正业，要么生性猜疑、刚愎自用。精通文韬武略的傅宗龙，以天下兴亡为己任，力挽狂澜，欲扶大明江山于既倒。明天启元年（1621年），东北重镇辽阳被努尔哈赤攻破，朝廷下令募兵，傅宗龙自告奋勇请行，一个月就招募得精兵五千。次年贵州安邦彦叛乱，境内大小土酋纷纷响应，贵阳被围。四川、云南两省也有民众起事。傅宗龙向朝廷献计献策，并自请以“四川巡抚兼贵州监军”身份“灭此群丑”。天启皇帝大喜，将要按照傅宗龙的计策行事，但恰逢傅宗龙生病，未能付诸实施。天启四年（1624年）正月，贵州巡抚王三善围剿叛乱兵败身亡，朝廷启用病愈的傅宗龙为贵州巡抚兼监军，专门对付西南各地土酋的叛乱。这时叛乱的人马主要活动在黔、川、滇交界之地，此起彼伏、互相策应，单靠一省之力难以平定。傅宗龙是昆明人，对西南几省的土酋情况比较熟悉，他经过仔细分析后，向朝廷提出了平定西南各地土酋叛乱的方略。天启皇帝听从了傅宗龙的意见，重新调整了各省的军事力量和巡抚驻地，所有措施“一如宗龙议”。天启六年（1626年）傅宗龙擒斩或击败陈其愚、安邦彦等土酋，稳定了明朝在西南的统治，诏加太仆少卿。崇祯皇帝即位后，起用丁忧期满的傅宗龙为顺天巡抚，蓟辽、保定总督。由于傅宗龙“为人伉直任气，不能从谀承意”，崇祯皇帝又刻薄寡恩、生性猜疑，因此傅宗龙与崇祯皇帝之间的关系并不融洽，崇祯皇帝常以小故多次罢免傅宗龙，十多年间，傅宗龙曾几起几落，官运并不亨通。

崇祯末年，李自成、张献忠的势力越来越壮大，攻陷了明朝的许多州县，崇祯皇帝才任命傅宗龙为兵部尚书。刚一朝见崇祯，傅宗龙便大胆直陈，批评国事，说此时的国家已经到了“民穷财尽”的境地了。惹得崇祯十分不高兴。

傅宗龙任兵部尚书时，明廷的国力已经十分羸弱，再加上内忧外患，连年用兵，朝廷的物力和人力已经很难支撑了。因此布兵运粮，常顾此失彼，用人任事亦捉襟见肘。由于烽烟四起、局势危急，傅宗龙与杨嗣昌、洪承畴等大员常因意见分歧而相互攻讦。被国事烦得心情极坏的崇祯，有一次一怒之下斥责傅宗龙抗旨，将傅宗龙打入大牢。在傅宗龙关进大牢的两年间，国事越来越坏，李自成攻下了洛阳，杀了福王，杨嗣昌忧惧不已，不食而死。豫陕没有了统兵的将帅，情势更加危急，兵部尚书陈新甲又举荐傅宗龙。崇祯皇帝无可奈何，只好释放关押在牢中的傅宗龙，任命他总督陕西三边军务。这时的李自成统率有五十多万大军，兵锋已至豫东，明廷摇摇欲坠。傅宗龙知其不可为而为之，以单薄的二万兵马出击。傅军在河南孟家庄遭到重兵伏击，陷入了重重的包围。几天之后，军中食尽，傅宗龙只好杀马骡以享军用。军中的马骡被杀尽后，则“杀贼取其尸分啖之”。六天之后，“营中火药、铅子、矢并尽”，傅宗龙收拾残兵六千，突围而出，还距项城八里，被追兵赶到，傅宗龙拼死厮杀，力尽被俘。李自成的军队劫持着傅宗龙往项城而来。到城下时，李军大呼：“秦督随围官丁也，请启门纳秦督！”傅宗龙则对着城上官军大喊：“我秦督也，不幸堕贼手，左右皆贼耳！”攻城将领大怒，挥刀朝傅宗龙劈去，被劈倒在地的傅宗龙一时还未断气，他仍高叫：“我大臣也，死则死耳，岂能为贼赚城以缓死哉！”那个攻城将领又朝傅宗龙的身上砍了数刀，傅宗龙才气绝身死。傅宗龙之死传到朝廷，崇祯帝叹息不止，复官兵部尚书加太子少保，谥曰“忠壮”，荫子锦衣世千户，赐祭葬。

傅宗龙不但是一位精通文韬武略的明末名臣，他的诗文也写得很好，只可惜这些诗文大多散失。昆明西山龙门“达天阁”石道上有一个石室，石室的北侧镌刻有“览海处”三字，洞的南侧有李根源摹刻傅宗龙的一句诗“一径飞红雨，千林散绿荫”。该诗句意境幽美，对仗工稳，颇有唐诗的韵味。

雷耀龙（1602—1661年），字伯麟，号石庵，云南新兴州高仓（今玉溪市红塔区）人，自幼聪明过人，明万历四十七年（1619年）年仅17岁的雷耀龙考中进士并被选入翰林院（这一科，全云南省只有段高选、何可及、雷耀龙、贺文明四人考中文进士，而进入翰林院的却只有雷耀龙一人）。历任翰林院检讨、侍读学士、礼部右侍郎、南京礼部左侍郎、礼部尚书等职。

雷耀龙步入仕途不久，便碰到明代政治最黑暗的天启年间。明熹宗天启年间，熹宗喜做木活、荒于朝政。宦官魏忠贤专权，他在皇宫内组织成一支一万多人的宦官武装。魏忠贤凭借武力，为所欲为，培植私党，打击异己。魏忠贤还大搞特务统治，偶尔有人讲一句不满魏忠贤的话，被特务侦知，就会立即被捕，惨遭杀害，甚至剥皮、割舌头，造成极端恐怖的黑暗统治。当时以顾秉谦为首的内阁，对魏忠贤卑躬屈膝，如同奴仆。“内外大权，一归忠贤”。朝臣在路上见到魏忠贤，跪地叩头，高呼“九千岁”。全国各府州县，到处为魏忠贤建立生祠，入祠堂必须跪拜，否则就有被杀头的危险。雷耀龙目睹很多正直的官员因反对魏忠贤而死于非命，他真想扳倒魏忠贤，为这些正直的官员报仇雪恨。但他考虑到此时魏忠贤的权势正如日中天，扳倒他的时机并不成熟，何况自己官卑职小、势单力薄，只好对魏忠贤采取三不原则：不巴结奉承、不与之交往、不接受拉拢。天启七年（1627年）明熹宗病死，继位的崇祯，断然诛灭了恶贯满盈的魏忠贤。崇祯在追查朝臣与魏党来往的全部信函中，没有发现雷耀龙与魏党有任何联系，这就说明雷耀龙在魏党专权祸国期间，的确没有同流合污，是一个清白、正直的官员。于是雷耀龙得到了崇祯皇帝的格外器重，在崇祯皇帝在位的17年间，由小小的翰林院检讨逐渐荣升为礼部尚书。

崇祯年间，外有皇太极虎视眈眈，内有风起云涌的农民起义，内忧外患十分严重。雷耀龙对日渐糜烂的国事忧心如焚，他曾在

《孔公重修学宫记》中，借对孔元德政绩的赞扬提出了他的治国主张。他认为要想扭转内忧外患的困境，为政者必须“首道德，后刑威；崇文教，选武备；开粒食，恤贫困；宽肃随节，良恶异施，消患未形，边疆安堵”。但明末的国事的确是糜烂得无力回天了，崇祯十七年（1644年）三月，李自成攻入北京，崇祯自缢煤山。不久，清军入关占领了北京。雷耀龙在李自成攻入北京时，便趁乱离开北京，逃回到云南。

清朝建立后，远在云南的雷耀龙立志反清复明，他积极组织反清力量，经常与世守云南的沐氏后代黔国公沐天波共商反清复明大计。

1646年，明桂王朱由榔在广东肇庆即位，年号永历。南明永历政权联合两广、云贵等地的抗清武装共同抗清。永历十年（1656年），占据昆明的大西军领导人李定国迎永历帝到昆明，昆明成为南明最后一个政治中心，时称滇都。永历帝任雷耀龙为大学士，封李定国为晋王、刘文秀为蜀王、白文选为巩国公。永历十二年十二月，清军三路入滇，会集于曲靖。永历帝听取了沐天波的意见，率领百官西逃。雷耀龙随驾至广通，为乱兵所执，旋即病亡（一说雷耀龙跟随永历到缅甸，死于“咒水之难”）。

雷耀龙的一生著述颇多，著有《葵谷草》《逸余集》等。由于战乱，《逸余集》已散失，《葵谷草》也只有残稿幸存于族谱之中。1945年，著名学者、昆明人王灿受李鸿祥的委托，编辑《玉溪文征》。《玉溪文征》中收录有雷耀龙的诗词88首，文章3篇。

雷耀龙生于内忧外患十分严重的明末，晚年面对着破碎的山河而无力回天，内心是十分痛苦的，他只好把对祖国、对故乡的无限热爱和忧思化作一首首感人肺腑的诗歌了。他的《昆池篇》全诗73句，481字：“汉家欲拟昆明池，油幢绣鹄晚风吹。于今池上波独阔，枉度清宵鼓角时。五更鼓角三更歇，石鲸骧首窥明月。野凫画鹢寂无声，十里芙蓉连夜发。芙蓉万朵柳千条，双堤一镜照花娇。三三五五菱歌女，暮暮朝朝燕子桥。燕子桥南烟馥馥，罨画楼台冰雾縠。明霞水际郁空苍，绿鬟青黛潇湘竹。潇湘昨夜雨茫茫，不分昆湖杜若芳。日月悠悠闲出没，溪山历历自笙簧。笙簧奏罢长天碧，晴雪喷崖螺髻白。太华峰顶揖桐君，玉案山头淹羽客。羽客淹留玉案愁，海风吹断五湖秋。腻香春粉栖黄蝶，白鹿青荷傍彩鸥。彩鸥初浴青波暖，荇带蘅裳流艳满。九十七泉琼孔长，五千万顷瑶华短。瑶华丹縠会轩朱，玉笋金莲槛凤雏。绕过碧扉仍雾锁，醉余红树倩烟扶。烟扶红树岚扶鹤，露浥胭脂堆翠萼。四百八十寺云横，飞来片片归晴壑。晴壑霏微带远钟，曹溪钵底卧苍龙。珠宫绛阙疑蛟室，银涛雪浪拍虬松。雪浪银涛兰蕙沚，荻芦瑟瑟珊瑚紫。鞯鞨杯传白苎村，水晶帘挂桃花里。桃花千树武陵溪，杯亦罗浮月底迷。鸳鸯锦水秋光冷，鹦鹉芳洲曙色低。芳洲锦水伤南浦，十二峰西空暮雨。解珮江皋忆楚妃，怀仙渡口思交甫。渡口怀仙去不还，吹箫人在野萸湾。我欲从之横别渚，微风落日水潺湲。君不见：辋川图，鉴湖曲，处士孤山梅萼绿。又不见：浔江悄，归帆杳，徒悲天际孤鸿绕。何似泛星槎，歌窈窕，银河清浅寒光皎，盈盈一水两心悬，年年照彻湖天晓。”

这首洋洋洒洒的长诗，每四句一韵，内容上是一个小段落；全诗总共十八节，十八韵，辘转到底，一气呵成。诗人以瑰丽绮艳的语言，丰富多彩的修辞，酣畅淋漓的情感，缥缈奇特的想象，巧妙形象的夸张描绘滇池、赞美滇池。全诗从始到终，浩歌慷慨；字里行间，意走情奔。到处充溢着积极浪漫主义的精神，句句充满着诗人对故乡山河的热爱。难怪昆明进士、诗人李坤在《滇诗拾遗补》中盛赞：“错采镂金，亦复云谲波诡，似此惊才绝艳，而传作无多，益堪宝贵。”

雷耀龙的《玉溪杂兴》（四首），则淡墨清描，将玉溪的富饶湿润、可亲可爱随意勾勒，仿佛是一幅幅素雅的山水画："坐卧玉溪沙畔，啸歌白石江边。树头树底秋色，桥北桥南晚烟。""前溪花满草满，隔岸云宽水宽。一树高梧未老，千家明月惊寒。""溪上春迟秋早，无涯水阔山遥。在画屏风江雨，去寄参军鲍照。""一望菰蒲杨柳，万家烟雨楼台。江南何处相近，桃叶渡口归来。"

雷耀龙的《九龙池倚树问溪》别开生面，通过对玉溪九龙池的一连串发问，拓展了广阔的时间与空间，显示了辽远的宇宙意识，富于哲理、耐人深思："试问溪流几变迁，溪流曾否是桑田？浮云何事常舒展，皓月奚为也缺圆？载酒可能方亦壁，题诗若个是青莲？相逢今古人多少，哪客于君有宿缘？"

雷耀龙的《有所思》，充满着忧国忧民的情思："夜郎明月五溪愁，万里龙标一壑秋。不是青莲凭我寄，谁教翠羽倩卿收。鱼书终为归鸿妒，梅信还因放鹤谋。念此山窗幽竹好，春残黄鸟亦何忧。"

永历十二年（1658年）年底，雷耀龙预感到南明的大势已去，决心跟随永历帝西逃并准备着以身殉国，他回到他在老家玉溪杯湖村建造的杯湖亭，不禁百感交集，遂写《杯湖亭忆旧》以示诀别之心："杯湖亭上不胜思，为忆年年秋早迟。同是好花开落处，可怜明月缺圆时。参横斗转鸡鸣矣，人去台空室远而。谁道离别千古恨，悠悠此际即天涯。"

统而观之，大器早成的雷耀龙，一生清白正直、忧国忧民；诗歌无论古体还是近体，六言还是七言都写得或华美瑰丽，或清新淡雅，或意蕴深远，或沉郁顿挫。

陈玺，字太篆，号石宝，安宁人，自幼聪明过人，被称为神童。陈玺13岁，便顺利通过童试，称为安宁最年少的秀才，因此而受到督学陈应春的特别器重。明崇祯四年（1631年），20岁的陈玺考中辛未科第三甲第一百三十一名连捷进士。中进士后，陈玺初任维扬教授，后因政绩卓著，而不断升迁，官至长沅兵备。这时，湖南境内的流寇猖獗，陈玺全力围剿，湖南才得到暂时安宁。不久，因丁艰而回安宁。此后，李自成入京，清军入关，明朝灭亡。陈玺不悉做清廷的官员，隐居安宁的山林。死时，因家庭十分贫穷，而不能入殓。刺史丘公及其门人三泊令张在泽景仰陈玺的操守，捐银数十两，陈玺才得以体面地安葬。

赵瑗（1733—？），字遽叔，号检斋，昆阳州（今属晋宁县）人，自幼聪明好学。清乾隆十七年（1752年）壬申恩科云南乡试，十九岁的赵瑗考中文举人，同一年，赵瑗又考中壬申恩科殿试第二甲第五十五名连捷进士，是云南士子中科场最幸运者之一。赵瑗考中进士后，被选为翰林院庶吉士。乾隆十九年（1754年）闰四月十二日，翰林院散馆，赵瑗先后担任工部司员外郎、制造库郎中等职。赵瑗娴熟案牍，考核官吏认真求实、不徇私情、受到官员的好评和尊重。乾隆二十四年（1759年），被任命为己卯科湖北乡试正主考官，为朝廷选拔了不少人才；乾隆二十五年（1760年）被任命为庚辰科会试同考官。乾隆二十九年（1764年）被任命为河南卫辉府知府，改任归德府知府。赵瑗在知府任上，勤政爱民、廉洁自律、礼贤下士、颇有政声，后被调任为开封府知府。开封地处要冲，政务繁忙，但被赵瑗处理得井井有条、游刃有余。由于政绩卓著，任满后升任正四品的河南陈许道、陈汝道道员。

赵瑗淡泊名利，乾隆四十八年（1783年），即将跻身于三品以上高官的赵瑗，却以母丧为由，自请辞官回归故里。赵瑗回昆阳时，年仅50岁，他日以赋诗填词为乐，著有《庚山诗集》《渠川外集》等。赵瑗的诗清新淡雅，如七律《立秋后一日偕同人小憩长松山一笑亭》：“秋光先我到山亭，亭外秋山入座青。今日重来寻旧雨，故人相对似晨星。泬寥天际看无极，荦确坡头亿所经。三十年来供一笑，抚琴放鹤署新铭。”

李翊（1740—1768年），字桂圃，晋宁人，清乾隆二十二年（1757年），17岁的李翊考中第二甲第十名进士。详见《云南五大科举家族·晋宁的李氏科举家族》。

周锡章，字采川，楚雄人。幼有神童之称，12岁时入郡庠。孝友慷慨，读书喜谈经济。清嘉庆四年（1799年）己未科，20岁的周锡章考中第三甲第二十五名连捷进士，选翰林院庶吉士。嘉庆六年（1801年）四月二十日散馆，任礼部主事。不久，升任礼部员外郎。后出京任贵州镇远府知府，在知府任上清操自矢。调贵阳，勤于政治，以卓异升广东惠、潮道。当地旧有年节陋规，欲裁之，又考虑到后任抱怨，受之则又伤廉。于是只好将收到的银两钤印封交首邑库存，遇教养事，拨用之。离任时，尚余洋银六千元，拨商生息，以三千息增入膏火，二千息增入孤贫口粮，一千息增入育婴堂工食。调盐运司，经理有法。及升按察使，值盛暑，未两月，结积案二百余。尝言："我辈安居广厦，尚难受此酷热，况囹圄乎。"凡州县案到，立时讯传，无留牍。后晋升湖北布政使，举廉除贪，吏治一清。整顿沿江州县堤工水利，有益无捐。以勤慎卒于官，湖北以"名宦"祀之。

樊如杞，字仲山，楚雄人。幼年时，外表朴讷，但实际十分聪明。他年仅12岁时，便考中了秀才。清嘉庆五年（1800年）考中举人后，19岁的樊如杞便于嘉庆六年（1801年）考中辛酉恩科第二甲第三十一名连捷进士，并被选拔为翰林院庶吉士。嘉庆七年（1802年）四月十九日散馆，被外放为安肃县知县。安肃县为交通要道，徭役十分沉重，胥吏常常指一派十，民不堪负。樊如杞在安肃知县任上，悉心精核使用民夫的人数，革除各种苛捐杂税和不必要的徭役，百姓人人称颂。凡有人到衙门告状，樊如杞立刻开审，大多经过一次审讯就能做出公正的决断。凡是有人命的凶犯，樊如杞更是精心策划，在最短的时间内将其捕获。由于樊如杞处理公务精明、干练，经上司举荐，被调到直隶大兴县担任正六品的知县。大兴县为京畿首邑，旗人仗着特殊的地位，横行不法，特别难于治理。樊如杞守正不阿，对所有犯法的旗人一律绳之于法，被百姓呼为敢作敢当的强项令。任满后，被晋升为正五品的山西同知。樊如杞刚准备去赴任，却遇到母亲病故，忙回家乡楚雄奔丧。守制期满后，樊如杞考虑到仕途险恶，便决计在家乡担任教职，不再外出为官。樊如杞在家乡任掌院教授三十年，为楚雄培养了许多人才。去世时，樊家已经是一个四世同堂的大家庭了。

罗士菁（1802—1841年），字雅林，石屏人。清嘉庆二十五年（1820年）18岁的罗士菁考中庚辰科第二甲第六名进士，选翰林院庶吉士。由编修授江苏常州府知府、山西河东兵备道。罗士菁在河东任上截革陋规，政绩卓著，但未到40岁，便英年早逝。

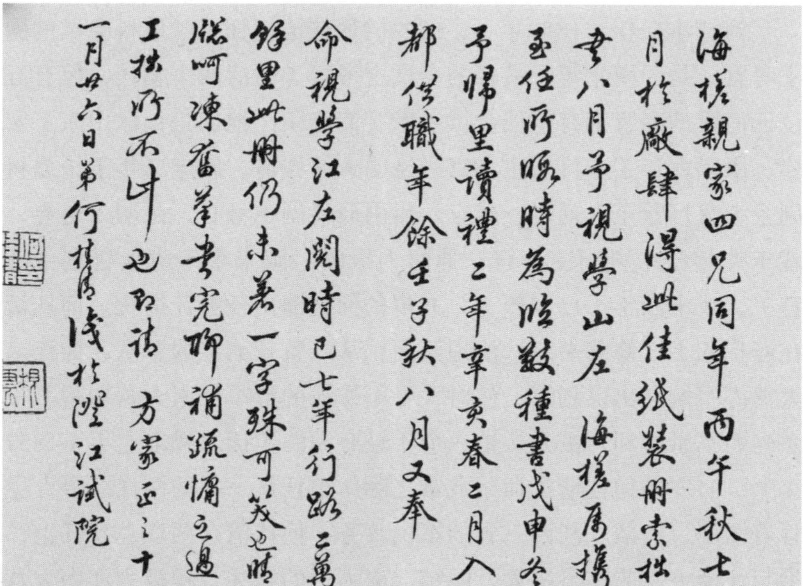

何桂清墨宝

何桂清（1816—1862年），字根云，号丛山，昆明人。何桂清自幼聪明过人，被称为神童。清道光十一年（1831年）辛卯恩科云南乡试，15岁的何桂清考中文举人；清道光十五年（1835年）乙未科，19岁的何桂清考中第二甲第四十九名进士，入选翰林院庶吉士。翰林院散馆，授职翰林院编修。

何桂清为官精明干练，才华横溢，故升迁极快。道光十七年（1837年），21岁的何桂清被任命为丁酉科河南乡试的副主考，为清代最年轻的副主考官之一。道光十九年（1839年），23岁的何桂清被任命为己亥科贵州乡试的正主考。道光二十四年（1844年）五月，在京城任太仆寺少卿（正四品）的何桂清被任命为甲辰科广东乡试的正主考。道光二十五年（1845年），年仅29岁的何桂清便官至正三品的太常寺卿；道光二十八年（1848年），32岁的何桂清担任正二品的兵部右侍郎。

清咸丰二年（1852年），63岁的何桂清担任壬子恩科会试的副主考官，是云南籍年纪最轻的会试主考官（明清两个朝代，仅有五位云南籍的高官享有担任会试主考官的殊荣。他们是：保山人王宏祚，康熙六年丁未科正主考官；昆明人何桂清，咸丰二年壬子恩科副主考官；景东人刘崐，咸丰六年丙辰科副主考官；昆明人赵光，咸丰九年己未科副主考官；通海人朱嶟，咸丰十年庚申科副主考官）。咸丰四年（1854年），38岁的何桂清出任浙江巡抚。何桂清在巡抚任上，修葺书院，治理西湖，从严整顿浙江的军队，为江南大营筹军饷和出谋划策，使对太平军作战的清军江南大营取得了一系列的军事胜利，被公认是一个年轻有为的巡抚。咸丰七年（1857年），41岁的何桂清受命于危难之际，出任从一品的两江总督，主管着江苏、安徽、江西三省的军民政务。何桂清在两江总督任上，参与江南大营的军事决策，团结江南大营的官兵，积极为江南大营筹粮、筹饷、募勇、购械，因军功卓著而先后被清廷加太子少保、太子太保衔。

喻怀仁，字近之，号少瀛，曲靖人。清道光十六年（1836年）丙申恩科第三甲第六十二名连捷进士。《新纂云南通志·名贤传》载：喻怀仁“少以节操立名，弱冠成进士，从父元升仕京师，历交贤人、长者，以才美见许。选补福建罗源令、修学校、革花会之弊，省冗吏役，躬检、薄书，所到问民疾苦，叠石渡……”著有《听秋书屋诗钞》等。

喻怀仁的五言律诗《江上郎目》，犹如一幅山水画：“静对一湾碧，湛然澄夕浑。游鱼明可数，浴鸟湿难飞。稚子敲针钓，邻家汲瓮归。此时清兴足，兀坐欲忘机。”五言律诗《高公堤晚眺》，展现了曲靖高公堤傍晚的景色：“暝色下平楚，桥西更向西。雨随云脚转，烟罩树头齐。新涨弄堤柳，疏花明野梨。泠然一磬落，深处隐招提。”

何彤云（约1824—1859年），字赓卿，号子缦，晋宁人。道光二十四年（1844年），20岁的何彤云考中第二甲第二十三名进士，咸丰年间，供职内廷，很受“恩遇”，官至户部侍郎。著有《赓缦堂杂俎》《矢音集》等。他的诗“少年傅丽”，入侍内廷，能和诗

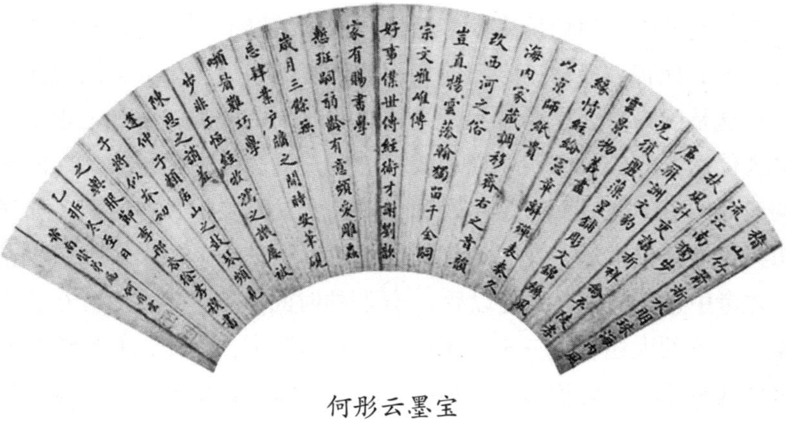

何彤云墨宝

“称旨”，故“恩遇日隆”。到中年后才步入“歧嶒”之境。诗作虽反映了当时清廷的政治腐败、资本主义列强的入侵、沿海鸦片烟毒蔓延、中国逐渐沦为半殖民地的历史情景，然而由于身居高位，站在封建统治者之立场，亦写有一些痛恨农民起义、歌颂封建盛世皇恩的诗作。他的一些感怀咏物之作，如：“乾坤犹战伐，身世愧沉浮。”（《独坐》）“连日闻伤稼，何时见洗戈。”（《蜀中述怀》）“故乡闻道犹戎马，南望飞云恨不穷。”（《久雨》）等，表现了对战争动乱之厌恶；他的一些描写云南山水的山水诗，如《石林》《滇池歌》《春晓登五华山》《晚下圆通山》等，写得清新可喜，有较高审美价值。其中写有序言的五言律诗《石林》最被后人称道。其序云：“陆凉道中有石高下卓立，大者数十尺，小者丈许，弥望成林，疏密有致，奇观也。余往来过之，辄为流连，因为四韵。”其诗曰：“入望忽森森，苍然石气深，插天青玉笏，坠地碧瑶簪。长讶镡千尺，低犹笋一寻。不逢元镇画，狮子独名林。”古体诗《滇池歌》也写得气势磅礴，如诗中有这样的句子：“滇池之水，浩浩荡荡不知几百里。白浪高于山，不风常自起。四顾惟一碧，粘天无涯涘。”

从以上13位金榜少年的人生经历可以看出，除英年早逝者和中年早退者外，他们后来大多是位居从三品以上的高官，有的还成为立德、立言、立功三不朽的伟人。金榜少年为什么大多能担任高官？这是因为：金榜少年都是绝顶聪明的人中俊杰，再加上很早就进入仕途，有较长的履职期和较多的晋升机会。中国古代文人的平均寿命约五十岁，而考中举人和考中进士又需要很长的时间（如宾川人曾高捷中举后，花了34年的时间才考中进士）。大多数37岁左右才考中进士的人，入仕以后， 任职的时间只有十年左右（在这十年中，有的人还有近三至六年的丁忧守制期），因此，有所谓“仕宦匆匆只十年”之说。而即使是一个左右逢源、精明干练的官员，要跻身于高官之列，至少需要十年以上的时间。因此，37岁以后才入仕，又不是长寿者的官员，能官至从三品以上者，几乎没有，而二十岁以下就入仕的官员，能官至从三品以上者，就较多。

距摘取状元桂冠只有一步之遥的云南进士

——兼谈状元选拔的偶然性

明清两个朝代，殿试（有的书籍也称为廷试）的第一名进士称为状元。殿试是会试之后，由皇帝亲自主持的，对会试中式贡士进行的一场考试。考试只举行一场，在当天之内结束，考试的内容为一道策问，清代时题目由皇帝钦定。考生写作的策论文以一千字为准，超过一千字不加限制。考生的试卷先由地位很高的读卷官（因殿试的主考官是皇帝，故评阅试卷的高官只能称为读卷官）仔细阅读后并定出名次（殿试对会试中式贡士的试卷不黜落，只是根据殿试的成绩重新排出名次）。明代的读卷官为十四人，清乾隆二十五年（1760年）以后，读卷官减为八人。

清代的读卷官在拟定试卷的名次后，挑选最优秀的前十名试卷呈交给皇帝（整个清代都是按照这一规矩进行的，只有两次意外。一次是乾隆二十五年，读卷官因进呈前十名试卷外，还有佳作而请示乾隆皇帝，后特许再加二份试卷；另一次是乾隆六十年，读卷的大学士和珅，以无佳卷为由，只呈交了前八名的试卷），由皇帝阅卷后亲自确定一甲三名和二甲前七名的名次。明代的读卷官在拟定试卷的名次后，究竟呈交几份试卷由皇帝钦定名次，无可靠的文献记录，但根据清代的科举制度大多沿袭明制，估计明代呈交的也是前十名试卷。明代的皇帝对前十名的试卷一般只钦定前三名，即只钦点一甲的状元、榜眼、探花三人，而清代的皇帝对前十名试卷，大多根据他们的主观看法重新钦定名次（也有基本上不改变的）。由皇帝一人重新钦定前三名或前十名的名次，就使得殿试名次的主观片面性大为增加，而客观公正性则大为减弱。因此，明清两个朝代殿试后前十名进士，每个人都有可能成为状元。

明代皇帝钦定一甲三人，不仅仅只看试卷的成绩，还要参考考生的相貌、姓名、籍贯、年龄等诸多因素。徐咸的《西园杂记》云："建文二年廷试，已取吉水王艮卷第一，及传胪，以艮貌不扬，遂以胡广易之，艮次焉。"李调元的《制义科琐记·名近暴》载：永乐"二十二年廷试，上初取孙曰恭第一，嫌其名近暴，曰：孙暴不如邢宽。遂擢第一，仍用硃书填黄榜，一时称异事。"由于永乐帝的荒唐，孙曰恭煮熟的鸭子竟然飞了，只成为了第三名的探花，而邢宽则天上掉馅饼，摘取了状元的桂冠。《制义科琐记》还云："景泰五年甲戌殿试，丘文庄公濬本拟状元，以貌寝（相貌丑陋），置二甲一名。" 由于景泰帝的以貌取人，丘文庄公濬煮熟的鸭子也飞了，而孙贤却成为该科的状元。明代朱国桢的《涌幢小品·密采状元》载：明英宗正统四年（1439年）己未科殿试，原预定状元为张和，但明英宗对预定的张和不放心，派出太监去密查，结果发现张和"目眚"（眼睛上长膜），便将张和列为二甲第一名，而钦点施槃为该科状元。故朱国桢说："先朝策士，凡鼎甲（一甲的一、二、三名称鼎甲，引者注），圣人多密访而后定。"嘉靖二十三年（1544年）甲辰科殿试后，原定吴情为状元，因吴与无同音，故而"圣上曰：无情岂宜居第一。正犹豫时，忽高悬殿幡结雷字；故圣意欲得雷姓为首，遍榜中觅之无有"，后发现有叫"秦鸣雷"者，即擢之，乃以吴为探花。（见顾鼎臣、孙祖训汇编《明状元图考》）

清代的皇帝钦定一甲三人和二甲的前七名时，虽然没有明代皇帝那样荒唐，但也有主观随意性。康熙十五年（1676年）丙辰科殿试，会试会元彭定求在殿试后被列为第三，康熙帝以“会元策末数行，有劝勉朕躬意”，于是亲擢第一（见罗有高《彭公定求行状》）。康熙二十七年（1688年）戊辰科殿试，读卷官伊桑阿等选择殿试贡士策十卷依例进呈，康熙帝改拟第二名沈廷文为第一，第五名查嗣韩为第二名，第四名张豫章为第三名（见《清圣祖实录》卷一百三十四）。乾隆二年（1737年）丁巳恩科殿试，乾隆帝亲阅进呈的十卷，召读卷官入，谕曰：“卿等所拟第四卷，策语字画俱佳，可置第一；所拟第一卷，改置第二；所拟第十卷亦佳，可置第三；所拟第二卷，改置第四；所拟第八卷，可置第五；所拟第三卷改置第六。”（见《清高宗实录》卷四十二）经乾隆帝的这一改动，原来第四名的于敏中成为了状元，原来第一名的林枝春成为了榜眼，原来第十名的任端书成为了探花。乾隆二十六年（1761年）辛巳恩科殿试，读卷官进呈的前十名试卷，第一名为江南阳湖人赵翼，第二名为浙江仁和人胡高望，第三名为陕西韩城人王杰……以前，“历科进呈卷皆弥封，俟上亲定甲乙，然后拆封。是科因御史奏，改先拆封，传集引见。”因此乾隆帝对前三名的情况已有所了解，“因特召读卷大臣，问本朝陕西曾有状元否”，对曰“未有”。“上即以三卷互易，赵为第三人及第。”其实，乾隆帝非常欣赏赵翼的策论，但他解释说：“赵翼文自佳，然江、浙多状元，无足异。陕西则本朝尚未有，即与一状元，亦不为过耳。”（以上引文见钱泳《履园丛话》卷十三）乾隆三十四年（1769年）己丑科殿试，读卷官原拟第二名的陈初哲，乾隆帝以其对策“条论切直”，擢为一甲一名。光绪十五年（1889年）己丑恩科殿试，阅卷大臣为李鸿藻、翁同龢等。李鸿藻认为张孝谦的试卷可列为第一名，翁同龢认为费念慈的试卷可列为第一名，两人争执不休，互不肯让。光绪帝闻知，很是为难，李鸿藻是朝廷重臣，翁同龢是自己的老师，两个人的面子都要照顾，于是只好和稀泥，将费念慈改为二甲第六名，将张孝谦改为二甲第二十三名，将张建勋点为状元，李盛铎点为榜眼、刘世安点为探花。光绪二十一年（1895年）乙未科殿试，读卷官按惯例把前十名的试卷进呈给光绪帝。这十份试卷中，后被钦点为状元的骆成骧试卷本排列在较后的名次，但光绪帝阅卷时，见该试卷所表达的思想较新，而且文章中有“主忧臣辱，主辱臣死”之言。时值甲午中日战争刚失败，光绪帝大为感动，遂拔置骆成骧为一甲第一名，即状元。骆成骧（1865—1926年），字公辅，原籍云南会泽，本姓李。因家境贫寒，生活过得十分艰难。骆成骧的亲生父亲认识一位叫作骆腾焕的、到会泽经商的四川资中商人，由于两人处得较好，骆成骧的亲生父亲在骆成骧七岁时，便把骆成骧过继给骆腾焕。骆腾焕把这个过继给自己的儿子改名骆成骧，并把他送到成都请名师培养。由于骆成骧聪明过人、勤奋努力，又有名师指点，所以科场考试顺利，并中了状元。但由于骆成骧已成为四川人，云南人竟与状元无缘分。

由于以上的各种原因和各种偶然，明清两个朝代的殿试，读卷官初拟的前十名试卷的名次，都有可能被皇帝有理或无理地调换，即这前十名的每个考生都有可能被钦点为状元。笔者统计，明清两个朝代的殿试，被读卷官将名次排列于前十名的云南籍进士，即与摘取状元桂冠只有一步之遥的云南人有十人之多。他们是：杨绎、张志淳、李启东、张合、张一甲、罗士菁、张晋熙、朱淳、萧培元、赵时俊。

杨绎，太和（今大理）人。明景泰七年（1456年）丙子科云南乡试考中第十二名举人，明天顺四年（1460年）庚辰科殿试考中第二甲第五名（殿试总名次为第八名）进士，官至参政（相当于如今的副省长）。杨绎为官清廉、干练、有政声。

张志淳（1457—1538年），字进之，号南园，永昌（今保山）人。明成化十六年（1480年）庚子科云南乡试第一名举人（解元），成化二十年（1484年）甲辰科殿试第二甲第四名（殿试总名次为第七名）进士。曾官选部郎、南户部右侍郎、太常寺少卿，提督四夷(译)馆(翻译机构)，谢病归，以诗书自娱，著有《南园漫录》《永昌二芳记》，《四库全书》均收录。其诗今存《春园诗》二十七首，是写他晚年生活与心绪的作品。另有《澜沧江》诗："悬崖千里插江深，古木千章蔽日荫。险极乾坤无与并，路开秦汉到于今。拨云倚树寻佳句，历井扪参豁壮心。遥指峰头堪暂息，一龛灯火记观音。"该诗对澜沧江的险奇、古道的悠远，觅佳句、豁壮心、记观音等景色及多重心绪的描绘，都有独到之处。张志淳《南园漫录》中，有《论字》《论诗》等文，阐述其对书法、诗歌的观点。对作诗，他主张以情为本；包括忠君、爱国、忧世及夫妇之情。有情则无论浑厚、悲壮哀怨足以感人；无感情，则成为无病呻吟，或如戏文，随读随泯。律诗创作，力求格高、句响、意巧、字健、语奇、深沉、明畅，避免卑弱、叫噪、雕刻、生涩、怪异、隐僻、炫露。学诗应学盛唐，特别是杜甫诗。这与当时李东阳、李梦阳等的诗歌主张一致。在《论诗》文末，他说："予于诗，自幼好之，今年八十而竟无成也，因书以学诗者。"此语既谦虚，又语重心长，耐人寻思。

张志淳事业有成、文名亦著，却能饮水思源，躬行尊师之道。相传他晋升为户部右侍郎后，奉旨回乡扫墓，永昌官绅皆骑马乘轿出城相迎。进入城区后，张志淳突然看见启蒙恩师杨务本右手提束松毛卷，左手叼起蓝衫两角，不知兜着什么东西，急忙下轿恭行面师之礼，并以锦绣官袍为兜接过老师衫中兜的白米，然后又接过用作燃料的松毛卷，恳请老师上轿，自己则替恩师提薪兜粮相送。来迎接张志淳的官绅见张侍郎如此尊师，只好下轿、下马跟随张志淳行走。

李启东，字元叔，楚雄人。李启东自幼聪明过人，读书过目成诵，有神童之称。明嘉靖十年（1531年）辛卯科云南乡试，李启东考中第三名举人。嘉靖十一年（1532年）壬辰科殿试，原拟定李启东为一甲一名，即状元。后来，嘉靖帝又以云南太边远，不宜点状元为由，将李启东抑置为第二甲第一名进士，即殿试总名次的第四名，这一名进士称为“传胪”。明嘉靖皇帝的这一荒唐行为，既有愧于有雄才大略、高瞻远瞩的祖先明太祖朱元璋，又与有全局观念的后来者乾隆皇帝形成了见识高下的鲜明对比。明洪武二十七年（1394年）甲戌科殿试，朱元璋得知路途十分遥远，平定只有十二年的云南，居然有一个名叫李特的昆明人，第一个考中了进士，十分高兴。他于百忙中抽空在便殿单独召见了这位第三甲第四十八名进士。朱元璋亲切地询问李特的各种情况，对李特大加勉励，并赏赐了许多东西给李特。他认为李特的名字不太好，亲自给李特赐名为李忠。清乾隆二十六年（1761年）辛巳恩科殿试，原拟江南阳湖人赵翼为第一名，但当乾隆帝得知陕西至今还无人考中状元，出于对全局的考虑和对陕西人的鼓励，乾隆帝就把排名第三的陕西韩城人王杰点为状元。

李启东在当时和后来是否知道状元桂冠失落的真相，我们无法知道。我们仅仅知道：李启东既是云南人中最会考试的考手，又是一位很清廉的清官。他乡试考中第三名举人，第二年又考中云南科举史上名次最高的连捷进士；他守己正，束下严，无论是在兵部任武选主事，还是在南京任礼部郎中，都是廉洁的楷模；他积劳成疾卒于官，死后无积蓄，仅留下《选法纪律节要》《崇俭戒奢篇》等著作。

张合（1506—？），字懋观，号贲所，永昌（今保山）人。成化甲辰科进士张志淳的次子。张合自幼就很聪明，相传“目有夜光，九岁能赋诗”。十六岁时考中云南乡试第一名，即解元；二十六岁时又考中第二甲第六名进士。历任户部主事、吏部稽勋员外、贵州参议、湖广副使等职。

刘文征《滇志·乡贤》说：张合“以疾归，是年卒。性嗜学，手不释卷。善书画，权贵造请，辄谢却之。居乡，不谈公府事。府中查夷田，人心汹汹，乃为书五千言达之当路，竟寝”。张合一生著有《贲所诗文集》《宙载》等著作，多散佚。民国十三年（1924年），有学者从省外转抄《宙载》残本，收于云南丛书。其后，辑其诗五首、文五篇于《永昌府诗文征》。张合在《履影诗序》中说：“嘉靖癸未（嘉靖二年，1523年）予由贵州、荆襄至京师，及丙戌（嘉靖五年，1526年）由闸河入南都，达大江、涉洞庭而南归，凡往来于道者将一载，所见皆可叹可愕可惊可悲。予虑夫见则存而久则忘也，乃择其尤者为图二十三，附以诗，名曰《履影》。”由此可以看出：张合还是一位能诗善画的多面手。张合的山水诗风怀雅抱、清隽有致，如《履影》中有这样一首七绝：“泸溪道路迴逶迤，厚樾浓荫翠欲迷。行尽万山无过客，鹧鸪时共子规啼。”

张一甲，字退叔，号菉君，石屏人。明崇祯十三年（1640年）庚辰科第二甲第二名进士。据载，殿试的那天，崇祯帝奇其名，遂置二甲第二名。召对某事，召射天坛，授礼部主事，旋除本部郎中、四川叙马炉兵备道。这时流寇在四川到处抢劫，张一甲设计捉拿了几名要犯杀之。革除南溪里甲积弊，雪张锴冤狱，擒拿合江妖贼特别干得干净利索。甲申之变，捐俸募兵四千许，北向勤王，会丁内艰归。前奉命入蜀时，有孤臣远出，恋关情深，疏条奏，慎名器，覃实爱存大体。戒浮言，杜异教，五事仕蜀，振兴文教，士风丕变。生平笃忠义，重气节，乱世不渝。后学私谥忠介。

张一甲有《古柏山房稿》《止园集》等著述传世，他的七言律诗《乾阳山》，描写石屏北城外景色优美，宛若仙境的乾阳山：“峭壁峨峨石径通，乾阳古洞半山中。溪边流水岩前绿，谷口桃花雨后红。变幻烟云分远近，升沈日月自西东。登临到此疑仙境，奚问蓬莱第一宫。”

罗士菁（1802—1841年），字雅林，石屏人。清嘉庆二十五年（1820年）庚辰科第二甲第六名进士，选翰林院庶吉士。由编修授江苏常州府知府、山西河东兵备道。罗士菁在河东任上截革陋规，政绩卓著，但未到40岁，便英年早逝。

张晋熙，昆明人。道光三年（1823）考中癸未科第二甲第四名进士。张晋熙为官精明干练、廉洁爱民、政绩卓著、声震朝野。后官至从二品的河南布政使，为清代中后期著名高官。

朱淳（生卒年不详），初名峤，字瀛山，石屏人。嘉庆年间优贡，道光辛巳（1821年）科举人。己丑（1829年）科与朱家学、朱丹木二叔父同取进士，中二甲第一名（传胪），为清代云南进士中甲次最高者，钦点翰林院庶吉士，授编修。任国史馆纂修、武英殿纂修。丙申（1836年）会试，同考官，武会试作内监试。丁酉（1837年）顺天乡试监试。历掌河南、湖广道监察御史。巡视西

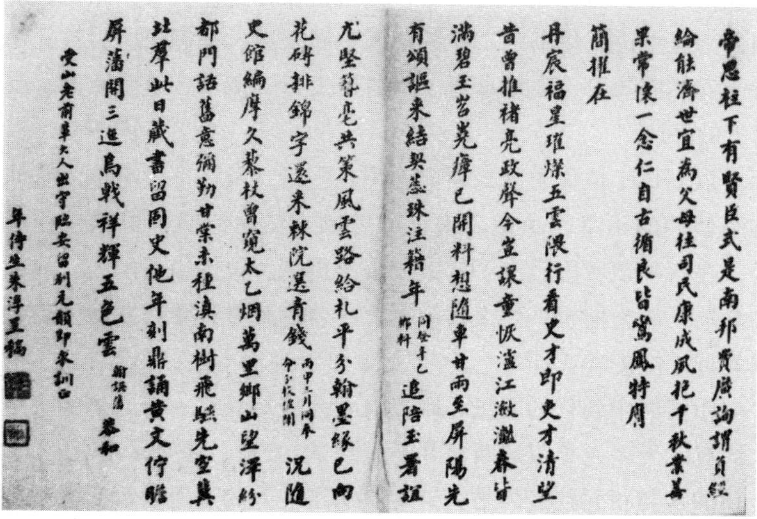
帝恩柱下有賢臣式是南邦賈廣詢謂貢綬
綸能濟世宜為父母桂司民康成風把千秋業善
果常懷一念仁自古循良皆當鳳特周
簡推在
丹宸福星璀燦五雲隈行看史才即史才清望
昔曾推褚亮政聲今宜課童恢瀘江激灔春皆
滿碧玉岩堯庠已開料想隨車甘雨至屏陽先
有頌謳來結契甚珠注籍年 同登壬己咋科 追陪玉署誼
尤堅蓉亳共策風雲路給札平分翰墨緣已向
花磚排錦字還來秫院選青錢 丙申三月同本命分校復闈 況隨
史館編摩久慕杖曾窺太乙烟萬里鄉山望澤紛
都門話舊意彌勤甘棠未種滇南樹飛驂先空冀
北羣此日藏書留國史他年刻鼎誦黃文佇瞻
屏藩開三進鳥戰祥輝五色雲 謝撫藩 恭和
費山老前輩大人出守臨安留別元韻即求訓正
年侍生朱淳呈稿

朱淳墨宝

域吏、兵科给事。外任浙江金华府知府。历署绍兴、宁波、温州等府知府，所到有政声，在宁波“时值英人通商，兵火之后，中外杂处。朱淳招抚流亡，尽心教化，阴除汉奸。遇事持正，遂使中外相安，疮痍渐复，海疆宴然。以劳卒于官”。朱淳生前喜好书法。乾隆以后滇中书法都宗钱南园，惟朱淳直追蔡邕、苏东坡，独树一帜。

萧培元，字钟之，昆明人。清道光十九年（1839年）己亥科云南乡试，萧培元考中第一名举人（解元）。清咸丰二年（1852年）壬子恩科第二甲第四名进士（殿试总名次的第七名），是一位与状元桂冠只差一步之遥的人物。选翰林院庶吉士，咸丰三年四月二十二日散馆，授职翰林院编修，官至山东济南府知府。著有《思过斋集》等。

赵时俊，字秀升，浪穹（今洱源）人。清咸丰五年（1855年）乙卯科云南乡试考中举人，直到同治十年（1871年）辛未科殿试，才考中第二甲第五名（殿试的总名次为第八名）进士，是一位大器晚成的人才。赵时俊中进士后，被选为翰林院庶吉士，因丁忧而回归云南，主讲五华书院。守制期满，回京城，补御史。后被任命为贵州安顺府知府，政绩卓著。赵时俊工行、楷书，笔意清健，受到时人的好评。

以上这十位优秀的云南人，阴差阳错，最终都没有成为状元，这是他们的不幸，也是云南人的遗憾。然而他们都根据自身的优势，在各种领域里做出了或大或小的贡献。他们中有的人，要么人品高洁，成为楷模；要么政绩卓著，名传政界；要么功勋显赫，声震朝野；要么学问渊博，蜚声文坛；要么兼而有之，流芳千古。

明清两个朝代的殿试，距摘取状元桂冠只有一步之遥的进士，大约有一千多人（明清两代共举行殿试201次，如果每次有9人，共有1809人与状元桂冠失之交臂）。从这些人的遭遇来看，殿试与乡试、会试相比最欠公平、公正。殿试之所以最欠公平、公正，原因大约有以下两点：其一，乡试、会试的考卷都是经专门誊录书手用硃笔誊写后的硃卷，不是考生原来写的墨卷，考官无法根据考卷的笔迹徇私情，也不会因为试卷书法的优劣影响到试卷的取舍和名次的前后。而殿试的试卷是未经誊录书手誊写的考生原卷，这就给个别人品不好的读卷官根据试卷的笔迹徇私情开了方便之门。另外，明清两代的读卷官都有比较看重书法的传统，书法好的试卷排名就会靠前（他们拟定的前十名试卷，肯定是书法最漂亮的，而不一定是策论写得最有见地的），殿试考的是策论的好坏，而不是书法的优劣，这就影响到了殿试结果的公平、公正。其二，乡试、会试的录取和所定的名次，是众考官集体智慧的结晶，并经过正副主考（或正副总裁）的认真比较，反复斟酌共同确定的，考官的行为还受到大小官员和参考士子的严密监视和苛刻问责。特别是会试，是在皇帝眼皮底下进行的，京城的大小官员、参考的众多举人、皇帝派出的众多耳目都密切地监视着考官的一举一动，会试录取贡士后的排名还要受到殿试的最后检验。因此，在一般的情况下，两试录取的士子和所排的名次都是很公平、公正的。例如清乾隆六十年（1795年）乙卯科会试，正总裁是左都御史窦光鼐，副总裁是翰林学士瑚图礼和礼部侍郎刘跃云。窦光鼐为朝野公认的饱学之士，但又是一个固执己见、意气用事的人。他选拔的会元和第二名贡士为浙江籍的王以铻和王以衔两兄弟。其他考官认为兄弟二人一个是第一名，一个是第二名，不太妥当，容易招致他人的议论。他却说："我论的是文章，不管他们同为浙江籍，更不管他们是否是亲兄弟。"会试放榜后，果然有不少的人议论纷纷。和珅则向乾隆皇帝奏报说：窦光鼐曾先后三次担任浙江学政，他不听其他考官的劝告，坚持选浙江籍的两兄弟王以铻和王以衔为第一名和第二名，必是在徇私情。乾隆帝听信了和珅的奏报，下令今科的会试要进行复试。王氏两兄弟因听到很多人对他们的议论，复试时不免很紧张，复试都没有考好。结果弟弟王以衔被列为二等第四名，哥哥王以铻的排名更后，竟被列为三等第七十一名，于是舆论大哗，都认为窦光鼐徇私舞弊。于是，乾隆帝下令将王以铻的会试卷进行磨勘（即多人复核试卷）。磨勘的官员以为乾隆帝有意要严惩窦光鼐，便对王以铻的试卷进行吹毛求疵的批评，有人认为王以铻的试卷“肤浅失当”，有人认为王以铻的文章荒谬不通。出于好奇心，乾隆皇帝把王以铻的试卷调来仔细观看，却认为王以铻的考卷不错。但为了平息风波，乾隆皇帝还是命窦光鼐以四品休致，即勒令退休，另外两位副总裁也各降了四级，还取消了王以铻的殿试资格。没想到后来殿试的第一名竟是王以衔，推荐人是学问渊博的纪晓岚，而核定人竟是这场科场风波中跳得最高的和珅。乾隆帝见结果如此，哈哈大笑，召和珅、纪晓岚问话：“尔二人与王以衔有私乎？可见外间传闻不足信！”结果王以衔仍被点为该科状元。这场风波的如此结局，足以说明窦光鼐并没有徇私舞弊，他的取士标准和取士眼光与和珅、纪晓岚是完全一致或基本相同的。而殿试的前三名或前十名的最后确定，是由不受约束的皇帝一人“圣衷独断”，独断的结果就容易出偏差。明清两代，文化素质和判卷水平高于读卷官的皇帝并不多，特别是明代的皇帝，尽职、敬业者并不多，而性情乖张、玩忽职守者则较多，再加上明代的皇帝文化素质普遍低下，这就使得由皇帝钦定的殿试名次不一定合理。

由于以上两个原因，致使状元的选拔有时带有主观性、片面性、偶然性。因此，状元的含金量一般不如会试第一名会元的含金量高，而这一现象在明代则表现得更为突出。当然，状元毕竟是经过童试、乡试、会试、殿试层层严格的考试选拔出来的，因此状元虽然不一定是那一科殿试最优秀的考生，但一定是那一科殿试很优秀的考生。

从云南文进士的地区分布看
富民县古代的教育

中国封建王朝设科举考试用以选拔官吏的制度，始创于隋，形成于唐，延续到了清末。云南由于太边远，且长期处于地方割据的状态，一直到元朝才推行开科取士的制度。明清两代的科举考试分为四级：院试，考取者称为生员，俗称秀才；乡试，考取者称为举人；会试，考取者称为贡士；殿试，考取者称为进士。

明清两代是云南文化、经济长足发展的两个朝代。这两个朝代，云南的知识分子士绅阶层迅速崛起、壮大，对边远、封闭、落后的云南产生了深远的影响。而知识分子士绅阶层的崛起、壮大又与明初汉族大规模移民云南以及科举取士密切相关。较保守地估计，明代大约有300多万汉族移民云南，这些移民使云南以少数民族为主体的民族结构发生了根本的变化，也使云南原先薄弱的汉文化逐渐占据了主导的地位。云南明代的科举考试，乡试始于明洪武二十二年（1389年）己巳科，这年到应天府（南京）参加乡试的云南人有李忠、杨嵩两人中举；会试始于明洪武二十七年（1394年）甲戌科，这年参加会试的云南举子，有昆明人李忠中进士。此后，云南的举人、进士群体便逐渐壮大，一些科甲鼎盛的州县还出现了科举世家和科举家族。清光绪三十一年（1905年）诏停科举，云南也和全国一样废除了科举考试。云南科举取士的确立和发展，大大促进了云南儒学的提高。

明清两代，全国共举行会试和殿试考试201科，云南仅有数次未参加考试。明清两代的会试和殿试，全国共取文进士51624人，云南籍（包括在云南的外省籍人士的后代）举子共有962人（明代264人，清代698人）中文进士（元代的云南只有五个昆明人中文进士）。笔者收集资料多年，经过较细致地整理、划分，大体上可以把这962个文进士的籍贯按云南如今的行政区划归属于下（具体人名略）：

昆明市的盘龙、五华、西山、官渡四区，明清两代都属于昆明县。昆明县明代有52人中进士，清代有166人中进士，明清两代共有218人中进士，居全省州县之首。明清两代，昆明出现了很多个科举世家和科举家族，其中以倪恩龄为代表的倪氏家族最庞大，是云南最大的科举家族之一。倪恩龄，清光绪二年（1876年）丙子科连捷进士，翰林院编修，官至南昌知府，清末著名清官和书画家。倪氏一族，出了8位举人、8位进士、2位翰林。

大理市是由明清时期的太和县、赵州（今大理凤仪镇）合并而成的。太和、赵州二州县明代有42人（太和县40人、赵州2人）中进士，清代有72人（太和县51人、赵州21人）中进士，明清两代共有114人中进士。明清两代，大理有以张其仁为代表的科举家族。张其仁，清道光六年（1826年）丙戌科进士。张氏一族，出了2位举人、10位进士。

石屏县，明清时期称为石屏州。石屏州明代有9人中进士，清代有53人（55人次）中进士，明清两代共有62人中进士。石屏的张汉，康熙五十二年（1713年）的癸巳恩科中第三甲49名进士。乾隆二年（1737年）的博学宏词科，张汉又中第二等第三名。这一科是乾隆元年的补试，全国共取一等一名，二等三名。石屏的袁嘉谷，光绪二十九年（1903年）癸卯科中第二甲62名进士；同年举行的经济特科，袁嘉谷又中第一等第一名，即中了经济特科状元。明清两代，石屏出现了很多个科举世家和科举家族，其中以朱淳为代表的朱氏家族最有名望。朱淳，清道光九年（1829年）己丑科第二甲第一名进士，翰林院编修，官至知府。朱氏一族，出了6位举人、6位进士。

建水县，明代称为建水州，清代改称为建水县。由于临安府的府治在建水，民间也称建水为临安府。建水明代有27人中进士，清代有33人中进士，明清两代共有60人中进士。明清两代，建水最有名的科举世家是以倪高甲为代表的倪氏科举世家，建水倪氏与昆明倪氏是一个家族。倪高甲，清乾隆十九年（1754年）甲戌科进士，官至盐运司运使。倪高甲的两个儿子都中进士，都被点为翰林。从前的建水城曾立有“一门三进士，同胞两翰林”的牌坊。倪氏一族还出了2位举人。

保山市的隆阳区，明代称为金齿司、保山县，清代称为保山县。由于永昌府的府治在保山，民间也称保山为永昌府。保山县明代有23人中进士，清代有15人中进士，明清两代共有38人中进士。明清两代，保山最庞大的科举家族是以闪仲俨为代表的闪氏家族。闪仲俨，明天启五年（1625年）乙丑科进士，翰林院庶吉士。闪氏一族，出了10位举人、1位进士。

晋宁县由明清时期的晋宁州和昆阳州合并而成。晋宁、昆阳二州明代有4人（全为晋宁州人）中进士，清代有31人（晋宁29人，昆阳2人）中进士，明清两代共有35人中进士。明清两代，晋宁最显赫的科举世家是以李因培为代表的李家。李因培，清乾隆十年（1745年）乙丑科进士，翰林院编修，官至湖北巡抚。云南有民谣：“才高八斗李因培，字压两江马汝为”。李因培的两个儿子、一个孙子都中进士，都被点为翰林，为祖孙三代四翰林的科举世家。此外，李家还出了3位举人。

鹤庆县城是明代鹤庆军民府的府治，清代的鹤庆称为鹤庆州。

鹤庆明代有15人中进士，清代有13人中进士，明清两代共有28人中进士。

通海县由明清时期的通海县和河西县合并而成。通海、河西二县明代有7人（通海4人，河西3人）中进士，清代有20人（通海17人，河西3人）中进士，明清两代共有27人中进士。

楚雄市，明清时期称为楚雄县。楚雄明代有4人中进士，清代有22人中进士，明清两代共有26人中进士。楚雄人李启东，明嘉靖十一年（1532年）壬辰科中第二甲第一名进士，该名次称为“金传胪”。据文献载，壬辰科殿试原拟李启东为第一甲第一名即状元，后来嘉靖皇帝又以云南太边远，不宜点状元为由，抑置为二甲第一名。

巍山县，明代称为蒙化府，清代改为蒙化直隶厅。明代蒙化有8人中进士，清代有16人中进士，明清两代共有24人中进士。

蒙自县，明代有1人中进士，清代有23人中进士，明清两代共有24人中进士。明清两代，蒙自首屈一指的科举世家是以尹壮图为代表的尹家。尹壮图，清乾隆三十一年（1766年）丙戌科进士，翰林院庶吉士，官至内阁学士兼礼部侍郎，为清代名臣。尹壮图的父亲、堂弟、儿子都是进士，都被点为翰林，被称为“一门四翰林”。此外，尹氏一族还出了10多位举人、3位进士，总共为6位进士。

澄江县，明清时期称为河阳县。河阳县明代有5人中进士，清代有19人中进士，明清两代共有24人中进士。

曲靖市的麒麟区，明清时期属于南宁县的地盘。南宁县明代有12人中进士，清代有11人中进士，明清两代共有23人中进士。

洱源县是由明清时期的浪穹县（治所在今洱源县城）和邓川州（治所在今洱源县邓川镇）合并而成的。浪穹、邓川两州县明代有4人（邓川2人，浪穹2人）中进士，清代有15人（浪穹8人，邓川7人）中进士，明清两代共有19人中进士。

华宁县，明清时期称为宁州。宁州明代有8人中进士，清代有9人中进士，明清两代共有17人中进士。

安宁市，明清时期称为安宁州。安宁明代有6人中进士，清代有9人中进士，明清两代共有15人中进士。安宁人杨一清，明成化八年（1472年）壬辰科中第三甲第九十五名进士，官至左柱国、华盖殿大学士，是云南籍进士中任职品位最高的人。

呈贡区（原为呈贡县）明代有1人中进士，清代有13人中进士，明清两代共有14人中进士。

剑川县，明清时期称为剑川州。剑川明代有8人中进士，清代有4人中进士，明清两代共有12人中进士。

玉溪市的红塔区，明清时期属于新兴州的地盘。新兴州明代有2人中进士，清代有10人中进士，明清两代共有12人中进士。

祥云县，明清时期称为云南县。云南县明代有2人中进士，清代有8人中进士，明清两代共有10人中进士。

峨山县，明清时期称为嶍峨县。嶍峨县明代没有人中进士，清代有10人中进士。

江川县明代没有人中进士，清代有9人中进士。

宾川县，明清时期称为宾川州。宾川州明代有1人中进士，清代有8人中进士，明清两代共有9人中进士。

丽江市的古城区和玉龙县，是明代通安州、宝山州、巨津州的地盘。清代，通安州、宝山州、巨津州又合并成为丽江县。清代的丽江县有7人中进士。

姚安县，明清时期称为姚州。姚州明代有2人中进士，清代有5人中进士，明清两代共有7人中进士。

大姚县（含白盐井）明代有1人中进士，清代有6人中进士，明清两代共有7人中进士。

会泽县明代称为东川军民府，不属于云南管辖。清代称为会泽县，有7人中进士。

宜良县明代没有人中进士，清代有7人中进士。

开远，明清时期称为阿迷州。阿迷州明代有4人中进士，清代有2人中进士，明清两代共有6人中进士。

永胜县，明代称为北胜州，清代称为永北直隶厅。北胜州明代有1人中进士，永北直隶厅清代有5人中进士，明清两代共有6人中进士。

弥勒县，明代称为弥勒州，清代改称为弥勒县。弥勒明代有1人中进士，清代有5人中进士，明清两代共有6人中进士。

文山县，明代还未设县，称为教化三部长官司，清代始称文山县。长官司明代没有人中进士，文山县清代有5人中进士。

昭通市的昭阳区，明代不属于云南管辖，清代称为恩安县。恩安县清代有5人中进士。

腾冲县，明代称为腾越州，清代改为腾越厅。腾越明代有3人中进士，清代有2人中进士，明清两代共有5人中进士。

易门县明代没有人中进士，清代有5人中进士。

沾益县明代是沾益州的一部分。沾益州明代有3人中进士，清代有1人中进士，明清两代共有4人中进士。

嵩明县，明清时期称为嵩明州。嵩明州明代有2人中进士，清代有2人中进士，明清两代共有4人中进士。

禄丰县，明代有1人中进士，清代有3人中进士，明清两代共有4人中进士。

泸西县，明代还未设县，清代称广西直隶州。广西直隶州清代有4人中进士。

广南县，明代还未设县，与富州（今富宁）合称广南府；清代始设宝宁县。宝宁县清代有4人中进士。

石林县，明清时期称为路南州。路南州明代没有人中进士，清代有3人中进士。

马龙、陆良（明清为陆凉州），明代各有1人中进士，清代各有2人中进士，明清两代共有6人中进士。

景东县，明代称为景东府，清代改为景东直隶厅。景东明代没有人中进士，清代有3人中进士。

云龙县，明清时期称为云龙州。云龙明代没有人中进士，清代有3人中进士。

永善县，明代不属于云南管辖，清代有3人考中进士。

富源县，明代称为平夷卫，清代称为平彝县。平夷卫明代有1人中进士，平彝县清代有1人中进士，明清两代共有2人中进士。

镇雄,明代不属于云南管辖，清代有2人中进士。

寻甸、元江（明代为奉化州）、南华（明清为镇南州）明代无人中进士，清代各有2人中进士，清代共有6人中进士。

凤庆，明清时称为顺宁。明代有1人中进士，清代有1人中进士，明清共有2人中进士。

彝良县明代不属于云南管辖，清代称为彝良州。彝良清代有1人中进士。

牟定县，明清时期称为定远县。定远县明代有1人中进士，清代没有人中进士。

富民、双柏（明清为南安州）、宣威、罗平、师宗、普洱市翠云区（清代为思茅厅）、镇沅这七地明代都没有人中进士，清代每地各有1人中进士，共有7人中进士。

若以明清时期的府为统计进士的单位，排列在前三名的是：府治在昆明的云南府，明代有68人中进士，清代有233人中进士，明清两代共有301人中进士；府治在建水的临安府，明代有57人中进士，清代有150人中进士，明清两代共有207人中进士；府治在大理的大理府，明代有49人中进士，清代有105人中进士，明清两代共有154

人中进士。

必须指出的是：这一项进士人数统计，即以如今行政区划为依据的统计，是不可能绝对准确的。这主要有三大原因：

第一个原因是，云南明代有许多军事移民的卫所，如云南府的府治昆明就有左卫、右卫、中卫、前卫、后卫、广南卫；临安府的府治建水就有临安卫，以及隶属临安卫的通海御、新安守御千户所。云南府的六个卫，其驻扎和屯田的范围，肯定会超出昆明县的地盘；临安卫的屯田，除建水之外，石屏、通海、宁州等州县都有，通海御、新安守御千户所则分别驻扎在通海和蒙自。这些在外地驻扎和种田的官兵后代，中了进士，其籍贯就颇有争议。旧时编县志、州志的文人，为了给各自的家乡增添点光彩，都会把这些进士归入各自的州县。这样就会出现同一个进士，他的原籍（指统领他们的父辈的高层军事机构“卫”，这个机构一般都在府治所在地）和他的实际居住地，都会把他收编进志书里。笔者统计各州县的进士时，为避免重复计数，花费了许多功夫剔除。如康熙年间编纂的《蒙自县志》，就说蒙自明代有9人中进士。仔细阅读这本县志，就发现这9人中有8人是新安所人。位于蒙自县城东南约5公里的新安守御所是明正德十四年（1519年）调临安卫中所的官兵而建立的。这些官兵的后代中了进士，其籍贯到底归属于建水州还是蒙自县，就连编纂于明代天启年间的《滇志》都不好处理，只好把他们列入属于府级的军事机构“临安卫”了。如今，明代的卫所机构早已不存在了，鉴于建水近年编写的许多书籍都说，建水明代有32人中进士（其实肯定没有这样多，即使把新安所的8人也计算在内，充其量也只有27人），我也只好把这8个或许应该属于蒙自县的进士，权且归入建水籍了。

第二个原因是，明清两代除中式的进士外，皇帝还可以钦赐进士。云南省编写得较好的县志都把中式进士和钦赐进士严格区分开，如《石屏县志》就写明，清代55个进士中有两个进士是钦赐，《通海县志》也旁注清代通海、河西两县的12个进士中有5个进士是钦赐。而也有很多县志是中式进士和钦赐进士不分的。这也影响了统计结果的准确性。

第三个原因是，从明代到如今，有许多地方行政区划多次改变或改变很大，这也给确定某个进士的籍贯带来了很大困难。如明代的鹤庆府，府治鹤庆不设州县，只下辖剑川州和顺州（今永胜顺州），到了清代才有属于丽江管辖的鹤庆州。

把云南省中进士的总人数分别落实到明清各州县和如今最新的行政区划内，虽然很难做到绝对准确和各地都很满意，但我觉得这项划分工作仍然是很有意义的。因为962名进士这个总数是大体准确的，即使划分到个别行政区的进士人数略有出入，但除蒙自外，出入也不可能太大。这样，就能够较准确地反映出明清两代汉文化在云南各地的发展情况。

通过这项划分工作，笔者还从中得出这样一个结论：凡是中进士较多的地方，都是明代吸纳汉族移民特别是军事移民较多的地方，这些地方要么是省城，要么是府治，要么是与省城、府治毗邻的州县，要么是省城、府治之外的交通要冲、军事重镇。这些城镇、交通较方便、信息较灵通、经济条件较好，地方当局也比较重视教育。为了证实笔者的这一看法，特举例说明如下：

昆明既是明清两代云南府的府治，又是云南省的省城。在元代，它便仰仗全省的政治、经济、文化、交通中心的优势，最早修建文庙、开设庙学。元代云南全省仅有五人中进士，而这五个人全是昆明人。到了明代，昆明又是全省外来汉族移民最多的地方。深厚的文化底蕴和教育基础，位居省城的许多优势，再加上明初来自江南、中原的大批高素质的汉族移民，明清时期昆明出现科甲特别鼎盛的局面，便不足为奇了。

大理是南诏国的故都，汉文化传入大理也很早。明清时期大理是大理府的府治，明代大理的外来汉族移民也较多，仅大理卫的官兵就有一万五千多人，加上官兵的家属，人口不会下五万。大理的土著民白族，由于与迁入的汉族直接接触，与昆明等地汉族聚居区联系的加强，所以，白族便在以往吸收汉族文化以发展本民族文化的基础上，更为迅速而广泛地吸收汉族文化，使白族文化的发展水平趋于与汉族相一致的状态。明正德《云南志》卷三大理府《风俗》说："郡中汉、僰人，少工商而多士类，悦其经史，隆重师友，开科之年，举子恒胜他郡。"

建水在明代以前，还是一个汉文化十分落后的边城。明洪武十五年（1382年），明朝改元代的临安路为临安府，治所从通海移到了建水，并有大批汉族军事移民从江南、中原进入建水。这些外来汉族人口，人数之多大约仅次于进入省城昆明的外来汉族了。外来汉族把先进的生产方式带到了建水，促进了当地经济的迅猛发展，以建水为中心的临安府很快便发展成为一个十分富饶的大府，因此，民间有"金临安，银大理"之说。建水的汉文化，虽然传入的时间比昆明、大理、保山等地晚得多，但发展速度却是云南最快的地方。究其原因，当然是多方面的，但这肯定与明洪武年间文学名士王奎、韩宜可被贬谪至建水，曾在文庙的读书台讲学达十六年之久，建水本地和附近州县的读书人都来听他们讲学，有很大的关系。王奎，字景常，松阳（今浙江省遂昌县）人，明初任山西右参政。韩宜可，名伯时，号五云，会稽（今浙江省绍兴市）人，明初任山西布政使。《滇史》中说："二公（指王、韩二人）皆博学宏才，诗文高古，滇人多从之游。后皆召还。临安文风二公倡之，郡中至今崇祀。"

《滇史》的编纂者是诸葛元声，也是明代人，他对王韩二人的评价应该是可信而客观的。明正德年间编纂的《云南通志》也说：

“初，临安人不知学，自二公来相与讲论赓唱，郡中子弟翕然从之，于是文教始兴，至今犹景仰焉。”

石屏与临安府治建水毗邻，距府治仅有60公里。石屏庙学开设也较早，据明代编修周洪谟编纂的《庙学记略》说：“云南距京师几万里，石屏一州又在南数百里，其学创于元至正年间（1341年—1368年），元末颓废。国朝二十二年（1389年）始复建庙学。”明朝派任石屏的历任知州大多奉行“治国之道，教育为先”的旨意，开化边疆，启迪文明。洪武二十二年在任的石屏知州，在城内重建文庙，使毁于兵祸的庙学又得以恢复，景泰年间（1450年—1456年）石屏知州任彬（四川苍溪人，落籍于石屏）在任期间设置社学，教授民家子弟，使地方教育日兴。正德年间（1506年—1521年），石屏知州余秉清（江西奉新人）也十分注重地方教育，公务之余常到学宫，“口授经义，令诸生以次诵读”。嘉靖年间（1522年—1566年），石屏知州甘珂（江西丰城人）捐俸修学宫。嘉靖十三年（1534年），甘珂又在城北郊外乾阳山南麓，创建龙泉书院（此书院直到清末都是石屏培育人才的摇篮）。万历年间（1573年—1620年），是石屏地方教育大发展的时期。这一时期，知州冯应鳌（广东香山人）在石屏城内创建州前书院；知州萧廷对（江西泰和人）在蔡营创建五亩书院，在宝秀创建张本寨书院、宝山书院、秀山书院（后改文昌书院），此外，还在石屏创建了崇正书院。仅明朝一代，石屏就有大小书院达八座之多，占全省50多个书院的15%。

清代，石屏的教育在明代的基础上又得到更进一步的发展。其原因不外乎从朝廷到省、府、州的地方官员都更加重视教育；地方士民尝到了读书的甜头；重教兴文的风气越来越盛等。清康熙三十六年（1697年），石屏知州张毓瑞还始创石屏义学于文庙明伦堂。此后，石屏的义学几乎遍布城乡。除明伦堂义学之外，比较有名气的义学还有：尊经阁义学、龙朋城义学、宝秀秀山书院义学、五郎沟义学、海东义学、旷野义学等。义学是一种免费私塾的普及教育形式，地方当局“延师训诲，捐俸供给”，使“州人子弟贫而无资者，得志向学，弦诵之声倍加于往昔矣。”（见康熙《石屏州续志》）。清康熙四十八年（1709年）到清光绪年间，石屏又在明代原有的八个书院之外，再添设登龙书院于明伦堂。另外还在文庙旁边兴建了玉屏书院，在宝秀中营兴建了鳌峰书院。

蒙自是临安府治建水东南83公里外的一个小县，明代时还是一个由土官治理的少数民族聚居县。明代中期以后，朝廷考虑蒙自靠近交趾，边情复杂，便决定在这里驻军戍边。明正德十四年（1519年），朝廷调临安卫中所官兵一千多人到蒙自县城东南约5公里的地方，建新安守御千户所。新安所筑有城墙，周长二百二十丈，开二门，南曰“御远”，北曰“永安”，是座完全由汉族军人和家属驻扎和居住的要塞。这个汉人屯居的新区与县城居民的生活习惯、文化素质悬殊巨大，他们很重视子弟的教育，有自己的书院和各种文化教育机构，其文化教育水平远远高于县城，所以明代蒙自县的进士大多出自新安所的军人后代。

明清时期云南还有很多政区没有人中进士，或者只有一两个人中进士。究其原因，这些政区要么很边远又很少接触汉文化，也很少有汉人进入，是少数民族的聚居区；要么是虽有不少汉人进入，但定居的年代太久远，已经被当地少数民族同化的地区；要么是交通太闭塞，经济太落后，地方当局又不重视教育的地区；要么是以上几种因素都兼而有之的地区。如今，这些政区与文化较发达的一些政区相比，文化、教育仍然相对落后。我们通过研究云南古代科举取士的名额在各地为何不均衡，或许能寻找到一些改变这些政区面貌的良策。

富民县是云南府的一个小县，明清时期人口仅有三万多，虽然距省城和府治昆明仅有二十多公里，但交通较闭塞，文化较落后。清代，富民县的学额虽有廪生20名，增生20名，与云南府的其他县相同，但清代的富民县重武轻文，文风不盛，全县仅有九峰书院（原名万寿书院，清乾隆三十八年，知县李登瀛改名九峰书院）一所。而云南府的其他县，书院就较多。如宜良县有雉山书院、雪山书院、鹅塘书院3所；较小的罗次县也有碧城书院、罗阳书院二所。由于富民风俗重武轻文，历任地方官对教育不够重视，因此，明清两个朝代富民县仅有16个人（明代3人，清代13人）考中文举人，而考中武举人的竟多达43人（全是清代人，其中的苏寿山为嘉庆十五年庚午科云南乡试的武举人第一名）；至于进士，则文武平分秋色，各有1人。这样的人才结构，属于文武人才之比严重失调的不正常的人才结构。我之所以说富民的文武人才严重失调，是将富民与云南全省以及云南省一些州县相比较，而得出这一结论的。如明代云南全省，共录取文举人2755人，文进士264人；共录取武举人103人，武进士13人。清代云南全省，共录取文举人5682人，文进士698人；共录取武举人4211人，武进士138人。明清两个朝代，云南全省共录取文举人8437人，文进士962人；共录取武举人4314人，武进士251人。云南全省文举人的人数是武举人的人数的近2倍，文进士的人数是武进士的人数的3.8倍。再如明代的昆明县，共录取文举人479人，文进士52人；武举人351人，武进士24人。清代的昆明县，共录取文举人986人，文进士166人；共录取武举人433人，武进士29人。明清两个朝代，昆明县共录取文举人1465人，文进士218人；共录取武举人784人，武进士53人。文举人的人数是武举人的人数的1.9倍，文进士的人数是武进士的人数的4.1倍。又如明代的石屏州，共录取文举人99人，文进士9人；共录取武举人3人，武进士1人。清代的石屏州，共录取文举人387人，文进士53人；共录取武举人147人，武进士9人。明清两个朝代，石屏州共录取文举人486人，文进士62

人；共录取武举人150人，武进士10人。文举人的人数是武举人的人数的3.2倍，文进士的人数是武进士的人数的6.2倍。而重武轻文的富民县，其文武举人进士之比，都与云南全省以及昆明县、石屏州相反：武举人的人数是文举人的人数的2.7倍，武进士的人数与文进士的人数正好相等。

清代的富民县虽然重武轻文，但民间仍有不少勤奋读书的读书人。如秀才郗源，性聪颖、力学通经，居然于康熙五十二年(1713年)，考中癸巳恩科云南乡试亚元(第二名文举人)。再如程正度、程正道兄弟，程正度于康熙五十二年（1713年）癸巳恩科考中文举人，而程正道也于雍正元年（1723年）癸卯恩科考中文举人。又如秀才杨海鳌，他多次考举人不中，并不气馁，竟发下了誓言："不登第非丈夫也。"仍朝夕诵读。功夫不负有心人，他终于在乾隆九年（1744年）甲子科考中了文举人。

在众多发愤读书的富民士子中，最有成就者，是邱以德。家庭贫困的邱以德，道光八年（1828年）戊子科考中了文举人。四年以后即道光十二年（1832年）又考中壬辰恩科第三甲第六十六名文进士，成为富民县的唯一一位文进士。《新纂云南通志·文苑传》载："邱以德，富民人。家贫力学，设童蒙馆，课毕负薪佐炊。口琅琅诵不辍，苦无书，见善本辄借抄盈箧。后馆纪家冲，距城稍远，又苦无可购求者。往来书院应课，颇形劳瘁，而以德自如也。道光戊子举于乡，北上之资，其妻典钗钏以助行囊，徒步至京。不第归，侨居万庆山，研精三年，壬辰会试捷南宫，入翰林。弟以道、以仁，俱勤学，时称'三邱'。"

邱以德以后，富民士子中也不少勤奋读书者。如秀才杨恩锡，他于光绪二年（1876年），考中丙子科带补甲子科云南乡试第二名文举人（亚元）。富民县的以上文人精英，都为富民县的文教事业做出了卓越的贡献，并在小范围内纠正了富民县重武轻文的偏差。

民国《姚安县志》中的谬误

民国《姚安县志》的总编纂是光绪二十三年（1897年）举人、著名学者、姚安人由云龙先生。该县志是一部68卷、80多万字的方志珍本，云南省政府主席卢汉在《姚安县志·序》中云：“由君云龙，滇中耆硕，以七秩之高龄，负千秋之大业，胜任愉快，自不待言；矍铄忘劳，尤堪敬佩。”但由于由云龙编纂该县志时，年事已高，再加上当时是战乱时期，虽历经七个寒暑（1942年至1948年），三易其稿，仍不免有较多的谬误。

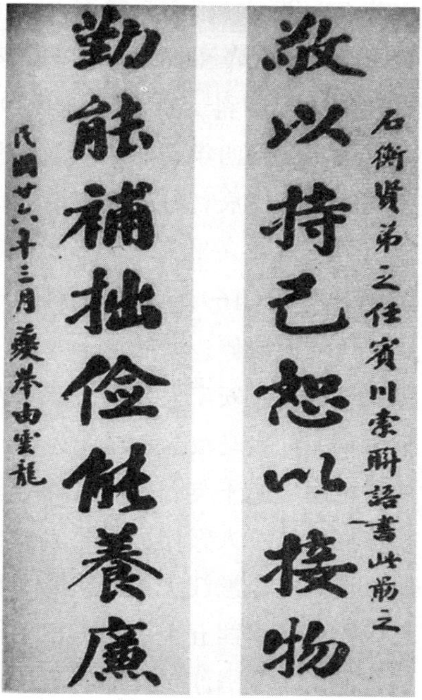

由云龙墨宝

民国《姚安县志》中的谬误，影响最深远的是“乡贤”条目中的“高奣映”。该条目云：高奣映“日事丹铅，并裁成后学，及门之士，成进士者二十二人，登乡荐者四十七人”。由于此说出自民国《姚安县志》这样的方志珍本，最近20多年间先后公开出版的《高奣映评传》《楚雄风物志》《云南通史》等书籍都不加辨析地采用，笔者见到的所有谈论高奣映的文章和宣传资料更是浓墨重彩地大肆渲染。笔者从事云南科举史研究多年，很早就知道此说是错误的。最近笔者去了一趟姚安的光禄古镇，见高奣映的纪念馆等文化旅游设施内的宣传，仍持此说，感到有责任写一篇文章谈谈此说的错误，使谬种不再继续流传下去。

姚安土同知高奣映是清初云南著名学者，学问渊博，著述多达八十余种；又是清初云南的教育家，据说他的门徒多达一百多人，还有个别门徒是滇川边境的四川人。但他的门徒中是否有47人考中举人，22人考中进士，还必须用可靠的史料来证实和论说。

清康熙二十三年（1684年），37岁的高奣映将自己世袭的土官之职让给他的儿子高映厚承袭，自己则遁入璘山边开馆授学，边著书立说，直到康熙四十六年（1707年）病逝。椐笔者所知之，从康熙二十三年（1684年）至康熙六十年（1721年）间，清廷开会试和殿试十四科，有十三科共39个云南籍举人考中文进士。他们是：康熙二十四年（1685年）乙丑科石屏人许贺来；康熙二十七年（1688年）戊辰科石屏人卢炳、宜良人王翰；康熙三十三年（1694年）甲戌科新兴州（今玉溪市红塔区）人管灏、安宁人刘凌云；康熙三十六年（1697年）乙丑科安宁人段曦、河阳（今澄江）人赵宸黼、河阳人谢俨；康熙三十九年（1700年）庚辰科通海人董玘、石屏人王孙熊、安宁人段昕、建水人曾昕；康熙四十二年（1703年）癸未科元江人马汝为、昆明人谢履忠；康熙四十五年（1706年）丙戌科昆明人赵士英、昆明人陈时夏、昆明人王思训、新兴州（今玉溪市红塔区）人郭伟；康熙四十八年（1709年）己丑科昆明人谢履厚、河阳（今澄江）人张应绶、石屏人陈守仁、广西府（今泸西）人张揆亮；康熙五十一年（1712年）壬辰科昆明人周彬、呈贡人张旭、河阳（今澄江）人邹启孟；康熙五十二年（1713年）癸巳恩科石屏人张汉、新兴州（今玉溪市红塔区）人马瑛、建水人林鹤来、呈贡人汤一中；康熙五十四年（1715年）乙未科通海人赵城、楚雄人萨纶锡、建水人黄鹤鸣、建水人薛天培；康熙五十七年（1718年）戊戌科赵州（今大理、弥渡一带）人李根云、建水人刘仁达、弥勒人李尧畴、楚雄人李符恭；康熙六十年（1721年）辛丑科石屏人何朗、石屏人万咸燕。而高奣映的门徒中，有名有姓并被高奣映正式承认的仅有25人。他们是：程春翔、李镜、李铭、杨兆昕、曾学祖、谢俨、杨光暌、李春揆、李朴、愉文广、施瀛仙、李宝箴、李铭、罗天桎、徐维季、冉容智、张凌汉、张怀及、施楷、李正品、张藻监、张懿、万宥、罗允裕、偰启佑。在上述的39位云南籍进士中，只有1位是与高奣映的弟子谢俨同名同姓的河阳（今澄江）人于康熙三十六年（1697年）考中进士，还有两位不知是否是高奣映弟子的楚雄人考中进士，即乙未科的萨纶锡和戊戌科的李符恭。即使这3人都是高奣映的弟子，高奣映的弟子也只有3人考中进士；再即使这39位进士中还有两人是高奣映的弟子，高奣映的弟子也只有5人考中进士；又即使在这39位云南籍的进士之外，还有两个四川籍的弟子也考中进士，高奣映的弟子总共也只有7人考中进士。因此可以这样说：再考虑到高奣映的个别弟子有可能在康熙六十年（1721年）之后才中进士，高奣映考中进士的弟子最多也达不到10人。笔者之所以如此推断，理由有二：一是高奣映虽然学问渊博，但他研究和向门生传授的那些学问与应付科举考试所需要的那些知识、经验、技巧之间关系并不十分密切，应付科举考试不但要有较深厚的儒学学问，还要有一些特殊的经验和技巧。二是清代云南文举人考中文进士的平均中式率只有12.2%（清代云南共有5699人考中文举人，只有698人考中文进士），而康熙二十三年（1684年）至康熙六十年（1721年）之间，云南文举人考中文进士的中式率仅有6.2%（这一时期共有634个云南人考中文举人，只有39个云南人考中文进士）。如果说高奣映的门生有47人考中文举人，22人考中文进士，那么高奋映的门生中，文举人考中文进士的中式率已高达47%了，这显然是不可能的。另外，民国《姚安县志》说高奣映的门生有47人考中文举人，笔者认为可能性也不太大。因为如果此说能成立，就意味着康熙二十三年至康熙六十年之间，云南籍634位文举人中，竟有高达近7.4%的人是高奣映的学生（已考虑到其中有四川人的因素，笔者才使用“近”字），高奣映的吸引力不至于有如此巨大。民国《姚安县志》“乡贤”条目“高奣映”中为什么会出现如此不近情理的错误？笔者认为原因有二：编纂者不辨真伪地抄袭民国以前编纂的姚安旧志；总编纂者由云龙年事已高，没有认真审核该志。

明清的馆选与云南翰林

什么是翰林？翰林一词古已有之，但各个朝代的内涵和外延并不相同，不太容易说得很清楚，而且明清两个朝代以前翰林一词很少单独使用。如唐代的李白便是一位既不是进士出身，也没有参加科举考试，而被唐玄宗挑选的“但假其名，而无所职”的供奉翰林。明清两个朝代，进士出身，在翰林院供职或曾经在翰林院进修过的庶吉士，都可以称为翰林。

明清两代，在翰林院供职的官员有：学士、侍读学士、侍讲学士、侍读、侍讲、五经博士、待诏、修撰、编修、检讨等。另外，还有在翰林院进修的庶吉士。所谓庶吉士，乃“庶常吉士”之简称。庶者，众也；常者，祥也；最早见于《尚书·立政》。《尚书·立政》在总括文中所举各官后，以此称形容在官者皆为有德善之人。明洪武十八年（1385年）复行科举，并于是年令新进士观政于诸司、承敕监等衙门，冠以“庶吉士”之名，此即进士为庶吉士之始。被称为庶吉士的进士，刚开始时在六科、中书等机构实习。永乐二年（1404年）始专隶于翰林院，翰林院因此成为朝廷培养、储备中高级文官的重要机构。宣德五年（1430年）起，始命学士教习。这样，庶吉士之选，即由原来的进士正式任职前的实习制度变成了继续深造的进修制度。明初，以一甲三人直授翰林官，选二甲五十人为庶吉士，其余进士分授科道外出任州县官。以后渐成定制：一甲第一名即状元，授翰林院修撰；一甲第二、三名即榜眼、探花授翰林院编修；而二甲、三甲进士要想进入翰林院，则要经过挑选或“考试”。考选也称为“馆选”，经挑选或考试录取进入翰林院的二甲、三甲进士称为“庶吉士”。明代前期，庶吉士的选拔方式，“或内阁自选，或礼部选送，或会吏部同选，或限年岁，或拘地方，或采誉望，或就廷试卷中查取，或别出题考试，无定制”（万历《大明会典》卷五《选官》）。无论是内阁自行挑选，还是由礼部选后送翰林院，或会同吏部一同选拔，大多凭印象选拔。其中或许考虑到庶吉士人选的地域分布，或许兼顾新进士中某些人的誉望，或凭殿试成绩而决定，或看试卷的书法优劣，总之是未经过重新考试，只有少数情况，“别出题考试”。尽管所选之人不乏人才，但毕竟是凭长官意志，未必公允。天顺四年（1460年）庚辰科殿试，取进士156名，曾在“土木堡之变”被瓦剌军俘获的昏庸皇帝明英宗，竟发出了一个荒唐的上谕：“今科进士中可选人物端重、语言正当者二十余人为庶吉士，只选北方人，不用南人。南方若有似彭时者方选。”

明代中后期以后，虽然考选庶吉士的方式逐渐完善，大多要经过或严格或马虎的考试，但始终没有制定一个每科都选拔庶吉士的制度。“自嘉靖癸未至万历庚辰间九科不选，神宗曾命间科一选，崇祯甲戌、丁丑两科复不选，余悉遵例”（《明史·选举二》）。嘉靖以前的正德、弘治、成化年间，也有好多科没有选拔庶吉士。早在成化年间，就有朝臣丘濬上疏批评：“天为国家生育人才，以供一世之用，非独此科有之，而他科皆无也。”并建议：“自今以后，立为定制，一次开科，一次选用。”但或昏庸无能，或乖张荒诞，或玩忽职守的明代皇帝始终听不进正确的意见，致使朝廷漏选了很多人才。明朝永乐二年（1404年）到崇祯十六年（1643年）的二百四十年间，在51科多达14938名二、三甲进士中，只考选了1277名庶吉士入翰林院，录取率仅为8.55%。

庶吉士一般要在翰林院深造三年，三年散馆时要考试，成绩优异者继续留在翰林院（原是二甲进士的庶吉士授翰林院编修，原是三甲进士的庶吉士授翰林院检讨，这些留馆的官员才是严格意义上的翰林），其他庶吉士则离开翰林院委任诸如给事、御史、县令之类的官职。这些离开翰林院的庶吉士仍享有翰林出身的荣耀，习惯上也可以称为翰林。因庶吉士由皇帝亲笔勾定，故民间将一甲进士直入翰林院与二、三甲进士馆选庶吉士统称之为“点翰林”。翰林院修撰、翰林院编修、翰林院检讨以及庶吉士的升迁比一般进士快得多，明朝天顺以后，“非翰林不入内阁，南、北礼部尚书、侍郎及吏部右侍郎，非翰林不任。而庶吉士始进之时，已群目为储相。”明代的172名入阁者，由翰林出身的占了90%。

由于有明一代考选庶吉士，没有奉行每科都认真考选的原则，缺少合情合理而又统一不变的考选标准等原因，致使进入翰林院进修的云南庶吉士特别少，与文进士总数的比例严重失衡。笔者查考到的云南籍庶吉士仅有15位，如果这个数据准确无误的话，云南籍庶吉士仅占云南籍264位文进士的5.68%。另外，明代考选云南籍庶吉士，还产生出了两个使我匪夷所思的现象：一是甲次高的进士落选，甲次低的进士当选；二是多数精英漏选或落选，个别平庸的进士当选。

云南籍的15位庶吉士，殿试为二甲进士的只有两位，即万历十七年（1589年）己丑科第二甲第二十二名进士包见捷（建水人）、崇祯十三年（1640年）庚辰科第二甲第三十五名进士严似祖（昆明人严似祖实际上不是庶吉士，因为该科经考选进入翰林院的进士，没经过三年进修，便直接授职为翰林院检讨），其余13位均是甲次低的三甲进士。落选的二甲高名次（指第十名以前者）进士有：嘉靖十一年（1532年）壬辰科第二甲第一名李启东、第二甲第六名张合，崇祯十三年（1640年）庚辰科第二甲第二名张一甲等。

其中李启东和张合二人落选得最令人匪夷所思。李张二人考中进士的壬辰科，共录取了21个庶吉士，甲次为第三甲第一百二十七名的赵汝廉（大理人）都被录取了，而原已拟定为一甲第一名，即状元，后来又被昏庸的嘉靖皇帝以云南太边远，不宜点状元为由，抑置为第二甲第一名的李启东以及嘉靖元年（1522年）壬午科云南乡试考第一名，在家乡曾被称为神童的张合却落选了，真不知该科考选庶吉士使用的是什么标准。

明代云南的十五位翰林，在政坛或文坛上有作为和较有作为的官员仅有：杨士云（今大理人，官至户科给事中，著名诗人，著有《杨弘山先生存稿》十二卷等），李元阳（今大理人，官至荆州知府，著名山水诗人和学者，著有《艳雪台诗》《大理府志》《云南通志》等），萧崇业（建水人，官至都察院右佥都御史，著名外交家，著有《使琉球录》《南游漫稿》等），包见捷（建水人，官至吏部左侍郎，明代名臣，编纂有《滇志草》二十二卷），王元翰（今华宁人，官至工科右给事中，著有《谏草》《凝翠集》等），雷耀龙（今玉溪市红塔区人，官至礼部尚书，著有《逸余集》《葵谷草》等），王锡衮（禄丰人，官至礼部右侍郎），杨绳武（弥勒人，官至兵部右侍郎。任御史时，便有“铁面真御史”之美名）。而漏选庶吉士的精英却有：杨一清（安宁人，官至内阁首辅，明代名臣，著名诗人，著有《石淙诗钞》等），张志淳（今保山人，官至南京户部右侍郎，著名学者，著有《南园漫录》《永昌二芳记》等），夏暹（昆明人，官至广西左布政使），孙继鲁（昆明人，官至陕西巡抚，著有《破碗集》等），张素（安宁人，官至四川巡抚、都御史），唐时英（今富源人，官至都御史），严清（昆明人，官至吏部尚书，明代名臣），朱运昌（昆明人，官至巡抚、都御史），陶珽（姚安人，官至武昌兵备道，著名学者，著有《阆园集》等），傅宗龙（昆明人，官至兵部尚书，明末名臣）等。在这十位因朝廷未选庶吉士而被漏选的精英中，尤以杨一清、严清、傅宗龙三位最为著名。杨一清是官阶为一品的内阁首辅，是明代云南唯一一位“出将入相”的顶级高官；严清和傅宗龙都是官阶为二品的尚书。他们三位都是以超凡的才干，才进入这样高位的。落选庶吉士的进士中，精英也不少，如：张淑（昆明人，官至四川按察使）、缪宗周（通海人，官至布政使），郭斗（昆明人，官至浙江左布政使，诗人），王来贤（建水人，官至陕西左布政使），刘文征（昆明人，官至陕西右布政使，学者，编纂有影响深远的《滇志》），朱思明（昆明人，官至广西布政使），朱化孚（安宁人，官至湖广按察使），赵日亨（安宁人，官至贵州左布政使），廖大亨（建水人，官至四川巡抚，著有《焕山明月赋》等诗文）等。

总而言之，由于明代考选庶吉士没有制度化、规范化，又缺少透明度，致使许多有才干的云南籍进士被排斥在翰林院之外。在看重翰林出身又竞争异常激烈的官场，他们之所以能跻身于三品以上的高官行列，全靠个人的才干和勤勉。

清代馆选庶吉士，在大体沿袭明制的基础上，有了明显的完善和发展，具体表现在以下四个方面：其一，清代馆选庶吉士实行“分省拣选”，即选拔名额分配到每一个省，这就照顾到了云南等边远、落后的省份。其二，清代的朝考使馆选更加制度化。明代的馆选或间科一选，或连科皆选，或数科不选，尽管有不少朝臣强调馆选对储才的重要作用，主张每科都考选，但直至明末，庶吉士之考选仍然是有的科选，有的科不选。而清朝自朝考制度确立后，无论考试内容和考试方法有何变化调整，但庶吉士的考选却从未间断，即使是增开恩科，也同样考选。其三，明代庶吉士的考选，都是先选而后考，而清代的朝考则是先考而后选，这是明清馆选最明显的区别。明代得以参加考选庶吉士的进士是由内阁或会同吏、礼二部预先挑选出来的，只是新科进士中的一部分人。而清代自从朝考制度确立后，却是所有新科进士人人得以参加考试。这样，馆选对朝廷而言，选择面就更大一些；对新科进士而言，则机会均等，因而选拔的结果也相对公平。其四，清代馆选庶吉士的人数比明代馆选庶吉士的人数多得多。从顺治三年（1646年）至光绪三十年（1904年），清代共行会试一百一十四科，馆选庶吉士人数最多的一次是光绪十八年（1892年），共选庶吉士99人（云南有三人入选）；最少的一次是顺治十八年（1661年），只选庶吉士10人（云南无人入选）。据统计，清朝共馆选云南籍庶吉士150人，占云南698位文进士的21.5%，大大超过了明代。

清代馆选庶吉士的程序和方法大体如下：以复试、殿试、朝考等第数之和并参考新进士所在省份之名额、名次以决定取舍。各等第中最看重的是朝考的等第。三试的等第都居高的人，按理都要录取，但由于分省拣选，受名额限制，不能不有所伸缩。因殿试、朝考试卷都采用严格的弥封之制，不知道应考人的省份，阅卷人评文定等第，因各省进士的水平有差距，文化较发达之省份必然等第居前列者较多。如江苏、浙江两省等第高居前列的人数较多，大大超过了两省的庶吉士名额，则从等第最高者顺序拣

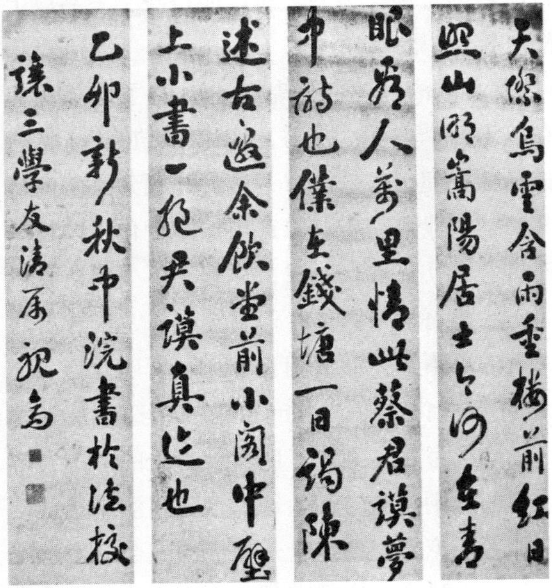

顾视高墨宝

选，选到名额满为止，但复试、殿试、朝考的等级之和为四者（复试一等、殿试二甲、朝考一等），一般都能入选。文化较落后的边远省份，如有复试、殿试、朝考的等级之和为四者，更是百分之百的都能入选。如光绪二十九年（1903年）癸卯科，昆明人顾视高会试中式第二百七十七名贡士；复试上升为一等第三十九名；殿试为第二甲第二十三名；朝考特别优秀，为一等第二十三名，便被钦点为翰林院庶吉士。若某省某科的进士复试、殿试、朝考的成绩都较差，无考得四、五数之人，则虽然考得六、七数（殿试二甲或三甲，复试、朝考皆为二等），也可入选。云南属于文化较落后的边远省份，考得六七数的进士都有可能入选庶吉士，但有的科会例外，如人才荟萃的道光三年（1823年）癸未科，该科云南的二甲进士多达8人：昆明人张晋熙，第二甲第四名；楚雄人池生春，第二甲第十五名；安宁人张琴，第二甲第二十名；昆明人保肇基，第二甲第三十七名；呈贡人秦福照，第二甲第五十四名；剑川人陈师鲁，第二甲第六十八名；今洱源人张于淳，第二甲第七十名；今大理人余福谦，第二甲第七十五名。另外，该科还录取第三甲进士两名。十位进士竞争的结果，仅池生春和张琴两人入选庶吉士，就连殿试排名最前、后来官至河南布政使（从二品）的张晋熙都落选了。这也就是说，虽然同为清代庶吉士，但由于各省进士的文化素质有差距，各科进士的文化素质有差别，庶吉士与庶吉士之间的文化素质仍有一定的差距，考选庶吉士的标准会有一些伸缩。然而，清代考选庶吉士的方法，既看重朝考的成绩，又兼顾复试、殿试的等第，这种并非一锤定音的考选，既

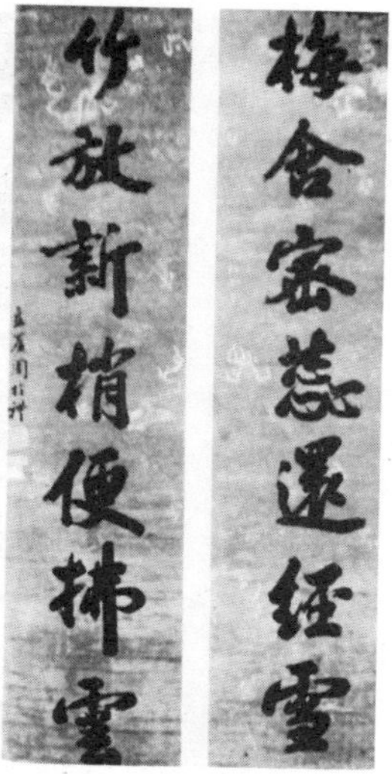

周于礼墨宝

李煌墨宝

不与复试、殿试的等第有较大的冲突，又能较准确地测试出新科进士的实际水平，这种考选庶吉士的方法和其结果，的确比明代完善、公正多了。如清代云南一共有150位庶吉士，二甲进士者占85名，三甲进士者占65名，这样的比例与明代相比也是比较合理的。

统而观之，清代考选庶吉士，从主持考选庶吉士的官员到最后定夺的皇帝都尽心尽力、尽职尽责，所持的标准又比较科学和符合情理。因此，清代考选庶吉士比明代成功得多，其成功的主要标志是几乎网罗了二三甲进士中的全部精英，为国家储备了充裕的人才。以云南为例，凡是在全国或全省有一定知名度的进士，几乎都曾被馆选为庶吉士，进了翰林院。现按被选为庶吉士的时间先后列举优秀的庶吉士于下：赵城（通海人，散馆授翰林院编修，官至河南布政使），许希孔（昆明人，散馆授翰林院检讨，官至工部右侍郎），刘慥（今永胜人，散馆授翰林院编修，官至山西布政使。著有《和鸣集》《词馆课艺》等），陈世烈（建水人，散馆授翰林院检讨，官至内阁学士兼礼部侍郎。昆明五华书院著名山长），李因培（晋宁人，散馆授翰林院编修，官至湖北巡抚，清代名臣），钱士云（昆明人，散馆授翰林院编修，官至兵部左侍郎），周于礼（嶍峨人，官至大理寺少卿），尹壮图（蒙自人，官至内阁学士兼礼部侍郎，清代名臣。昆明五华书院著名山长，著有《楚珍诗稿》《楚珍文稿》等），钱沣（昆明人，散馆授翰林院检讨，官至通政使司副使，清代名臣。著名诗书画家，著有《南园集》等），严烺（宜良人，官至甘肃布政使。诗人，著有《红茗山房诗存》十卷），周锡章（楚雄人，官至湖北布政使），龚绶（昆明人，散馆授翰林院检讨，官至四川布政使），李煌（昆明人，散馆授翰林院编修，官至户部左侍郎），陆荫奎（昆明人，官至江苏布政使），朱嶟（通海人，散馆授翰林院检讨，官至兵部尚书，咸丰十年庚申科会试副主考官），赵光（昆明人，散馆授翰林院编修，官至吏部尚书，咸丰九年己未科会试副主考官），黄琮（昆明人，散馆授翰林院编修，官至兵部左侍郎。著名学者、诗人，著有《知蔬味斋诗钞》等），陆应谷（蒙自人，散馆授翰林院编修，官至江西巡抚。著有《抱真屋诗钞》等），何桂清（昆明人，散馆授翰林院编修，官至两江总督，清代名臣，咸丰二年壬子科会试副主考官。著有《使粤吟》三卷等），刘崐（景东人，散馆授翰林院编修，官至湖南巡抚，清代名臣，咸丰六年丙辰科会试副

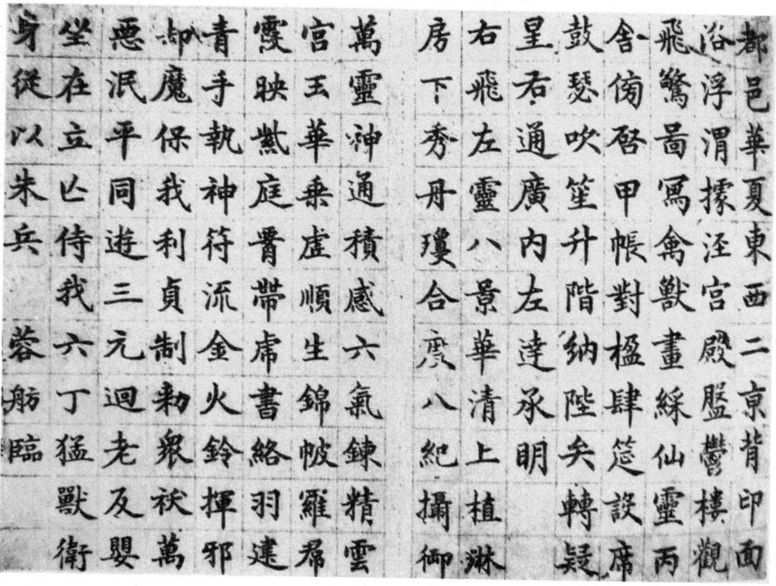

赵光墨宝

陆应谷墨宝

主考官。书法家），何彤云（晋宁人，散馆授翰林院编修，官至吏部左侍郎。著名诗人，著有《赓缦堂杂俎》《矢音集》等），马恩溥（今大理人，散馆授翰林院编修，官至内阁学士兼礼部侍郎），张端卿（今大理人，散馆授翰林院编修，官至安徽布政使），陈荣昌（昆明人，散馆授翰林院编修，官至山东提学使。著名学者、诗人、书法家，著有《陈氏全书》《虚斋文集》《虚斋诗集》《桐村骈文》等），朱家宝（今华宁人，官至安徽巡抚），袁嘉谷（石屏人，翰林院编修，官至浙江提学使。著名学者，著有《卧雪堂文集》《卧雪堂诗集》《滇绎》等）。以上26人除周于礼、钱沣、陈荣昌、袁嘉谷官位稍低之外（也有资料载，陈荣昌、袁嘉谷也是三品高官），其余22人都是三品以上的高官。

为了更清楚地展现清代馆选程序中最关键的一个环节——朝考，现以光绪二十九年（1903年）朝考考中一等第九名的袁嘉谷为例，对其试卷略作分析。

光绪二十九年癸卯科朝考的试题共两题。第一题为论述：《农而食之虞而出之工而成之商而通之》；第二题为案牍题：《（拟）牧民揆官疏》。钦命阅卷大臣由经筵讲官、内阁大学士、内阁协办大学士以及部院大臣等十二人组成。两道考题中，第一道较难，第二道较易，仅以袁嘉谷的第一道答卷为例进行浅析。

《农而食之虞而出之工而成之商而通之》这道题，语出《史记·货殖列传》。司马迁这句话的意思是：农、虞（矿工）、工（工匠）、商各司其职，共同维系百姓的生计，共同促进经济繁荣、社会进步，不能偏废。袁嘉谷对此题的论述，首先从驳论入手，他说东汉人班固之所以讥讽司马迁不该“传《货殖》，崇势利而羞贫贱”，是因为班固不懂得“贫贱”的根源，是由于社会不注重农、虞、工、商之故，所以“贫贱”活该被“羞”之。反之，因为大兴“四业”而形成的“势利”，则应该得到社会的尊重。袁嘉谷进而提出“大之立国，小之立身，孰可轻农、虞、工、商之学哉？”下文则分论“四业”的作用和联系。提出“农”应该包括田亩、园艺、畜牧等，其操作包括“辩物”“土化”和“机器”等。

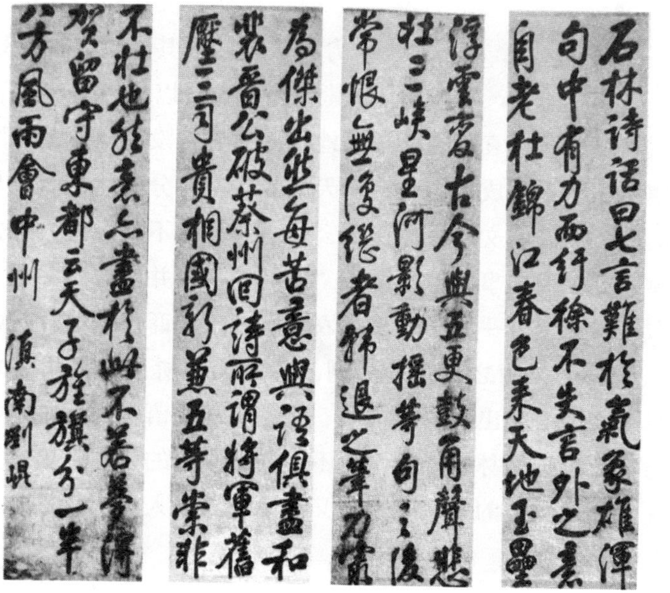

刘崐墨宝

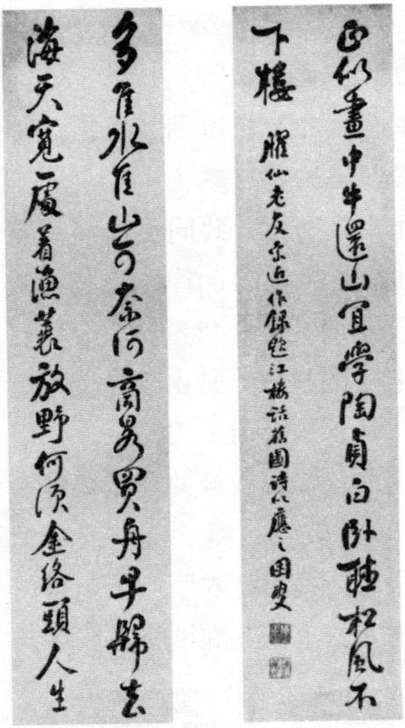

陈荣昌墨宝

此说已超出了传统农业以生产粮食为主的狭隘范围，颇有超前意识。论“工”，认为工是连结农业、矿业和商业的环节。倘若没有“工”，则农之“菽粟”不可能变成酒肴；丝麻不可能变成衣饰；矿物林产，不可能变成宫室器物。由于有“工”，则农、虞无弃物，故曰“成”；商人有交换，故曰“通”。该文论“商”时，更是视野开阔。该文所说的“商”也并非传统意义上的“做生意”，颇类似于如今我们所说的“大商业”——“舟车以捷其程途；公司以厚其财力；银行以消其盈虚，商会以研究其利弊，赛会以比较其优劣，专官以劝戒其良楛”。袁嘉谷还郑重地指出：倘若没有商业，“则农所食、虞所出、工所成，不几窒于天下哉”？充分论述了商业与社会百业的唇齿关系。文章最后认为，读书人虽然不一定人人都去从事农、虞、工、商之事，但不可不“通其学”，并就势回归到主题，又以驳论结束全文——“今不务农、虞、工、商之利以救贫贱，反诋农、虞、工、商之政以为势利。此班氏之所误，亦司马之所笑也”！全文中心突出、说理透彻、议论生动、语言简练，是一篇优秀的论文。馆选翰林（庶吉士）不但要看文章的优劣，更注重书法的好坏。而袁嘉谷的书法既端庄又潇洒，人见人爱，故被阅卷大臣置为一等第九名。

明清云南籍高官评点

魏晋南北朝以后，中国的封建王朝将在中央和地方任职的文官分为九品十八级（每品有一正一从两级，故有十八级）。从三品以上的文官被称为高级文官，从六品至正四品的文官称为中级文官，从九品至正七品的文官称为低级文官。明清两个朝代，在中央和全国各地担任高官的云南人也不算少。笔者从典籍中已经查找到的、文进士出身的高级文官有95人（明代58人，占云南明代264位文进士的22%；清代37人，占云南清代698位文进士的5.3%）；文举人出身的高级文官有19人（明代10人，占云南明代2755位文举人的0.36%；清代9人占云南清代大约5699位文举人的0.16%）；贡生出身的高级文官只有3人，即明代的张海，清代的段如蕙和万钟杰。非科举而得官（荫袭等）最后升至从三品以上者有4人。共121人。

这些高官，要么人品高洁，成为楷模；要么政绩卓著，名传政界；要么功勋显赫，声震朝野；要么学问渊博，蜚声文坛；要么兼而有之，流芳千古。下面按照这些高官的中式年代顺序，选择48位略加评点：

安宁人杨一清，明成化八年（1472年）壬辰科第三甲第九十五名进士，累官至吏部尚书、华盖殿大学士、内阁首辅（从一品，也有典籍记为正一品）。杨一清是明代著名的政治家，被四川状元、著名学者杨慎称为“四朝元老，三边总戎，出将入相，文德武功”，因此，他的文治武功本文便不多说了。仅仅谈谈他在文学方面的成就。杨一清是明代中叶在全国有影响的诗人，比杨一清小18岁的著名诗人李梦阳，认为杨一清的诗忧国忧民，沉郁苍凉，格调高浑，有盛唐及杜甫诗歌的韵味。如他对杨一清的《事平志感》一诗评云“此篇气格皆杜诗之史也”。李梦阳还认为杨一清的诗感情真挚，写景传神高妙，有很强的感染力。如他对杨一清的《希大谒先茔志感》一诗评云：“诗本情语，况道其实，安得不佳？”李梦阳更认为杨一清的诗风格多样，既有堂堂正正，雄健俊伟之作，亦有清新流丽，蕴藉婉转之篇，可谓各有千秋。如他对《送陶公甫之南昌训导》一诗评云“堂堂正气”；他对《送句容曹君时范赴南台》一诗评云“忠厚雄健”；他对《广武吟》一诗评云“流丽俊伟”；他对《九月席上和曹汝学韵》一诗品云“风流蕴藉，又是一种”。

金齿司（今保山)人张志淳，字进之，号南园，明成化二十年（1484年）甲辰科第二甲第四名进士，官至户部侍郎（从二品）。张志淳是明代云南著名学者，著有《南园集》《西铭通》《南园漫录》《永昌二芳记》等著作。《南园漫录》以随笔的形式，分条评议时事，疏证经史，臧否人物，谈论诗文，或详言经过，或发其隐微，大抵为正史官书所不载，或不屑载者。其中有关滇事者数十条，多言边事及各民族情况，可弥补史乘之不足。如该书的“益州”条说，益州，今四川成都府也。诸葛武侯所谓“益州疲弊”者也。然汉武帝以滇国置益州郡，则今云南至大理亦益州也。《汉志》所谓“分益州置永昌郡”者是也。今人知四川为益而不知滇也为益者多矣。

通海人缪宗周，号碌溪。明正德十六年（1521年）辛巳科第三甲第二百零九名进士，任户部主事。嘉靖初年以“议大礼”被廷杖，复奏裁冗官以轻门税、求直言以回天变，又争留大臣某，忤执政意，谪判郁林州判。不久，又被任命为江西太和县县令。仅任职八个月，便有卓著的政绩。备兵松潘，荡平番寇，升任四川右布政使，又迁浙江左布政使。万历九年（1581年），特赐存问。缪宗周历官十四任，所到皆有政声；致仕三十年，杜门颐养，享年八十五岁。著有《太极图演义》等。缪宗周的七言律诗《答乔海门山庄约》，表现了回归故里后与友人酬唱的闲散生活："未缘节日供酬唱，拟取今霄醉奕棋。西舍更闻花满谷，南山时喜鸟鸣枝。闲归万事惟凭酒，老去孤情欲借诗。病后起怜犹健在，雅怀邀赏未应迟。"

昆明人孙继鲁，字道甫。明嘉靖二年（1523年）癸未科，第二甲第八名进士。历任沣州知州，河南卫辉、江苏淮安、贵州黎平知府，湖广提学道副使，山西冀南道参政、按察使、右布政使，升都察院右副都御史，巡抚山西。孙继鲁在山西任按察使时，秉公办事，不畏权贵，当地的宗室藩王犯法，他照样惩处。有一次，宗室藩王属下百多人来抄他的家，结果除了几件破旧衣服外，没有一件值钱的东西，宗室藩王才算佩服他，设酒摆宴表示道歉。

平夷卫（今富源县）人唐时英，字子才，号济轩，明嘉靖八年（1529年）己丑科第三甲第一百九十三名进士，官至陕西巡抚（从二品）。唐时英的一生为国为民做出了突出的贡献，朝廷为表彰他的功绩，御书"忠劳"二字赐之，并以"御政归籍置义庄，周贫乏，衣布茹淡，多所修建。卒予祭葬，从祀乡贤"。

昆明人钱世贤，明嘉靖八年（1529年）己丑科第二甲第五十九名进士，官至按察使。有诗文传世，七言律诗《宿龙泉观邓友泉联句》描写了龙泉的清幽："松火村醪坐夜深，山中寒气正萧森。澄潭泼泼鱼从跃，乔木阴阴猿自吟。尘网岂知方外乐，道人自脱世间心。瓦烟相对燔鸡肋，石鼎遗踪似可寻。"七言绝句《游太华一碧万顷》二首，描写了西山太华寺的美景和滇池的湖光山色："松响半空来电雨，水开一镜自朝昏。数声钟罢僧归定，莎径无人月浸门。”“修竹长松绕四檐，风中泛泛打渔船。一楼景色看难尽，水接青山山接天。”

昆明人严清，字直甫，号寅所，明嘉靖二十三年（1544年）甲辰科第三甲第一百五十九名进士，官至吏部尚书（正二品）。严清20岁便中进士，为官十分清廉，当时的朝野认为严清是与海瑞、丘舜齐名的明代三大清官。明嘉靖四十一年（1562年）壬戌科榜眼、著名学者王锡衮则认为：“盖公（指严清，引者注）之内行修洁与海、丘二公略同，而二公喜溪刻标异，稍暗于大体，乃公独薰然长者，色温气和，人无贤不肖贵贱皆礼接之，其亭法处议本人情、计久远，无崖岸峻物之行、谴咋抵掌之谈，以故明主眷遇尤渥，而海内至今称大人之能安国家，镇雅俗者，必首公云。”

昆明人郭斗，字应秀，明嘉靖三十二年(1553年)癸丑科第三甲第二百零四名进士。中进士后，历任孝感知县、南京户部给事中、山西按察副使、浙江左布政使等职。在孝感任知县时，有一个案情十分复杂的谋杀案，郭斗反复调查，认真分析，巧妙取证，终于抓捕到了杀人真凶。由于郭斗判案高明、廉政爱民，短短的几年间就得到多次升迁。然而，醉心诗文和游历的郭斗并不热衷于当官，他曾多次辞官要回归故里。在浙江任左布政使时，又因政绩卓著，即将再次升迁，但郭斗一再乞归，终于如愿以偿地回到了阔别多年的昆明。退职的郭斗在城西三十里风光秀丽的进耳山建造了一幢楼房，过着琴棋书画、游山玩水的潇洒日子。

昆明人刘文征，字懋学，明万历十一年（1583年）第三甲第一百二十四名进士，官至陕西右布政使（从二品）。刘文征为官清廉干练，革弊兴利，政绩卓著。刘文征一生勤奋好学，明末明臣王锡衮为其撰写的《墓志铭》说刘文征“坐卧不离卷帙，晚年益嗜奇书，抽毫赋诗，兴致不竭……著《茶花馆记》《思母编》《松注》《滇志》，总若干卷”。刘文征的著述，对后世最有影响的是《滇志》，该志记载了从战国时庄蹻入滇至明朝天启五年（1625年）间，云南乃至川、黔二省部分地区的政治、经济、文化、地理、军事、民族等方面的史实。《滇志》共120万字，总分为14类，每类各记分目于下，共107目。《滇志》记事，略古详今，由于体例精当，内容完备，是明代志书中最完善的一部，故明末清初学者多所征引。如顾炎武《天下郡国利病书·云南备录》12目全出自《滇志》，其《肇域志》中云南二册亦多取材于此书；顾祖禹《读史方舆录纪要·云南》注明引《滇志》者五处，未注明者更多；清康熙《云南通志》中明代及明代以前的部分，则大多抄录《滇志》。所以已故著名云南地方史专家方国瑜教授曾言："故言滇史者，受天启《滇志》之影响甚大也。"

建水人包见捷，字汝纯，明万历十七年（1589年）己丑科第二

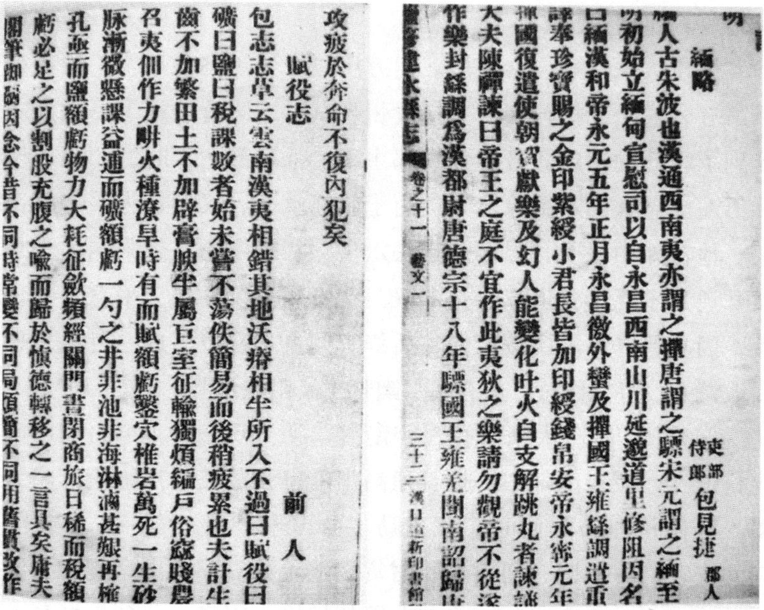
緬略　吏部侍郎　包見捷　郡人
緬人古朱波也漢通西南夷亦謂之撣唐謂之驃宋元謂之緬至
明初始立緬甸宣慰司以自永昌西南山川延邈道里修阻因名
曰緬漢和帝永元五年正月永昌徼外蠻及撣國王雍繇調遣重
譯奉珍寶賜之金印紫綬小君長皆加印綬錢帛安帝永寧元年
撣國復遣使朝賀獻樂及幻人能變化吐火自支解跳丸者諫議
大夫陳禪諫曰帝王之庭不宜作此夷狄之樂請勿觀帝不從遂
作樂封繇調爲漢都尉唐德宗十八年驃國王雍羌聞南詔歸唐
卷之十一　藝文一　三十二　漢口益新印書館

攻疲於奔命不復內犯矣
賦役志　前人
包志志草云雲南漢夷相錯其地沃瘠相半所入不過曰賦役曰
礦曰鹽曰稅課數者始未嘗不蕩佚簡易而後稍疲累也夫計生
齒不加繁田土不加闢膏腴半屬巨室征輸獨煩編戶俗[illegible]
召夷佃作力畊火種潦旱時有而賦額虧鑿穴椎岩萬死一生砂
脉漸微懸課益逋而礦額虧一勺之井非池非海淋滷甚艱再榷
孔亟而鹽額虧物力大耗征歛頻經關門晝閉商旅日稀而稅額
虧必足之以割股充腹之喻而歸於慎德轉移之一言具矣庸夫
闒茸[illegible]因念今昔不同時常變不同局[illegible]不同用舊貫改作

包见捷的著述

甲第二十二名进士，授翰林院庶吉士，官至吏部侍郎（从二品）。包见捷是万历朝的著名诤臣，明神宗万历皇帝朱翊钧，是一个热衷于敛财的皇帝。万历二十四年（1596年)万历皇帝向全国各地派出大批宦官担任矿监、税使。这些宦官仗着有皇帝撑腰，采掘黄金、撷取珍珠、强征赋税，并利用职权巧取豪夺，中饱私囊，百姓深受荼毒，怨声载道。包见捷不堪目睹百姓的苦难，屡次上疏万历皇帝，指出滥派矿监税使强征赋税，收刮民脂，必然会激起民变，请求减轻赋税，并弹劾奸人李本立，税使马堂、鲁保等贪赃枉法、为非作歹的罪行。由于万历皇帝不听从包见捷的劝告，终于酿成了全国各地反矿监、税使的民变。包见捷还以博学多才闻名于万历朝。有一次，万历皇帝举某朝典宪询问廷臣，众人都回答不出来，唯有担任太仆寺卿的包见捷能原原本本陈说无遗。万历皇帝欣喜地说：“中原文献尽在卿矣！”并命工部在包见捷的家乡建水建造牌坊一座，又御赐匾额“文献名邦”。

安宁人朱化孚，字岱晟。明万历二十年（1592年）壬辰科第三甲第五名进士，授行人。主持贵州乡试时，秉公选拔了一批人才，受到了朝廷的肯定，升迁为兵部主事。任兵部主事时，“凡非尺籍什伍而虚名冒蠹者悉除之”。由于政绩卓著，又升迁为兵部武选郎中。他在郎中任上，提出“选法六事”，被万历皇帝采纳。于是，又升迁为宁夏兵备道、贵州参议。在贵州参议任上，平息了营兵之乱，因功晋升为湖广按察使。后辞官回乡，在乡里成立诗社，日与当地文人吟诗、作对。著有《贲幽吟》《阳城纪胜》等。

宁州(今华宁)人张法孔，字南鲁。明万历三十八年(1610年)庚戌科进士，授户部郎中，提督建昌学道。张法孔清操绝伦，门无私谒。任四川左布政使时，节益励。会国家多难，尝曰：“未能身列元戎，捐驱报国，何敢厚殖财货以遗子孙。”因出家赀三十万以助兵饷。张献忠犯成都，张与蜀藩抚按协力固守，并到南城募死士夜捣张献忠营。献忠引退后，缘事镌级，蜀藩荐其清介贤能乞加节钺，诏以太常寺卿起用，未几卒。

昆明人傅宗龙，字仲伦，号括苍，明万历三十八年（1610年）庚戌科第三甲第四十六名进士，官至兵部尚书（正二品）。傅宗龙19岁便中进士，中进士后，官运也还亨通，由铜梁知县逐渐升为兵部尚书。但傅宗龙担任兵部尚书时，明廷的国力已经十分羸弱，再加上内忧外患，狼烟四起，只好竭尽全力支撑危局。1641年，傅宗龙在围剿李自成义军时，因为寡不敌众被俘身亡。崇祯皇帝闻讯叹息不止，谥曰“忠壮”，荫子锦衣世千户，赐祭葬。傅宗龙不但是一个精通文韬武略的明末名臣，他的诗文也写得很好，只可惜这些诗文大多丧失。昆明西山龙门“达天阁”石道上有一个石室，石室的北侧镌刻有“览海处”三字，洞的南侧有李根源摹刻傅宗龙的一句诗“一径飞红雨，千树散绿荫”。该诗句意境优美，对仗工稳，颇有唐诗的韵味。

鹤庆人杨方盛，字大豫，明万历四十四年（1616年）丙辰科第三甲第二百四十五名进士，授大冶县知县。大冶县“多巨猾，犷悍难治，不数月，刑清讼理，考授御史”。天启年间，杨方盛巡按河南，复视长芦盐政，剔蠹锄奸，政绩卓著。后升任右通政、应天府尹。崇祯十五年（1642年）升南京户部侍郎兼都御史，后辞官回归故里，享年71岁。

新兴州（今玉溪市红塔区）人雷耀龙，字伯麟，号石庵，明万历四十七年（1619年）己未科第三甲第二百零八名进士，翰林院检讨，官至礼部尚书（正二品）。雷耀龙聪明过人，17岁便考中进士，但他任职期间，外有皇太极虎视眈眈，内有风起云涌的农民起义，内忧外患十分严重。雷耀龙对日渐糜烂的国事忧心如焚，他曾在《孔公重修学宫记》中，借对孔元德政绩的赞扬提出了他的治国主张。他认为要想扭转内忧外患的困境，为政者必须“首道德，后刑威，崇文教，选武备；开粒食，恤贫困；宽肃随节，良恶异施，消患未形，边疆安堵”。但明末的国事的确是糜烂得无药可救了，终于在崇祯十七年（1644年）被李自成攻陷了北京，满人也趁机入关统治了北部中国。立志反清复明的雷耀龙只好追随永历皇帝在云南抗清直至病亡（一说死于“咒水之难”）。雷耀龙还是明末著名的诗人，他的长诗《昆池篇》73句，481字，以瑰丽奇艳的语言，丰富多彩的修辞，酣畅淋漓的情感，飘渺奇特的想象，巧妙形象的夸张描绘滇池，赞美滇池，被后人传诵至今。

建水人廖大亨，明天启二年（1622年）壬戌科第三甲第二百二十一名进士，官至四川巡抚、右佥都御史。廖大亨廉洁爱民，政绩卓著；关心家乡的建设，曾出资在云龙山和南庄香林河上各修建了一座石拱桥，建水人至今还记得他的功德。廖大亨著有《焕山明月赋》等诗文，他的五言诗《冬入云龙山》把冬季的云龙山描述得很幽美：“落叶满香林，人踏叶深厚。积霜湿空谷，高烟平霁岫。山谷苍且寒，溪毛碧以瘦。宛转为寻幽，古径聊相扣。枯藤萝带垂，涧咽松涛吼。一僧启荆关，选置转幽秀。眼旷天地开，万物谢雕镂。高深淡心怀，清暖变气候。残丝挂衰杨，霜蔓萦寒柚。枫树澹山容，草虫吟冻后。丹葩引断香，殊觉春光漏。藉草倾玉壶，花间疑美媾。孤坐看飞云，求矣忘晴昼。”

禄丰人王锡衮，字龙藻，号昆华，明天启二年（1622年）壬戌科第三甲第三百二十八名进士，翰林院检讨，官至礼部尚书兼兵部侍郎（正二品）。清兵入关后，王锡衮回到云南散尽家财募兵抗清。后云南元谋土司沙定洲叛乱，王被劫持后不屈而死，永历皇帝谥王锡衮为“文毅公”。后人有联赞颂王锡衮：“翠柏高风昭后世；苍松劲节励来人”“三山学子多才俊；一片丹心贯古今”。

保山人王宏祚，字懋自，号玉铭，明崇祯三年（1630年）庚午科乡试举人。清顺治、康熙年间，先后担任户部尚书、刑部尚书、兵部尚书等要职。清代的尚书比明代的尚书官阶高一级，是从一品的大员。王宏祚在改朝换代的年代，选择做能臣，主动与清初的统治者合作，努力贡献自己的才干。清顺治十五年（1658年）王宏祚写成了一部关系国计民生并具有“法典”意义的扛鼎之作——《赋役全书》。他在该书中指出，“民不苦供而苦杂派，法不立则吏不畏，吏不畏则民不安”。《赋役全书》阐述的观点，深受清初统治者赏识，王宏祚的治国才干更被清初统治者器重，故王宏祚官运亨通。去世时，康熙皇帝赐祭葬，谥“端简”。

弥勒人杨绳武，字念尔，号翠屏，明崇祯四年（1631年）辛未科第三甲第九十四名进士，翰林院庶吉士，官至兵部右侍郎（从二品）。杨绳武任监察御史时，弹劾不畏权贵，朝野有“铁面真御史”的名声。杨绳武在河南任巡抚期间，侦得皇侄唐王朱聿键阴谋叛乱之实，便星夜密奏朝廷，崇祯皇帝朱由检遂召唐王到京将其囚禁，从而避免了一场流血的叛乱发生。崇祯十四年（1641年）兵部尚书洪承畴领十三万大军在松山与清军作战，被皇太极围困。崇祯帝“平台召对”担任兵部右侍郎的杨绳武，并赐尚方剑，命其督师驰救。杨绳武统领大军东出山海关，至丰润时因疝病恶化而卒，年仅45岁。朝廷追赠鞠躬尽瘁死而后已的杨绳武为光禄大夫，太子少傅，兵部尚书，谕赐祭葬，谥号“庄介”。

河阳（今澄江）人赵士麟，字麟伯，号玉峰，清康熙三年（1664年）甲辰科第三甲第一百五十四名进士，官至浙江巡抚（正二品）。赵士麟一生四处为官，颇多善政。尤其在浙江任巡抚时，倡导在杭州筑西湖，该堤可与白（白居易）堤苏（苏轼）堤媲美，对水利，风光均有裨益，故他死后，浙江孤山县曾列之为名宦祭祀。赵士麟除为官时政绩卓著外，还工诗文，精书法，他的书法与昆明虞世璎、赵士英，元江马汝为并列，被称为“滇中四杰”。《书林记事》一书说赵士麟的书法：“出入李西台、赵承昌（孟颍）之间，时复摹石以惠后学，今所传《读书堂石刻》皆是也。”

河阳（今澄江）人李发甲（原名施发甲），字瀛仙，号云溪。幼读书凤翔寺，究心性理史子诸书及天文图数之学。父李冕病故时，哀毁骨立。清康熙二十三年（1684年）甲子科云南乡试，李发甲考中举人，历任知县等职，后官至湖南巡抚。值连年荒歉，李发甲遍谕各州县，发仓谷赈济。不久又逢连日大雨，江水泛涨，常德、长沙、岳州沿江州县田庐冲塌。李发甲借藩库金散赈。接着又碰到大旱，他亲自为文祷雨，甘霖立沛。又捐金购米，给湖南之流离者。观风课士，选拔优秀的士子到岳麓书院深造。湖南的士子参加乡试要赶到武昌，有的士子因洞庭湖水势汹涌，便裹足不前。李发甲曾三次上疏请建南闱，为部议所阻，但湖南士子仍感激泣涕。由于李发甲在湖南任上辛劳过度，竟积劳成疾死于任上。天子震悼，谓发甲清廉持身，实心尽职，应得恤典，特赐祭葬。士民建祠祀之，旋祀名宦。榇还，乡祀乡贤。

昆明人杨永斌，字寿廷，清康熙三十八年（1699年）己卯科乡试举人，官至礼部侍郎（正二品）。杨永斌是康熙、雍正年间廉能爱民的著名官吏。他在广东担任巡抚时，见“粤地多山，虽瘠可耕，滨海斥卤可艺稻，民俗逐末，趋网罟利”“檄州县核旷土，得六千八百余顷”。又上疏道：“瘠田虽产谷少，若多垦数十万亩，即可获数十万石，岁歉获薄资养，人免饥驱为盗，宜多方劝导，以尽地利。”得到皇上的赞许后，杨永斌又在广东，“垦田百十八万余亩，以赚无业者”，被广东百姓称赞为廉能爱民的好官。

昆明人陈时夏，字建常，清康熙四十五年（1706年）丙戌科第三甲第十名进士。中进士后，历任内阁中书、广西道御史、湖北按察使、江苏巡抚、内阁学士等职。陈时夏勤政爱民，对河道疏通、漕粮运输这类关系国计民生的大事特别关心，且政绩卓著。戴䌹孙编纂的《昆明县志》载：陈时夏到江苏任巡抚时，“甫下车，即疏陈修浚娄江及常熟之福山塘、昭文之白茆河、太仓之七浦河、武进之盂渎河、德胜新河、丹阳之九曲河，而吴淞江之在上海嘉定者皆淤浅，应浚又疏，请以江南正耗钱粮比直隶河南例岁统解布政司库。凡县之大小，分上、中、下等，酌留养廉银若干两，其地方公事宜用耗银者，悉布政使主之。至督抚司道及府佐贰等官，亦各给以养廉银，通计支用若干并所存数岁杪，奏明留之司库充公。先是敕，时夏改收江安漕粮米十万石为谷二十万石，运之福建。至是奏言：江南稻谷以淫雨不坚，恐舂碓折耗不敷二谷一米之数，且运米较运谷费殊省，而福建今年有收，以所运米于本处易谷，贮仓事两便。奏入，皆得允行”。

通海人赵城，字豆舆，清康熙五十四年（1715年）乙未科第二甲第二十八名进士，官至河南布政使（从二品）。清雍正三年（1725年），清廷在西南各省推行“改土归流”。赵城奉旨保举府、道官员。他对被保举者说：“治理地方必威德兼施，宽猛相济，然以施德为主，使之感化。”因保举有功得到升迁。雍正四年（1726年），赵城出任贵州丙午科乡试主考，遵照科举取士的规矩和标准，凭学识严格取士，试毕回京复命，雍正皇帝赏他乌喇玉砚一方，背镌康熙手书“以静为度，足以养年”八字。乾隆十四年（1749年）赵城年老告休，乾隆帝准予原品休致，并赐他“忠厚笃敬”字。

石屏人罗凤彩，字苞仪，号竹园，清雍正元年（1723年）癸卯恩科第三甲第五十二名进士，官至宗人府丞（正三品）。罗凤彩为官清廉宽厚、勤政爱民。清乾隆元年（1736年），广开言路，罗凤彩持大体，不以矫厉沽名，所陈《请均出贡》一疏，士林称颂不绝。罗凤彩为官20多年，义利之辨最严，待人宽厚谦和。归田后，洽谈人世纷华，一切荣名虚誉等视为浮云。教育子孙有良策，其子元琦，孙庆恩、湛恩、会恩、觐恩、荫恩等均为石屏好学有才有识之士，罗氏一族则成为石屏著名的科举家族。

建水人傅为许，字嘉言，号岩溪，清雍正十一年（1733年）癸丑科第三甲第一百五十五名进士，翰林院检讨，官至左副都御史（正三品）。傅为许是云南清代著名的学者和藏书家。著有《明儒四家纂》《藏密诗钞》《藏密文钞》《读礼偶存》等。傅为许在家乡建的书斋叫“藏密斋”，藏有数万卷书籍。

永北（今永胜）人刘慥，字君顾，号介亭，清乾隆二年（1737年）丁巳恩科第二甲第五十二名进士，翰林院编修，官至山西布政使（从二品）。刘慥在河南任布政使时，因黄河决口泛滥，冲决杨桥，黄河沿岸的近千里之地，灾情十分严重。刘慥身为朝廷的从二品大员，亲临抗洪救灾的第一线，与下属民众吃住在船中五个多月，终于修筑了河堤制服了洪水。刘慥在山西任布政使署巡抚时，山西的许多地方大旱，飞蝗遍野。刘慥深入灾区抗旱、灭蝗、救助百姓长达数月之久，使许多百姓免于饿死。由于刘慥长期在户外甚至浸泡在洪水中救灾，患上了严重的风湿病，只好告病还乡。

李因培墨宝

建水人陈世烈，字允文，号啸泸，清乾隆二年（1737年）丁巳恩科第三甲第五十八名进士，翰林院检讨，官至内阁学士兼礼部侍郎（从二品）。陈世烈因病提前退休后，担任昆明五华书院山长六年之久，育才甚多，对云南的教育事业做出了很大的贡献，后来担任安徽布政使的周樽、书画大家钱沣等人都是他的学生。钱沣在给恩师撰写墓志铭时，流露出了对陈世烈的深切怀念：“呜呼！古所称盛德君子，诚何已过师耶！”

晋宁人李因培，字其材，号鹤峰，清乾隆十年（1745年）乙丑科第二甲第九名进士，翰林院编修，官至湖北巡抚（正二品）。李因培为官精明能干，深得百姓好评；作诗才思敏捷，诗意隽永。如他的《乡梦吟》写得乡思绵绵、情韵铿锵："一身如梦为行客，梦中之梦到梁州。辞家忽复四千里，宵梦亦作千里游。天路修长云渺渺，美人渐近思香草。易水滇云两萦怀，梦北梦南几昏晓。春来无限好东风，故园梅花将毋同。倩风吹梦休吹断，挂在寒香第一峰。"他的《南岳》七首更被誉为压卷之作，《滇南诗略》说《南岳》"七诗沉郁典重，集中最著意之作，足空前后作者"。李因培不但诗才很高，还精通医术、擅长装裱。云南民间很崇拜李因培，有民谣云："才高八斗李因培，字压两江马汝为。"

昆明人钱士云，字沛先，号龙池。清乾隆十年（1745年）乙丑科第二甲第三十八名进士，选翰林院庶吉士，因故与戊辰科庶吉士同于乾隆十六年五月二十七日散馆，授职翰林院编修。由编修授御史，以误监礼降光禄寺大官署正，旋擢宗人府主事，转刑部郎。出知湖北施南府，调安陆，迁荆宜施道，既复入鸿胪寺少卿。历通政副使，光禄寺卿、内阁学士，累擢至兵部左侍郎。

蒙自人尹壮图，字万起，号楚珍，清乾隆三十一年（1766年）第二甲第三十五名进士，翰林院庶吉士，官至内阁学士兼礼部侍郎（从二品）。乾隆后期，吏治松弛、腐败成风，地方官员中贪赃枉法的情况十分严重。但乾隆皇帝发现各省总督、巡抚有错误或不称职的，并不深入追究，往往只采取罚款的办法，这种办法实际上等于纵容地方官员贪污受贿。对于这一弊病，正直的京官私下颇多议论，但没有一个人敢上疏直陈，唯有尹壮图上疏乾隆皇帝，请求永远废除这一做法，将罚款改为记大过若干次。如这些人才识平庸，可撤职罢官，或者调到京城任闲官，不要让他们再担任地方要职。尹壮图还上疏乾隆皇帝，说时下吏治废弛，有的督抚为非作歹，贪赃枉法、声名狼藉。然而，乾隆皇帝却认为如果按照尹壮图的建议去做，不但会断送了自己的财路，还会影响乾隆盛世的声誉，便以“挟诈欺公、妄生议律”等罪名将尹壮图降为内阁侍读，尹壮图只好辞职回乡。尹壮图虽然被乾隆皇帝错误惩处，但却在正直的官员中留下了很好的名声，并成为了清代中叶的名臣。

景东人程含章，字月川，清乾隆五十七年（1792年）壬子科乡试举人，官至广东、山东、江西等省巡抚（正二品）。程含章为官政绩卓著，做学问也堪称大家。光绪年间晋宁举人、著名学者钱用中在其编辑的《程月川先生遗集》十五卷的序中说：“吾滇自元设行省，而明至清，乡先贤之以名宦循吏有声于京外各省者颇不乏人，顾求其勤勤恳恳，视国事如家事，视民事如己事，道德、学术、政绩、文章，无一不优，又其政绩之卓著……以余所见，莫景东程月川先生若矣。”

宜良人严烺，字存吾，号匡山。生有异禀，年七岁能文，十一入泮，十三食饩，十六中副车，二十二领解首。清嘉庆元年（1796年）丙辰科，二十九岁的严烺考中第三甲第七十六名进士，选翰林院庶吉士。散馆，授吏部考功司主事，升文选司员外郎，擢浙江道监察御史，户科给事中。严烺任御史时，弹劾无私，不避权贵，满汉官咸敬惮之，京师称为严都老爷。其奏疏甚夥，如奏《革云南运铜弊累》，抗论钱法、仓储等疏，皆有裨于国计民生，均得旨，报可。嘉庆十二年（1807年）巡视山东漕运，除甘肃兰州道，又升任甘肃布政使。在任时，奏参贪墨吏七十余员，吏治一清。检视库帑空虚，察知为陕甘总督移挪侵蚀，并有诸不法事，即抗章越职陈奏。奉旨拿问，又调严烺进京质对属实。一天夜晚，嘉庆帝召见严烺，对严烺说，有仇者将不利于卿。现无藩司缺，只有湖北臬司缺出，你赶快到那里上任。严烺惶恐受命，当夜便整装出发。及莅任，又遇他弹劾的那个总督的弟弟在上游，欲为乃兄雪恨，事事刁难。严烺廉正自持，精忠为国，屹然不为动。总督的那个弟弟也对他没有办法。严烺由于勤劳过度，不久便病死在任上。盖棺之日，宦囊萧索，几无治丧资。全靠同僚解囊相助，始得全家扶榇回籍。

楚雄人周锡章，字采川，清嘉庆四年（1799年）己未科第三甲第二十五名进士，翰林院庶吉士，官至湖北布政使（从二品）。周锡章为清代中叶著名清官，《楚雄县志·宦迹》载：周锡章“后晋湖北布政使，举廉除贪，吏治一清。整顿沿江州县堤工水利，有益无损。以勤慎卒于官，湖北以‘名宦祭之’。”

昆阳（今晋宁）人李文耕，字心田，号复斋。嘉庆七年（1802年），会试及第，成为进士。后官至湖北按察使，但不久又以同官调回山东。《清史稿·李文耕传》说他“严治胥役，诈贼犯辄置重典。断狱宽平，责属吏清滞狱。数月，积牍一空”！三年后，李文耕调任贵州按察使，不久还代理布政使。贵州“天无三日晴，地无三里平，人无三分银”，是一个穷苦的地方，他修筑桐梓葫芦口导水除患；当地没有棉布，他设局教民纺织；民间生计困难，常常有“重利而废伦常”的事发生，他撰写了《家喻户晓篇》，劝导民众重视伦常。道光十三年（1833年），李文耕以年老告归故乡。五年后，因病逝世。

昆明人龚绶，字莲舫。以幼童受知于总督伯麟，清嘉庆十六年（1811年）辛未科第三甲第八十一名进士，选翰林院庶吉士。嘉庆十九年四月七日散馆，授职翰林院检讨。道光二年（1822年），典试山西，所选拔的人皆硕学宿儒，士论翕然。转山西道御使，巡视北城，有兄弟因争产成讼，历十余年不结。龚绶明白这兄弟俩之所以打官司，是因为有人挑拨离间。于是先治其主谋者，又两次亲自到那两兄弟的家里调解，兄弟俩便不再打官司，并和好如初了。龚绶则升任工科给事中，上《察吏安民疏》，道光皇帝十分赞赏，有“洵为察吏要言”之谕，命载入钦定台规。授广东惠潮道，升山

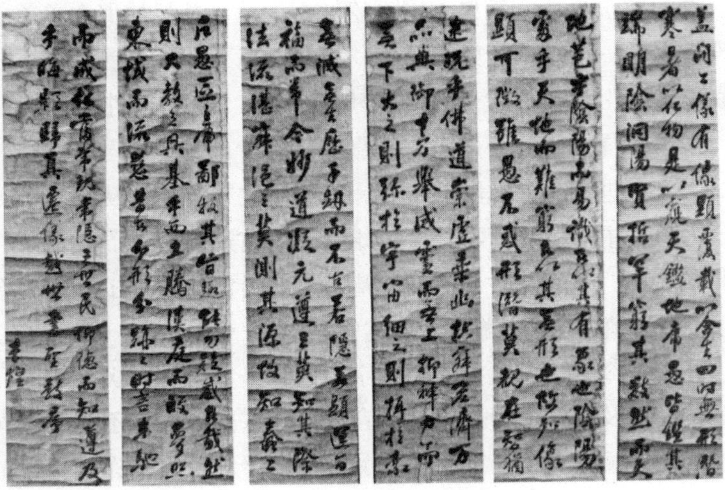

李煌墨宝

西按察使，又升四川布政使。调湖南布政使，护理湖南巡抚。诖吏议，降补湖北粮储道。龚绶在各地任职时，多惠政，而在湖南任职时特别突出，邑人曾建祠祭祀之。龚绶性方正、鲠直、对僚属却极谦和，故僚属都不敢徇私舞弊。致仕后，滇乱未平，就养于长子龚嘉儁任所。同治六年（1867年）重赴鹿鸣宴，奉旨赏京卿衔，恩赍有差。年八十七卒，卒于山西平阳府龚嘉儁的官府。

通海人孔继尹，号莘农，孔子六十九代孙。清嘉庆十九年（1814年）甲戌科第三甲第五十四名进士。知山东海丰县，迁滋阳，实心爱民，循声卓著，两邑均歌德政。事闻，擢知州，寻授夔州知府。月余，丁外艰去任。服阕，复知汝宁府，以修河功，擢广东按察使。时潮阳海寇不靖，奉檄往办，剿抚兼施，三旬事竣，潮人德之。晋广西布政使，赏戴花翎，入觐召见九次，有“老成持重，不愧封疆大臣”之旨。回任，卒于官。入祀海丰、滋阳名宦，潮阳亦建祠以祭祀。

昆明人李煌，字仲辉，号椸堂。清嘉庆二十二年（1817年）

丁丑科第二甲第三十名进士，选翰林院庶吉士。嘉庆二十四年四月八日散馆，授职翰林院编修。《新纂云南通志·列传》云：李煌，“幼颖悟，尝往祖姑家，见壁上有方舆图，心潜识之。既归，手摹写不失毫发，父大惊奇，遽具金令游学就傅。煌好治经，努力为诸生学问，寄居城西僧寺，闭户诵习，恒达旦不寐，其专精如此。嘉庆十八年，乡试中式，旋成进士，改庶吉士，历编修。道光初，典试陕西，大考对策列二等，诏赐文绮。出为山西学政，以敦行谊，通习经史，留心声律之学，条分八科为诸生讲说。其所取士又皆温谨有词采，可览观。又陈请复岢岚旧试院，利便五县生员。召为侍讲，累擢内阁学士，吏部右侍郎，迁礼部左侍郎。时廷臣议罢盛京大军，列置屯戍。煌条具十事上之，帝从其计。再迁户部左侍郎，出为江苏学政，卒官”。

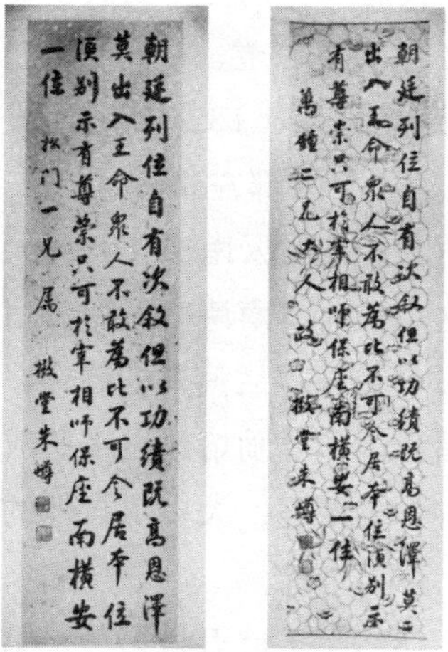

朱嶟墨宝

通海人朱嶟，字仰山，号桎堂，清嘉庆二十四年（1819年）己卯恩科第三甲第十名进士，翰林院检讨，官至礼部尚书（从一品）。朱嶟与林则徐一样，是道光年间主张禁止鸦片输入中国的文臣之一，他于道光十六年（1836年）上疏道光皇帝：“鸦片之物，使国民腐败，民族衰弱，有百害而无一利。今鸦片之毒，使军队沉沦于腐败堕落之渊，官吏与儒生亦染斯毒，百姓德义标准从此低下。”“中华若不尽早根除鸦片之祸，国人既危，中华更危矣！”

昆明人赵光，字蓉舫。清嘉庆二十五年（1820年）庚辰科第二甲第三十二名进士，翰林院编修，官至刑部尚书（从一品）。赵光治经通大义，善属文，工为书隶。制行纯笃，进退必以礼，名闻里

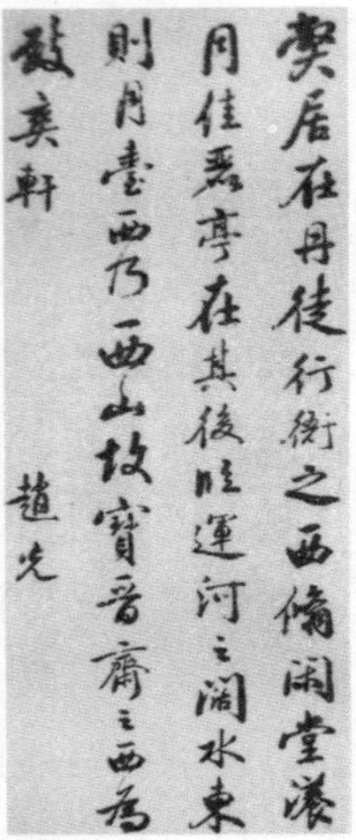

赵光墨宝

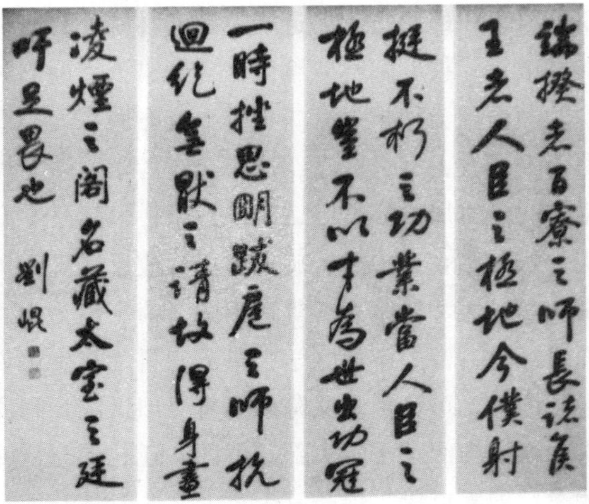

刘崐墨宝

堂，所上封事言皆恳切，不惮犯忤，世称其能。同治初年病故于礼部尚书任上，谥“文恪”。著有《赵文恪公遗集》二卷。

昆明人黄琮，字象坤，号锯卿。清道光六年（1826年）丙戌科第二甲第九十四名进士，翰林院编修，官至兵部左侍郎（正二品）。黄琮不但官运亨通，还是著名的学者，他对云南文化有两大贡献：一是纂辑《滇诗嗣音集》20卷，这是继《滇南诗略》后云南又一部规模较大的诗集。共收216家，主要是乾嘉以后滇人的诗作；二是掌教五华书院时“恒以诗古文辞提倡后进，奖励熔裁，多所成就”。同治初年之后的四十年间，云南古学之耆宿，大多出自他的门下。

石屏人朱腹，字丹木，清道光九年（1829年）己丑科第三甲第五十三名进士，官至陕西布政使（从二品）。朱腹为官政绩卓著，是道光年间的能吏。他在陕西任按察使期间，清积狱九百余案，结京控累年未结之案约三十多件，平反开释一百八十多人；任布政使时，一年完库亏约二百余万，其吏才冠于一时。

何彤云墨宝

景东人刘崐，字韫斋，清道光二十一年（1841年）辛丑科第二甲第十六名进士，翰林院编修，官至湖南巡抚（正二品）。刘崐宦海多年，勤奋学书，留心地方文献，写得一手颜体好书法，《滇绎》载刘崐“工书劲厚，得鲁公意，时人以比钱南园”。

晋宁人何彤云，字赓卿，号子缦，清道光二十四年（1844年）甲辰科第二甲第二十三名进士，翰林院编修，官至吏部左侍郎（正二品）。何彤云是晚清云南著名诗人，他的一些描写云南山水的山水诗，如《石林》《滇池歌》《春晓登五华山》《晚下圆通山》等，写得清新可喜，有较高的审美价值。其中写有序言的五言律诗《石林》最被后人称道。其序云“陆凉道中有石高下卓立，大者数十尺，小者丈许，弥望成林，疏密有致，奇观也。余往来过之，辄为流连，因为四韵”。其诗曰：“入望忽森森，苍然石气深，插天青玉笏，坠地碧瑶簪。长讶镡千尺，低犹笋一寻。不逢元镇画，狮子独名林。”

太和（今大理市）人马恩溥，字雨龙，清咸丰三年（1853年）癸丑科第二甲第一百零三名进士，翰林院编修，官至内阁学士兼礼部侍郎（从二品）。马恩溥为晚清学者，著有《岁华纪略》《慎余堂集》《滇南事略》等。大理文庙悬有一副马恩溥撰写的对联：

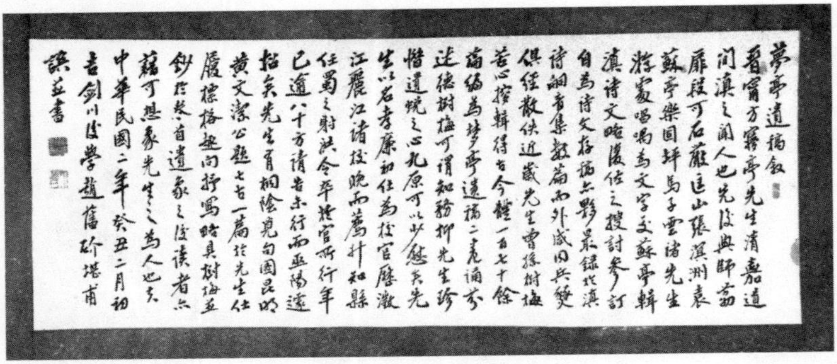

赵藩墨宝

“步地尽高，希贤、希圣、希天，立定脚跟做去；会心不远，观己、观人、观物，放开眼界看来。”

剑川人赵藩，字樾村，号介庵，清光绪元年（1875年）乙亥恩科乡试举人，官至四川按察使（正三品）。赵藩为官时，廉洁自律、勤政爱民，政绩卓著；做学问时，识精见宏；精于诗文书画，尤喜撰书楹联。成都武侯祠悬有一副被后人称道的、赵藩撰书的楹联：“能攻心则反侧自消，从古知兵非好战；不审势即宽严皆误，后来治蜀要深思。”

蒙自人杨文鼎，字俊卿。光绪五年（1879年）应顺天乡试，中举人。后官至湖南巡抚。在巡抚任内，文鼎曾与东三省总督锡良、云贵总督李经羲、伊犁将军广福、察哈尔都统溥良、新疆巡抚联魁等十八省封疆大吏联名致电军机处，奏请实行“立宪政治”，主张同

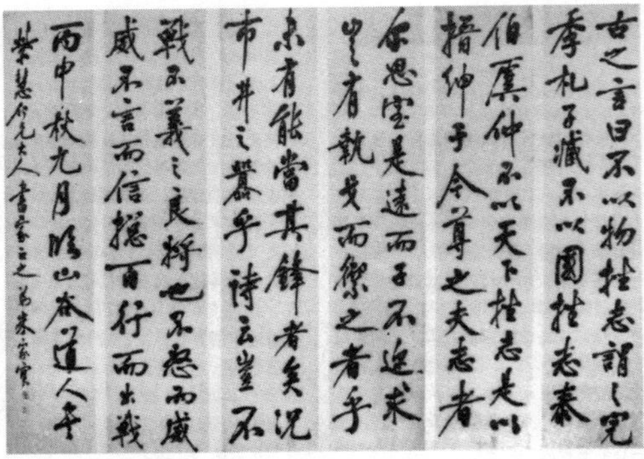

朱家宝墨宝

时成立内阁和国会。宣统二年（1910年）六月，调任陕西巡抚，就任前告假省墓，因时局动荡，未莅任。三年（1911年）冬，于上海病逝，终年59岁。

宁州（今华宁）人朱家宝，字经田，号墨农，清光绪十八年（1892年）壬辰科第二甲第四十一名进士，翰林院庶吉士，官至安徽巡抚（正二品）。朱家宝为官精明干练，十多年间便升为正二品高官。

云南五大科举家族

宋德金、高世瑜二位先生在《中国社会史第三次研讨会综述》一文里认为："家族是以个体家庭为基石组成的血缘社会团体，是指同一男性祖先的子孙虽然已经分居、异财、各爨，成了许多个体家庭，但还世代相聚在一起，按照一定的规范和办法，以血缘关系为纽带结合而成为一种特殊的社会组织形式。家庭和家族的关系，一般来说表现为个体和群体的关系，而两者的区别主要在于是否同居、异财、各爨。"

科举家族是中国实行科举取士制度以后，慢慢产生出来的一个很特殊、很荣耀的家族。大约产生于科举制得到充分发展和完善的宋代。辽宁大学历史系教授张杰先生在《清代科举家族》一书中，认为科举家族与普通家族的区别主要有三点：一、世代聚族而居，凭借家族组织支持族人应试，是界定科举家族的第一个条件；二、从事举业人数众多，而且世代应举，是界定科举家族的第二个条件，并构成科举家族和其他家族的根本区别；三、至少取得举人或五贡以上功名的家族，是界定科举家族的第三个条件。我们则认为：宋代以后，中国除以家族为群体的科举家族之外，还有以家庭为单位的科举世家。所谓科举家族，指的是：在几百年间，至少有三人考中举人、进士的家族。所谓科举世家，指的是：至少有三人考中举人、进士的家庭。科举家族和科举世家是科举取士时代最荣耀的家族和世家，早在科举家族罕见的唐代，诗人王建就云："一士登甲科，九族光彩新。”科举家族和科举世家对当时的社会至少产生了以下五个方面的重大作用：一、从宋代始，朝廷任用官员，首重“科甲出身”，科举家族和科举世家成为封建社会中起重要作用的政治力量；二、科举家族和科举世家人才辈出，为封建社会的巩固和发展作出了重大的贡献；三、科举家族和科举世家以应考作为“世业”，极其重视子弟的教育，并积极从事私人讲学，为地方教育的发展作出了贡献；四、科举家族和科举世家的成员热衷于从事文化著述，并在家族和家庭内形成了传统，因此便在家族和家庭中涌现出了众多的学者、诗人、艺术家，繁荣了中国的学术文化；五、科举家族和科举世家中的数位举人、进士，在族内和族外成为效学的榜样，鼓舞了族内、族外的进取者，从而促进了全社会文化的普及和提高。因此，可以这样说：在科举取士的时代，如果没有这些被人羡慕、被人效学的科举家族、科举世家，只有分散、孤立的个体科举人物，显然是不正常的，这会造成文化的断裂和散碎，必然会影响文化的传承和提高；如果只有这些被人羡慕、被人效学的科举家族、科举世家，没有分散、孤立的个体科举人物，更是不正常的，这会造成文化的垄断和专权，必然会影响文化的普及和更新。

云南推行科举取士的制度起步于较晚的元代，故科举家族和科举世家的产生也较晚。云南科举家族和科举世家产生于明代，兴盛和终结于清代。在明清两个朝代的五百多年间，云南产生了一百多个科举家族和科举世家。其中最大、最著名的五个科举家族是昆明的倪氏、大理的张氏、蒙自的尹氏、石屏的朱氏、晋宁的李氏。

一、昆明的倪氏科举家族

倪姓在中国是一个人口很少的小姓，清代的昆明，倪姓不但人口很少，同姓不同宗的更是罕见（同姓不同宗的有松江人倪蜕等。倪蜕无子，其女招昆明人阚履中为婿，阚履中便改姓倪，其子孙都姓倪。后人有倪植考中进士）。然而世居在昆明的倪氏却有八人考中进士，二人选中翰林。“一门八进士，三代二翰林”的佳话在清代的昆明流传甚广。故《新纂云南通志》赞曰：“倪氏，昆明望族也。文学彬彬足以楷模后进，琇与玢其尤著也。二人者，位有高下，而其为治甚相同，盖本原无二耳。读其诗蔼然可亲，仁人之言哉！”昆明倪氏科举家族中，有不少的成员擅长书画，在书画方面有较高的造诣，是学术型的科举家族。另外，昆明倪氏科举家族与建水倪氏科举家族是同姓同宗的一个家族。这个家族，五代人中共有十一人先后考中文进士，四人被选为翰林，是云南最大的科举家族。他们的辈分和籍贯是：一、倪高甲（建水籍，进士）；二、倪琇、倪玢、倪思莲（建水籍，翰林）、倪思淳（建水籍，翰林）；三、倪应观、倪应颐、倪应复；四、倪恩龄；五、倪惟钦、倪惟諴。

本文仅对昆明倪氏科举人物简介如下：

倪端，字筠圃，昆明人。清乾隆四十五年（1780年）庚子科举人，官至阿迷州（今开远市）学正。戴䌹孙《昆明县志·卓行》载：倪端之“父没时，告以曾贷李姓金无券，当偿之。端仓卒未及问李为谁。鬻产，怀金遍访之，两为人给去，后卒得其人偿焉。会试北上，旅次卫辉，启装时，见床头有遗金，托疾留，俟失金者至，还之乃行。历官元江、阿迷学正、路南训导。洁己爱士，人无闲言”。

倪琇，字尚莹，是孝廉方正倪士元的侄子，倪端的族人。清嘉庆六年（1801年）辛酉恩科第二甲第二十六名连捷进士。《新纂云南通志·列传》载：倪琇“幼聪颖，家贫力学。嘉庆庚申举于乡，辛酉成进士，选庶常，散馆授编修，充文颖馆纂修。擢江南御史，稽查裕丰仓，巡视江南漕务，疏陈运河情形并河防，各议动中时弊。是年以粮艘渡淮较早，旋京复命。宠眷优隆，询问家世温语。移时癸酉，转吏科给事中。时林清，李文成逆谋败露，中外戒严，将有巡城之命，有劝暂稽引见者。琇毅然曰：‘人臣居官，避难就易，甚非所以为心，且皆就其易，难者将谁任之。’翌日果奉命巡视中城，议奏四条：‘一、京通仓储宜添兵防卫；二、户部银库宜添兵防守；三、刑部监禁人犯宜添兵梭织巡查；四、京师各门宜添兵巡防，严缉余匪，不宜日久关闭以昭镇静。’上嘉之。以外艰归。服阕入都，授刑部给事中。戊寅，典试广西，所得多知名士。复命巡视中城，获赌棍牟东山等十八人，奏交刑部。东城吏目出缺，有深夜私谒者拒之，奏请褫职。出授福建兴泉永道，一以地方事为己事，下车新政，吏目肃然。厦门旧有玉屏书院，每试悉心技艺，捐廉奖励，谆谆以立品勤学多勗士。复添建涪江灌口两书院，增设膏火。厦门地当冲要，力除征税弊，商贾畅行兴。郡民多健讼，行所属，严惩讼棍。泉郡民情犷悍，议设族长以约束之。修惠安县城，筑莆田县堤，修义仓，置义冢，施棺木，修养济院，惠政实多。丙戌，台番蠢动，总督孙尔准率师剿抚，琇督办兵船、筹运粮镶，迅捷策应，允协机宜。嗣以商艘在夷洋被劫杀，琇不动颜色，辑和营伍指示方略，不匝月而凶犯五十余人尽数弋获。俸满不觐，奉旨回任候升。大府以老成练达、办事安详卓荐。旋卒于官。著有《使车吟余草》。子应淮廪生，广西州训导；应涛，癸卯举人，河南知县”。

倪琇的七言绝句《扬州怀古》假怀古以伤时，描写了扬州人去台空的变迁：“层城箫管几时休，处处垂杨处处楼。一自台空人去后，琼花玉树不胜愁。”

倪玢，字延玉，又字辉山，倪琇之弟。清嘉庆十四年（1809年）己巳恩科第三甲第一百一十二名进士。《新纂云南通志·列传》载：“倪玢行性孝友。嘉庆己巳进士，历任陕西洋县、浙江长兴、云和、江山等县知县。听讼明决，勤廉有声，分校两省乡闱，所荐者一时之隽。任洋县时，盗贼窃发，玢访拿，为首者，置诸重法，群遂敛戢。邑俗强悍，于各乡捐建义塾购置书籍，延师训读。上官嘉其法，下所属照办。南、城、洋三县民争水上控，十余年案未结。玢往勘验，划界劝谕，民皆悦服，树石于争控处曰：‘泽周汉广’。丁内艰去任。服阕，发浙江权长兴篆以办漕。早完，蒙优叙补云和令。云邑频年旱涝，玢勘灾请缓，昕夕不遑，境赖以安。俗固好讼，每决一狱，云民辄榜署外，颂曰‘审断如神’。檄办海塘大工，亲驻工，次续派庶几字号盘头剋期举事，历五日三夜而工竣。迁江山令，适荒歉两年，哀鸿满地，乃捐廉为绅民倡。获钱五万余千贯，分庄设局赈粜兼施。自乙未冬迄丙申秋，接济一年之久，全活甚众。余钱数千贯，发典生息永为须江公项。录赈粜始末，《为征信集》。大府上其功，得优叙。在任八年综理词讼虚衷研鞫，无一上控案。至买补仓谷、帮办大差久为民病悉裁抑之。加知州衔，秋满入觐，回任。卒于官。著有《小清閟阁诗钞》。子应谦，辛卯举人，贵州同知；应升，庠生，浙江萧山知县；应观，乙未进士，工部虞衡司郎中；孙恩龄，丙子进士，见《艺术传》。”

后人认为：倪玢的诗“量虽不多，诗则隽爽，古体诗音节和平，句法秀练，律调瑰丽，取法香山（白居易），颇得其真谛，每读倪氏所作‘春日大堤吟绿柳，秋风老圃醉黄花’句，盖可见其全编之风韵”。如倪玢的五言诗《白水驿》，清新隽永，很有诗意：“朝发交水城，暮宿白水驿。前途近黔关，滇海重重隔。劳者苦未休，心只为形役。行行四十里，看尽寒山碧。”又如倪玢的七言律诗《九月同谢石臞登五云楼》，正如汤鹏所说：“其旨油油乎其平，其言蔼蔼乎其和。”“凭栏顿觉展吟眸，历历江山入望收。天汉遥趋三峡水，夕阳高挂五云楼。却怜风雨洋川路，不似芙蓉翠海秋。远忆乡关成久别，那堪佳节客中游。”

倪应谦，倪玢之子。清道光十一年（1831年）辛卯恩科举人，官至贵州同知。

倪应观，倪玢之子。清道光十五年（1835年）乙未科第三甲第十八名进士，官至户部浙江司郎中。

倪应咸，倪琇、倪玢的侄子。清道光十九年（1839年）己亥科举人。

倪应复，字克斋，倪琇、倪玢的侄子。清道光二十年（1840年）庚子科第二甲第七十名连捷进士，官至贵州遵义府知府。著名书画家，行草书法襄阳，颇清挺。

倪应涛，倪琇之子。清道光二十三年（1843年）癸卯科举人，官至河南知县。

倪应颐，字鼎和，号梅羹，倪琇、倪玢的侄子。清咸丰二年（1852年）壬子恩科第三甲第一百二十五名进士，选授湖北大冶县知县。此时，广东一带的农民军进犯东南，胡文忠公巡抚湖北，统兵驻太湖以图皖，农民军恐惧，便绕出其后，打算牵制、攻占黄州。而随州、麻城、兴国、大冶之间，有数股农民军相策应。大冶距黄州仅一江之隔，无城廓防守，倪应颐只好率乡兵拒黄石港，筹江防。突然有一股农民军攻入县城，倪应颐闻警，会把总蔡绍阳、典史李启泰率兵击溃农民军。农民军又聚集在大冶县城之东的梅山寺，倪应颐与蔡

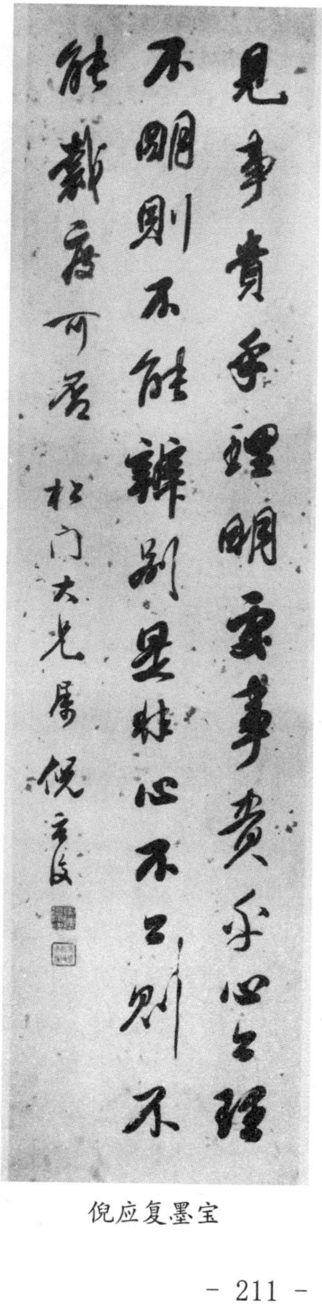

倪应复墨宝

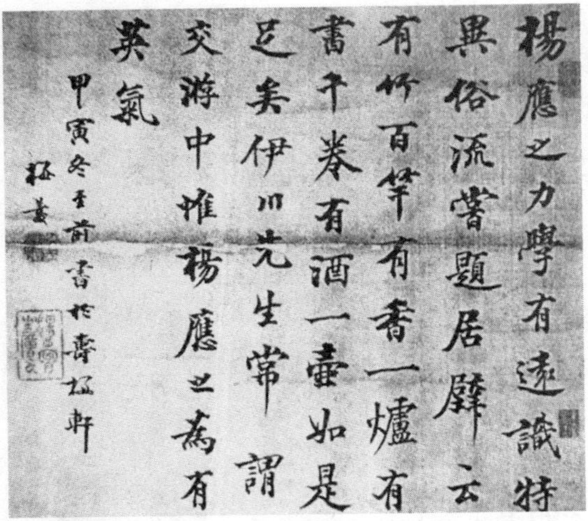

倪应颐墨宝

把总蔡绍阳、兴国参将温发魁一同率军进剿，擒敌二十余人，乘胜追击。倪应颐一马当先，单骑深入，中枪坠地，遂遇害。这天是咸丰十一年（1861年）的三月十三日。农民军败走后，大冶百姓将倪应颐的尸体安葬在城北。倪应颐战死的消息传到京城，诏建专祠，赠知府衔，赐恤云骑尉。倪应颐为晚清昆明著名书画家，行草法东坡，楷书在欧颜之间。昆明西山龙门、黑龙潭等风景名胜都有倪应颐的题书。

倪藩，字翰卿，倪应弼之子。清同治九年（1870年）庚午科举人。倪藩事亲孝，才具开展。咸同年间历佐岑毓英戎幕积功，保知府分发甘肃。以军营伤劳，遂引疾不仕。主讲育材书院十余年，成就后进甚多，并参与修《云南通志》。著有《耕心堂诗集笔记》《四书讲义》《退思吟》等。

倪藩的五言律诗《蠖居》表达了他高远的志向：“蠖居虽屈服，习静养天真。种竹思留月，栽花且待春。无求忘我贱，知足笑人贫。闭户观经史，高歌浩气伸。”七言律诗《感怀》抒写了他晚年的感悟：“感怀晚事浪淘沙，闭户萧然绝世哗。俗不能医辜负月，情犹未免爱怜花。愁肠欲断凭诗续，酒债难偿为客赊。最喜满庭芳草绿，春风一样到贫家。”

倪惟钦，字俞宜，倪琇、倪玢的侄曾孙，倪藩之子。同治十三年（1874年）甲戌科第三甲第五十九名连捷进士，官至福建漳州府云霄抚民同知、贵州兴义府知府。倪惟钦与陈荣昌编纂有《昆明县志》。

倪惟寅，倪琇、倪玢的侄曾孙，倪藩子，倪惟钦弟。清光绪元年（1875年）乙亥恩科带补壬戌恩科举人。

倪恩龄，字覃园，倪玢之孙，倪应观之子。清光绪二年（1876年）丙子恩科第二甲第十名进士，选翰林院庶吉士。光绪三年四月二十八日散馆，授职翰林院编修，官至江西南昌府知府。南昌府所辖州县，江河众多，夏秋两季，赣江、抚河、锦江等江河，常常泛滥成灾，给百姓的生命、财产带来巨大的灾难。倪恩龄带头捐出养廉银，在农闲时，亲自率领民工清除河道内的淤泥，疏通江河，加高、加固堤岸，大大减少了水患，被百姓呼为“倪大恩人”。倪恩龄为官清正廉洁，他从知府任上致仕回乡时，仅有不足一百两银子的积蓄，这点银子省吃俭用勉强够作回乡的路费。他曾撰写一副对联以记当时的窘境：“三年清知府，百两返乡银。”倪恩龄的清廉与“三年清知府，十万雪花银”的贪官，产生了鲜明的对照。倪恩龄还是清末著名书画家，他书法香光，“学花鸟于同里李怀陔刺史。其在京师为李俞农画鲦鱼百尾于箑，喁喁唼唼，交横于荇藻间，悠然作濠濮上观，见赏于嘉兴张鸣珂。”（《滇南书画录》）因倪恩龄德高望重、多才多艺，昆明人都将居住在昆明翠湖畔的倪氏家族称为倪翰林家。而倪恩龄就是笔者母亲的外祖父，我们兄弟几个都

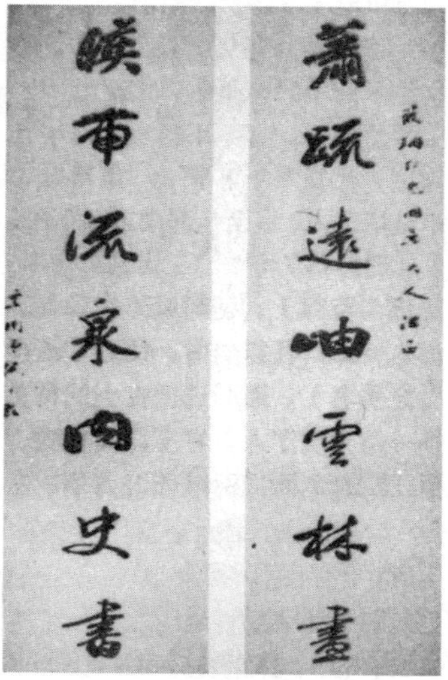

倪恩龄墨宝

酷爱文史，并出版了几部著作，大约是得益于倪氏优良的文化基因吧！

倪惟诚，倪琇、倪玢的侄曾孙，倪惟钦之弟，清光绪十六年（1890年）庚寅恩科第二甲第一百三十四名进士。

倪惟俊，倪琇、倪玢的侄曾孙，倪应颐之孙。光绪二十六年（1900年）庚子辛丑恩正并科举人，官至民政部主事。

二、大理的张氏科举家族

大理喜洲翔龙村是一块风水宝地，该村虽没有真龙腾飞，却人才辈出。明清两个朝代翔龙村的张氏家族有不少人考中举人、进士。仅列举文进士于下。

张云鹏（1467—1527年），字天翼，号东洱，太和（今大理）喜洲翔龙村人。张云鹏的祖父张宁，以文学举，父亲张浩为开河驿丞。张云鹏明弘治十五年（1502年）壬戌科第三甲第一百七十五名进士。历任刑部主事、郎中、四川按察司佥事、兵备佥事等职。

张拱文，字桂城。明嘉靖十四年（1535年）乙未科第三甲第二百零三名进士，历任评事、寺正、佥事、参议等职。《新纂云南通志·名贤传》载：张拱文“以终养乞归，囊仅积俸八十金，出以寿母。母责曰：‘吾令若为清白吏，安从得此？’曰：‘此儿俸也。’母麾之不顾。拱文乃以建桂香书院、立圣籍阁。里中群子弟肄业其中，皆呼为桂城先生云”。

张其仁（1802—1857年），字静山，自幼聪明好学。清道光六年（1826年）丙戌科，24岁的张其仁考中第三甲第三十八名连捷进士。张其仁考中进士后，担任蓬溪县知县。在知县任上勤政爱民、廉洁自律、兴利除弊、扶贫助困，政声极佳。由于张其仁政绩卓著，得到上司的欣赏，升迁不断，不久便升任正四品的湖南粮储道。张其仁在粮储道任上又得到林则徐的赏识，并与林则徐过往甚密。后来林则徐与琦善政见不合，受到琦善的排挤，张其仁因为与林则徐的关系，也多年得不到升迁，后辞官回云南。

张其仁一生著述很多，但大多数毁于战乱，流传在世间的有《诗联杂著》《铭心斋臆说》《常存斋铭心八则》《记序集录》《官箴》等。《官箴》云："肯理事，不要钱，闲时看书，忙时定气，早起时食，节欲养心，修身齐心，正己化人，兴利当防其害，除弊在得其平；立法贵简明，易于遵守；用法贵坚强，期得持久。临事时尽吾之忠。退食时思己之过，念念存利民济物，事事准天理人情。恭而有礼，猛以济宽。上交不谄，下交不渎。勿侈勿益之费，勿吝当用之财，敦俗劝贤，信赏必罚。坦白以施教，缜密以谨机。立事惟豫，杜渐于微，矢志思极亲君，慎独如对天帝，勿造次而违仁，切浮慕而熟中，常保泰然天君，直养浩然正气，唯此官箴，庶几贤铭。"

张云卿，字霁亭，又字云舫，张端卿之弟，张其仁族侄孙。清咸丰二年（1852年）壬子恩科第二甲第七十三名进士，历任礼部主客司主事、仪制司员外郎、精膳司与祠祭司郎中、河南道与江西道监察御史、鸿胪寺与光禄寺少卿、通政司参议、鸿胪寺卿、顺天府府丞与府尹、宗人府府丞、左副都御史、提督浙江学政、礼部左侍郎，官至署理刑部左侍郎。

张士铨，张其仁之侄。清同治元年（1862年）壬戌科第三甲第八十八名进士，官至宣化府知府。

张道渊，张其仁之侄，清同治二年（1863年）癸亥恩科第三甲第二十五名进

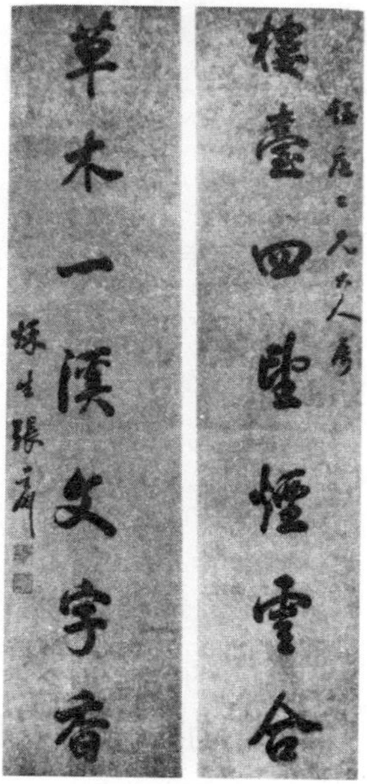

张道渊墨宝

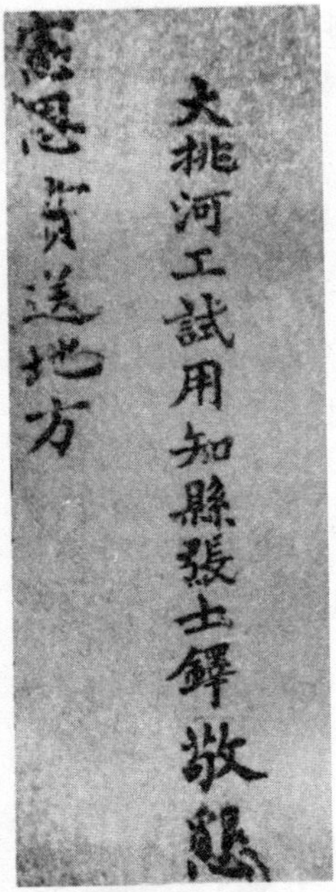

张士铎墨宝

士，官至山西道监察御史。

张端卿，字芝浦，又字子方，张其仁族孙，同治四年（1865年）乙丑科第二甲第三十一名进士，历官翰林院编修、国史馆协修官、贵州乡试正考官、功臣馆纂修官、协办翰林院事、庶吉馆提调、实录馆与武英殿协修官、实录馆总校官、圣训总纂官、右春坊右赞善、左春坊左赞善、日讲起居注官、安徽按察使、江西与安徽布政使，官至安徽巡抚。

张士彬，张其仁之子。清光绪六年（1880年）庚辰科第三甲第二十九名进士，官至工部主事。

张士镳，张其仁之子。清光绪六年（1880年）庚辰科第三甲第四十一名进士，官至四品内阁中书典籍。

张士锃，张其仁之侄。清光绪六年（1880年）庚辰科第三甲第一百二十一名进士，官至海南琼州府知府。

“一榜三进士，同科四举人”是喜洲老少皆知、广为传颂的佳话。“一榜”指的是清光绪六年（1880年）庚辰科的金榜，这一榜有喜洲龙翔村的张氏三兄弟张士彬、张士镳、张士锃高中进士。其中张士彬、张士镳两人是亲兄弟，都是张其仁的儿子；张士锃与张士彬、张士镳两兄弟是堂兄弟，是张其仁的侄子。“同科”指的是清光绪五年（1879年）己卯科带补丁卯科云南乡试，这一科有喜洲龙翔村张氏家族的张士铎、张继曾、张士镳、张士锃同榜考中举人。其中的张士铎、张士镳是亲兄弟，都是张其仁的儿子；张继曾是张其仁的孙子，张士锃是张其仁的侄子。

三、蒙自的尹氏科举家族

蒙自县的尹姓有两个家族。一个家族的远祖为怀庆府（府治在今河南省沁阳，今河南修武、武陟以西，以及今山西东南部一带）人。另一个家族的远祖为湖广人。尹愉的祖籍为怀庆府人，明弘治年间从军入滇，定居蒙自。大约两个尹姓都有科举人物。由于有的人物到底归属哪个尹姓无确凿资料记载，只能将有资料证实为尹愉家族的举人、进士单独述说，其余仅罗列作为参考。

尹愉，蒙自人。明万历十三年（1585年）乙酉科举人，官至衡州知府，多惠政，博学工词翰，著有《来紫堂集》等。

尹文炽，字澹卿，尹愉之曾孙。清康熙二十六年（1687年）丁卯科举人，官至兵部主事。《新纂云南通志·名贤传》载："李日芳之乱，邑人远窜，父若时方侍其母疾，不肯去，而令文炽逃。时文炽甫十岁，泣曰：'父不忍舍大母去，儿何忍舍父而求生也。'亦不去。事平，卒无恙。兄患目疾，以药进，兄怒，拂碎碗击其面。文炽怡然，再煮进之。既长，好学，康熙丁卯举于乡。为兴宁知县，先是兴宁人以按户食盐，苦于偿课，皆流亡。文炽怜其状，力请于上减盐额十之六，民赖生聚。去任日，余盐三十万有奇，俾董事者出纳，为邑荒备，兴宁人德之。行取兵部主事，转工部。寻告归，所得俸禄公诸昆弟，建宗祠、置义田，服用如寒素，而戚属辄待以举火。尝书'盈、银、淫'三字传其家戒，年八十五卒。"

尹宗梁，字奕山，一字庚朗，尹文炽之长子。清康熙五十六年（1717年）丁酉科举人，援例授广西桂林通判。尹宗梁在桂林政绩卓著，升为同知。桂林的育婴、养济二院因经费少，人口增而不能维持。尹宗梁请求上司增拨经费，又自掏腰包捐银资助。归里后，倡修学宫，救助贫困。

尹增，尹宗梁之子。清乾隆二十五年（1760年）庚辰恩科举人，官至永川教谕。尹增性慷慨，乐于助人，在永川时，见贫困的诸生无钱到省城参加乡试，便倾囊相助。后因母亲病逝，伤心过度而英年早逝。

尹均，字佐平，尹宗梁之子，尹增之弟。尹均为人仁孝，有至性，居父母丧，毁恸逾恒，结倚庐殡宫侧，朝夕哭。昆弟五人门无异财，但都乐于助人。清乾隆十九年（1754年）甲戌科，尹均考中第三甲第九十一名进士，选翰林院庶吉士，官至内阁中书。当朝廷要升迁尹均为主事时，他却考虑到儿子尹壮图官居御史，名声振动京师，父子同朝为官，恐有不便，于是就以年衰请求致仕。尹均致仕后，就养于尹壮图在京城的邸舍。有诏推恩赠官荣禄大夫内阁学士，加二级，召与乾清宫千叟宴，赐裘杖，慰礼甚厚，卒年七十三。大学士刘统勋论当世公卿，少所推许，独谓均能以清白遗子孙云。

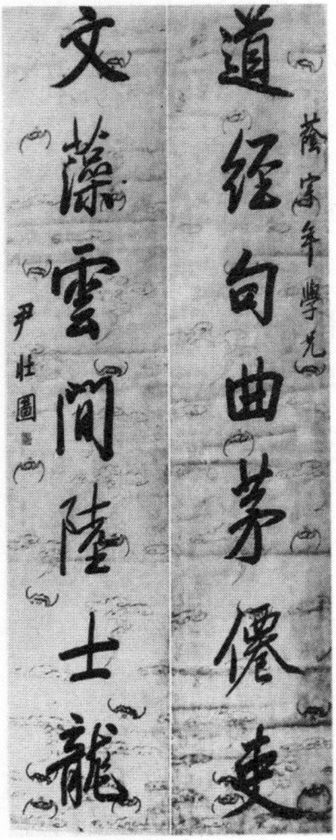

尹壮图墨宝

尹壮图（1738—1808年），尹均之子，字万起，号楚珍。乾隆三年（1738年）冬月生于蒙自县城阁学街。其祖父尹宗梁曾任粤西桂林司马。

尹壮图少年和青年时受业于蒙自县“勤讲论、善诱掖”的宿儒杜式庵，又曾跟随弥阳刘随轩学书法。乾隆二十五年（1760年）赴临安科试，名列一等一名。三十一年（1766年）考中进士，“改庶吉士，散馆”，授刑部安徽司主事，再迁吏部文选司员外郎，考功司郎中，礼部郊祭司郎中。“三十九年（1774年）考选江南道监察御史，转京畿道，三迁至内阁学士，兼礼部侍郎”。

尹壮图担任考功司郎中期间，曾多次出

任考官，为清王朝选拔了一批人才。乾隆三十六年（1771年），尹壮图参与典试广西，次年“奉钦命充武闱会试同考官”，录取武进士赵士魁等人。四十二年（1777年），尹壮图任顺天乡试副主考，录取了章学诚。四十八年（1783年），再次参与主持顺天乡试，录取裴显相等200余人。试毕，考官赴盛京（今沈阳）向在那里拜扫祖墓的皇帝复命，得到乾隆的称赞。同僚向皇帝面奏：“尹壮图不惟识文字，亦且细心检阅。”细心，也确是尹壮图的特点，他在吏部主管考功司时曾说过：“余目力本钝，必逐字了然于心，然后画诺，有轻重失宜者，必与同寅按例研究，是以每日进署独早而公退较迟，不敢恃才见长，亦不敢因循苟且。”

乾隆五十一年（1786年）10月，尹壮图奉帝命总阅《四库全书》，与《四库全书》主笔纪晓岚相处甚得。五十二年（1787年），尹壮图奔父丧，在蒙自守孝三年。服满回京候补，途中见督抚声名狼藉，吏治废弛，认为咎由乾隆三年（1738年）钦定的“督抚坐谴，或令缴罚项贷罪”而起。五十五年（1790年），上疏言：“督抚自蹈愆尤，圣恩不即罢斥，罚银若干万充公，亦有督抚自请认罚若干万者。在桀骜者藉口以快其饕餮之私，即清廉者亦不得不望属员之佽助。日后遇有亏空营私重案，不容不曲为庇护。是罚银虽严，不惟无以动其愧惧之心。且潜生其玩易之念，请永停此例。如才具平常者，或即罢斥，或用京职，毋许再膺外任。”乾隆批复道：“壮图请停罚银例，不为无见，朕以督抚一时不能得人，弃瑕录用，酌示薄惩。但督抚等或有昧良负恩，以措办官项为辞，需索属员；而属员也藉此敛派逢迎，此亦不能保其必无。壮图既为此奏，自必确有见闻。令指实覆奏。”壮图复奏道：“各督抚声名狼藉，吏治废弛，臣经过地方，体察官吏贤否，商民半皆蹙额兴叹。各省风气，大抵皆然。请旨简派满洲大臣同臣往各省密查亏空。”乾隆见奏，十分不悦，批复道：“壮图覆奏，并未指实，至称经过诸省商民蹙额兴叹，竟似居今之世，民不堪命，此闻至何人，见于何处，仍令指实覆奏。”壮图再覆奏，承认自己措辞不当，请求治罪。乾隆命户部侍郎庆成同壮图赴山西查府库，先查大同府库，再查山西布政使库，皆无亏空，壮图请求还京领罪。乾隆又命庆成同壮图再赴直隶、山东、江南诸省查府库，庆成每到一地，游山玩水，饮宴数日才通知开库检查。从直隶布政使到正定、兰山、山阳各府县均无亏空。乾隆寄一手谕给壮图，问他一路之上是否见到商民蹙额兴叹，壮图覆奏说，见到商民安居乐业，绝对没有蹙额兴叹这一类事情，乾隆又命庆成传旨，要壮图指出几个声名狼藉的督抚，不要再含糊其辞，躲闪遮掩。壮图被迫承认自己虚妄欺君，奏请降罪。不久，壮图又查了苏州布政使库，亦无亏空，回到北京。乾隆把他交由刑部治罪，刑部“比挟诈欺公，妄生异议律，坐斩决”。乾隆认为壮图“逞臆妄言，亦不妨以谤为规，不必遽加重罪”，将其降为内阁侍读。不久，改任礼部主事。

乾隆五十七年（1792年）秋，壮图以母老乞归，“蒙圣恩谕令回籍养母”。

尹壮图回到蒙自，临安府（今建水）知府张玉树聘他为郡城书院主讲，尹壮图觉得临安离蒙自太远，对老母难尽孝道，便接受了离蒙自较近的阿迷（今开远）灵泉书院的邀请，兼任蒙邑书院主讲。

嘉庆元年（1796年），清仁宗颙琰即位。尹壮图曾是颙琰的侍读，给颙琰留下了“敢言之臣”的印象。四年（1799年）春，仁宗亲政，“召诣京师”，要壮图“急行来京擢用”。壮图到京，仍要求嘉庆皇帝准其回家养母，嘉庆准奏，赏给其母大缎二疋。“加壮图给事中衔，赐奏事匣摺”，允其“在籍奏事”。行前，“复上疏请核各省陋规，明定科条”，嘉庆以为行不通。

尹壮图在京为官多年，清正廉洁，两袖清风，得罪了不少权贵，离京时无人相送，仅老家人王忠相随。随身之物仅嘉庆送的大缎、摺匣、一对红纱灯及一些书籍。一天，主仆二人来至贵州安顺府，住进一家客店的上房，尚未入睡，店伙便来通知说，刚上任的安顺府台要用此房，给他们让一让，壮图点点头，与王忠到厢房歇息。

王忠气不过，悄悄点亮“钦命在籍奏事”的大红纱灯，挂在店门两旁。深夜，新任安顺知府拜客回店，看见门口的红灯，大吃一惊，向店主打听得换房事，更为惊恐，赶忙写了一份拜帖，吩咐一个听差送到厢房。

王忠在京里是见过大世面的人，小小一个知府，哪里在他眼里。他听到敲门声开门接了拜帖，转身呈上拜帖，禀道：“老爷，新任安顺府台要谒见你老人家呢。”壮图正躺在床上看书，看了一眼拜帖，说道：“请。”安顺知府一进厢房，立即跪倒叩头，口中道：“晚生年轻无知，得罪老大人，望其宽恕。”壮图道：“起来，起来，没什么，没什么，你少年得志，做人做事要步步小心。出来做官，要爱民如子，切不可居官扰民，放纵下面的人狐假虎威。”知府连连称是。知府走后，对王忠道：“我平生最恨以势压人，今后不可再为。”

壮图回到蒙自，曾上疏“请拔真才，储实用”，大要谓，“保举未定处分，当下吏部严立科条；科场或通关节，当将房考落卷送主司搜阅”，其尤要者，谓“六部满洲司员稿案，文义多未晓畅，当严督令习经书通文理；乡会试加广名额，司员先尽科甲挑补”，嘉庆将其奏章交军机大臣研究。军机大臣认为只有房考落卷送主司搜阅一条可行，补入《科场条例》。壮图二度还乡，云南巡抚初彭龄请他到昆明五华书院任主讲，壮图推辞不过，于嘉庆六年（1801年）奉母赴昆就职。壮图的到来，使五华书院门庭若市，“自启馆以来，生徒四五百人，竟不能容，僦寺以为院”。

初彭龄告老还乡，壮图奏请嘉庆留用，嘉庆不许，又“别疏复申前议，谓满州子弟十五六岁前专责习经书通文理，再习骑射翻译”。嘉庆不悦，认为以前曾“驳饬”过的事又重新上奏，要改变“朝廷成法”，是一种渎职行为，命云南巡抚伊桑阿“传旨申饬”。嘉庆八年（1803年）又上疏皇帝说：“天下万几，皆皇上独理，内外诸臣不过浮沉旋进旋退之中，无能匡扶弼亮，请于内之卿贰、翰詹、科道，外之藩、臬、道、府，慎选二十人，轮值内廷。每日奏章谕旨，尽心检校，有疏忽偏倚之处，许就近详辨可否。”嘉庆震怒，责“壮图言皆迂阔纰谬，断不可行，若如所奏，直于军机大臣外复设内军机，成何政体”。时云南布政使陈孝升，道员萨荣安以冒销军需治罪，嘉庆令巡抚那彦宝责问壮图为什么不奏此事，壮图说因为未掌握陈孝升等人的确凿证据，故不敢奏，虽如此仍请求处分。嘉庆宽恕了他，终未降罪。

嘉庆八年（1803年）冬月，蒙自观澜书院落成，壮图热心本县教育事业，返回蒙自任观澜书院主讲。此时，壮图已年近七旬，仍孜孜不倦地讲课，批阅作业，壮图的儿子记述当时的情况说：“府君六十七岁，主讲本邑书院，每课生童二百余卷，批阅甚详，循循善诱，文风日蔚。”两年之内，书院的学生李先德、杨淇、尹奠图、汤联荣等一大批人都考中秀才，入学人数之多，为蒙自前所未有。

壮图善书法，他博采众家之长，自成一体，浑厚凝重，圆阔自然。人称之为“龙蛇体”。行书“遒劲而润活，转角成圆折”，其墨迹遍及滇南，“凡邑之寺庙皆为题方丈大字。又尝取行乐手卷作蝇头小楷，凡少时以至林下诗文，参错书于其上，字数十万有奇”。五华书院“藏书楼”的题额及“鱼跃鸢飞活泼泼地，日华云烂纠缦缦天”的对联即壮图书法真迹。

尹壮图博览群书，勤于笔耕，有《尹壮图诗稿》二卷，《详批纲鉴性理语录文稿》四卷。嘉庆十三年五月二十日（1808年6月17日或7月17日）尹壮图病逝。

尹英图，字毓钟，尹壮图之堂弟。清乾隆五十二年（1787年）丁未科第三甲第三十四名进士，选翰林院庶吉士，散馆受职翰林院检讨，又由检讨改授恩施县县令。尹英图敢任事，胆勇绝人。嘉庆元年（1796年），川楚教匪窥施鹤，郡守恐惧，无所作为。尹英图招募义民入伍，率义民进剿教匪，活捉首逆朱德洪，邑境遂安。任同知时，尹英图又剿教匪李登敖。不久，恩施又发生暴乱，尹英图捕首逆陈耀川，斩级二千。奉节利川来告急，尹英图又率兵救援，打败作乱之敌，擒剧贼汤允礼、杨秀、瀧超等人。尹英图因屡立军功，升任湖北施南府知府。道光四年（1824年），致仕归里的尹英图病逝，享年七十八岁。

尹巩图，尹壮图之堂弟。清乾隆三十六年（1771年）辛卯科举人。

尹益图，尹壮图之堂弟。清嘉庆九年（1804年）甲子科举人。

尹奠图，尹壮图之堂弟。清嘉庆十三年（1808年）戊辰恩科举人。

尹睿图，尹壮图之堂弟。清嘉庆二十四年（1819年）己卯科举人。

尹佩绅，字铭室，尹壮图之侄子。清嘉庆七年（1802年）壬戌科第三甲第一百三十六名进士，官至广东澄海县知县。著有《凤山记》一卷等。

尹佩棻，尹壮图之侄子。清嘉庆十年（1805年）乙丑科第三甲第一百二十八名进士。

尹佩珩，尹壮图之子。清嘉庆十六年（1811年）辛未科第三甲第十一名进士，选翰林院庶吉士，官至陕西督粮道。

尹佩琨，尹壮图之侄子。清道光十四年（1834年）甲午科举人。

尹佩玱，尹壮图之侄子。清道光三十年（1850年）庚戌科第三甲第五十二名进士。

由于以尹愉为先贤，尹壮图为代表人物的尹氏家族，科甲鼎盛、人才辈出，故《新纂云南通志》赞曰："尹氏，累世儒，望名重滇中。壮图事君无隐，抗议柱下，正直不回，《传》所谓'进思尽忠，退思补过'者，庶乎近之。一鸣之后，终身远斥，悲夫！贤人君子难合于时也。盛世犹然，况于乱季乎？均清纯德泰，英图开达理干，一门竞爽，盛矣哉！"

蒙自尹姓还有七位考中举人、进士，因不知是否与尹壮图为同一家族，仅罗列于下。

尹延俊，明隆庆五年（1571年）辛未科第三甲第一百二十四名进士，官至盐运使。

尹绍皋，明万历十年（1582年）壬午科举人。

尹于禧，明天启七年（1627年）丁卯科举人。

尹泰，清康熙二十九年（1690年）庚午科举人。

尹熙，清雍正七年（1729年）己酉科举人。

尹瑞雁，清乾隆四十四年（1779年）己亥科第一名举人（解元）。

尹仲杰，清同治十二年（1873年）癸酉科带补辛酉科举人。

四、石屏的朱氏科举家族

石屏的朱氏家族是石屏首屈一指的科举家族，这一家族有六人考中文进士，六人考中文举人。

朱熯（1698—1774年），字临川，号龙坡，先世于明洪武年间迁入石屏。朱熯22岁于康熙庚子（1720年）科中举（解元）。26岁，雍正甲辰（1724年）科取二甲第七十五名进士。选授直隶赤城县知县。后调任怀安、任邱两县知县，升赵州直隶州知州，广平府同知，又升大名府知府，后移任永州。朱熯居官多年，简静廉平，所到之处有惠政，京畿称最。尤其注重培植学士，振拔人才。在大名府任中，识崔述、崔迈兄弟于童子试中。崔述兄弟因漳水成灾，家贫如洗。朱煐招人府署晚香堂，与次子士琬（字松田）同学，教养八年，使崔述兄弟得举。后来，崔述为乾嘉时期著名的经学家，并著书感戴朱煐之恩。朱瑛性廉介宽厚，在官任中，所用薪米皆由市价购入，不苛求于民；对属吏不动声色，而属吏肃然畏之。乾隆二十七年（1762年）七月，由大名府移任永州。士民攀辕阻道者十余里，啼泣不绝。在永州年余，因与巡抚意见不合，辞官归里。乾隆三十九年（1774年）二月十四日卒于石屏。崔述为之作传、书墓志铭。崔迈有《哭致任永州府知府石屏龙坡朱公五十韵》《遥送朱松田自永州归云南二十韵》。

朱炜，朱煐之兄。清雍正二年（1724年）补行癸卯正科举人，官至新野县知县。

朱炆，朱煐之堂弟。清乾隆十二年（1747年）丁卯科举人。朱炆有著述传世，他的七言律诗《五亩访侍御白塘公别业》描写了如桃源似的乡村："径转峰回别有村，溪流环绕谢公墩。桃源地煖花连坞，栗里人闲柳覆门。几叠烟岚留屐迹，数家鸡犬散篱根。重寻丁卯桥西路，物外幽栖好避喧。"

朱士琪，朱煐之子。清乾隆三十五年（1770年）庚寅恩科举人。

朱奕簪，字笏山，朱煐之孙，朱士琪之子。朱奕簪幼负才名，清乾隆四十五年（1780年）庚子科举人，官至四川什邡知县。朱奕簪工诗古文词，著有《笏山文钞》《芋栗园诗钞》《晚香堂诗说》《春秋说》等。他的七言律诗《捡旧稿》记录了他清理旧稿时的复杂心情："有生只是情难遣，得句多从酒半醺。翡翠鲸鱼无一似，梅花铁石又谁分。当今已不求元晏，后世何须问子云。草草吟成随弃置，那堪重理乱丝棼。"五言律诗《庭柚》，则歌颂了柚树的美德："与尔三年对，风霜不改柯。花争春艳少，实爱晚成多。古苏留奇篆，寒蝉和醉歌。天将黄绶赐，迟暮未蹉跎。"

朱淳故居

朱淳（生卒年不详），初名峤，字瀛山，朱奕簪的侄孙，嘉庆年间优贡。道光辛巳（1821年）科举人。己丑（1829年）科与朱家学、朱丹木二叔父同取进士，中二甲第一名（传胪），为清代云南进士中甲次最高者，钦点翰林院庶吉士，授编修，任国史馆纂修，武英殿纂修。丙申（1836年）会试，同考官，武会试作内监试。丁酉（1837年）顺天乡试监试。历掌河南、湖广道监察御史。巡视西域吏、兵科给事。外任浙江金华府知府。历署绍兴、宁波、温州等府知府，所到有政声，在宁波“时值英人通商，兵火之后，中外杂处。朱淳招抚流亡，尽心教化，阴除汉奸。遇事持正，遂使中外相安，疮痍渐复，海疆宴然。以劳卒于官”。朱淳生前喜好书法。乾隆以后滇中书法都宗钱南园，惟朱淳直追蔡邕、苏东坡，独树一帜。

朱艧（1794—1852年），字丹木，朱奕簪之子。嘉庆癸酉（1813年）科举人，道光己丑（1829年）科取三甲第五十三名进士。历任安徽绩溪、阜阳两县知县，无为州知州，贵州兴义府知府，江西督粮道，陕西按察使、布政使。朱丹木所任有政声，在绩溪，修水利，通沼、濠、南诸河，使山洪不致冲没田亩；重修书院，捐置膏火，亲躬课士，使文风日上；访求县属节义，详请旌表，以敦教化，该县士民感激之。调阜阳，时值饥荒，寇盗四起，朱丹木一面上疏详请缓征，并免积欠，开仓赈济；一面又劝富户捐资，自己首先捐廉俸为倡导，分别设施饭粥、衣、医各厂，救护饥病之民。先后捕治土豪盗魁一百余人，境内肃然。在无为州，值大水浩劫之后，城廓、墟落、田野积水数尺，朱丹木督筑江堤五十余里，治理洪水，民始得安居耕种。至贵阳，即委署贵东道，古州屯兵数千，日久但有虚名，屯田典卖，侵吞殆尽，朱丹木清理屯军，补足原额，而勤以操练，剔除弊窦，壁垒一新。在江西督粮道任上，漕政废弛，纳粮包于大户，小户输倍正供，而漕粮征不及半。朱丹木严禁包户，革抗粮乡绅数十人，其弊始除，小民得自负米粮交仓，省费无数，终无亏欠者。在陕西任按察使期间，清积狱九百余案，结京控累年未结之案约30余，平反开释180余人。为布政使，一年完库亏约200余万，其吏才冠于一时。咸丰元年（1851年）引疾归，捐建玉屏书院，重修文庙。是年大旱，设米厂以救饥民，州人感其德。朱丹木生平学问渊博，工诗古文词。著有《积风阁初集》《味无味斋诗集》《绿杉野屋试帖》《居敬持志斋制艺》《唐十家集》《经诗考误》等。

朱丹木是清代著名的诗人。后人说朱丹木的诗“上追少陵、昌黎，下揽山谷、遗山”“海内名流，咸推服之”。他青年时期的作品“如干莫出匣，光芒四射”，能写出“绝似骑鹏背，扶桑看日升”（《过老鹰崖》）这样气吞山河的诗句。中年之后，锋芒有所收敛，渐入所谓“雄浑苍坚”的意境。其诗作中最为宝贵的是表现出悯农爱民、正道直行、竭忠为国、反对侵略、力主禁烟等进步思想。如《捕蝗》：“水归又报昆虫作，揖揖说说遍水浔。敬祷田神皆畀火，群驱战鬼乱鸣金。天生天杀非人力，民乐民忧见吏心。绝恶始萌犹未绝，早将钱米募苍黔。”

朱家学，字篑峰，朱奕簪的侄子，道光八年（1828年）考中举人，道光九年考中第三甲第六十六名进士。历任山东海阳、文登、蓬莱、泰安、顺天、宛玉、大兴等县知县，易州直隶州知州。补水平府知府。因与上官顶撞，引疾归里。

家学居官有循声。在海阳时间最久，前后达14年，任中抚穷民、理冤狱、缉海盗、革陋规，邑人无不感戴。庚子（1840年）、辛丑（1841年）间，英国人扰我海疆，山东戒严。山东巡抚率兵驻防登州，以海阳濒海难守，拟遣将调兵2000往戍。家学认为：“官兵事前扰民，事急则溃决，不可靠；海阳小县，民力实难供给官兵所用。”于是谒见巡抚，说明愿以一身率士民死守，不烦重兵；巡抚许之。家学率丁壮，备火器修筑城池，躬率邑人登城楼戍守，敌船竟不敢犯而去。为此，巡抚器重之，奏请以同知直隶州，先换顶戴，并赏花翎。家学在直隶两署京县，差烦事剧，办理裕如。及任易州，承办西陵大工（道光皇帝陵墓）兼办御道，所用皆发。当时，文宗（咸丰皇帝）亲送宣宗梓宫人陵，两次召见，并垂询治东省详情，特旨以知府，留直隶，遇缺则补。后因办理徐文兴惑众敛资一案与直督臬司力争，被削职永平。家学知失上官意，遂不赴任，引疾归里。著有《篑峰文集》《经史疑义》若干卷藏于家。（本文引自《石屏县志》）

朱在勤，字幼木，朱雘之子。清咸丰元年（1851年）辛亥科举人，官至四川候补道，著有《次民诗钞》等。他的五言诗《赠佴芳池》，情景交融，表达了他有才难施的情怀：“良朋渺千里，觏面未易期。故为咫尺间，相望不相知。山林与城市，道合迹已违。天马自纵逸，下驷辕轭羁。元鹤游霄汉，小鸟樊笼栖。位置造物心，敢怨人实为。”

朱庭珍（1841—1903年），字筱园，朱家学之子。光绪戊子（1888年）科举人，举孝廉。庭珍才思敏捷，工诗能文。自幼得朱奕簪（字芋栗）、朱雘（字丹木）等家传，又博览顺治、康熙以后各家诗集，妙领神悟。生平著述有《穆清堂诗集》《穆清堂诗续集》。其诗妙笔崎峭，诗味隽永，大学士张之洞颇为称赞，曾名动于一时。丙戌（1886年）冬，编著诗集时，学使陈灿（贵阳人）为诗题序，说：筱园诗“跌宕纵横，归于自然，无惨淡经营之迹，盖锻炼之极”。又说：“筱园以诗鸣当代，名公巨手一见，为之心折。”谭宗浚有《题朱筱园穆清堂诗集》诗说：“筱园雄于诗，士林知名早。奇气敛纵横，清思寄缥渺。法每兼韩苏，体时窥谢鲍。造意疑天成，遣词绝人巧。才命偏相仿，天心苦难晓。山林愿已违，戎马坐成老。我辞凤池来，见君一倾倒。秋风忆莼羡，梦魂故山绕。倚装读君诗，使我豁怀抱。滇池与羊城，异地期永好。无募相加荣，轻削封禅草。”

朱庭珍平生喜作诗，更注重研究。他几乎对历代诗家均有研究，并善于取众所长，补己之短，对诗歌创作提出了自己独特的见解。他的《筱园诗话》，以论诗法为主，其次品评古今诗人，二者交织，内容十分丰富。朱庭珍广泛涉及古代诗学的各种问题，评述了汉魏以降直至明清，尤其清代诸大家、名家及重要的诗歌流派。其介绍的许多诗学知识很有见地。如他在《诗话》中说：“作诗先贵相题。题有大小难易，内中有一定之分寸境界，作者务相题之所宜，以为构思、命意之标准……七子之浮声空洞，正坐不知相题行事。一味击鼓鸣钟，高唱‘大江东去’，所以分寸不合，情景不切，是为伪诗，非真诗也……”朱庭珍的诗实践了他的理论，写得很有诗味，如《准提阁》：“春水弄秋色，春山含夏姿。水添辰雨后，山爱午晴时……”

朱庭珍除以诗才名世外，对文史亦颇渊博。袁嘉谷在评石屏文学人物时说：“史学则许五塘（印芳），朱筱园（庭珍）、张榛舆（思敬）为博。”庭珍平生爱才，宏奖后进，沉酣古籍，阅历功变，明达治体。当时为滇中人士所推崇。

朱芬，朱庭珍之弟。清光绪十六年（1890年）庚寅恩科第三甲第一百三十四名进士，官至直隶新城县知县。

朱景轼，字敬瞻，朱芬之堂侄。清光绪十六年（1890年）庚寅恩科第二甲第三十八名进士，选翰林院庶吉士。散馆，授职翰林院编修，丁忧归，病逝于途中。

五、晋宁的李氏科举家族

晋宁的李氏家族是晋宁首屈一指的科举家族，这一家族有四人考中文进士，三人考中文举人。

李治民，字立人。晋宁下石美村人。幼年丧母，由祖母抚养。李治民自幼便很爱读书，家贫居农村，常无油点灯读书，便在山中拾树叶燃之，书声琅琅不绝。金砂塾师黄绅仁知道后，便召往授业，未几，补县学生。清康熙五十二年（1713年）癸巳恩科举人，出任广东清远知县。县内有个叫素封的人，以女儿许士族子为婚，后此子之父亡故，家中贫困不堪，素封悔婚。李治民访知后，暗中为素封的女儿置办妆奁，召士族子至庭，为其婚配。素封大为惊骇，但也无异议。后来这位士族子成为有名的诸生。后，李治民又署罗博县，因病卒于官。

李治民的文章，少时才气横溢，中年以后，文学修养深厚，以平淡为主，著有《棱翁集》六卷等。他的七言律诗《小瑞城来鹤亭次广文张退菴壁间韵》，描写了石屏来鹤亭的优美景色：“江亭天半倚云孤，骑鹤归来事有无。异水拖青翻日月，来峰叠翠入舆图。松篁岛屿通仙府，烟雨楼台接藐姑。烂醉狂歌随处好，何须方外觅蓬壶。”七言律诗《普陀岩和许若兰韵》，则情景交融：“毕竟庄严菩萨蛮，相携选胜白云间。亭台突出岩如画，花草交加石不顽。烟景到天人去远，乾坤作客鸟飞闲。斜阳归路知多少，犹自凭栏看碧山。”

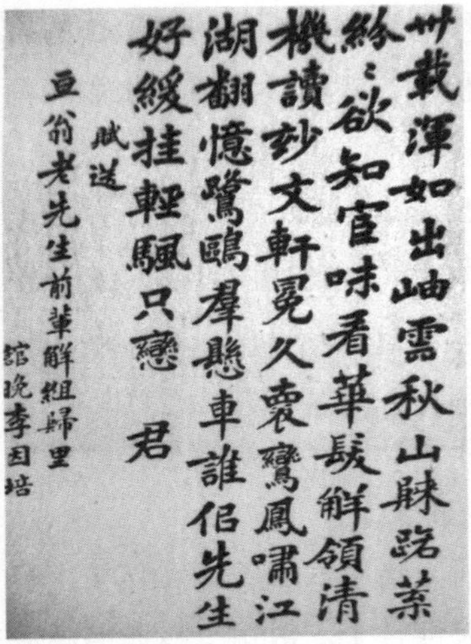

李因培墨宝

李因培（1717—1767年），字其材，号鹤峰。其父李治民清康熙五十二年（1713年）举人，为清初清官，常教导子女“穿衣吃饭，当思贫贱之时”。

李因培自幼聪明，四五岁时，其父李治民就口授“四书”“五经”“左传”《国语》《庄子》《离骚》等，皆能成诵。每客至，即令背，其声呖呖，宛若莺啼。客多怜爱，赞不绝口：“此儿将来必为国家栋梁！”入塾读书，为群儿冠，被称为“小先生”。但李因培并不引以为骄，反而更加努力，更加奋发，整日埋首书案攻读，毫不倦辍。9岁时又随母迁居昆明。11岁应童子试，考官看卷后，非常吃惊，小小童生，字写得这样好，文章作得那样练达，莫非别人枪替?我倒要看看其人。等唤来一看，原来是个身躯瘦小、貌不出众的小孩，鄙视之心，更加一等。勉问之，应对如流，只字不差。顿时转嗔为喜，勉慰有加。李因培就是这样补上了博士弟子员。

乾隆三年（1738年），举五经孝廉。因家贫，无力上京会试。为了母子生计，无可奈何地设塾在家，靠教书度日。后来，学生中有一名中了举人，他家中的人十分欢喜。由于该生家资富厚，其父即命设宴款待先生，在席间，奉承备至，因问李因培“为何不上京会试”？“因培对以‘家道贫寒，缺乏斧资’，对方表示‘愿玉成此事’。”即出银三百两付与李因培。李起初执意不受，后见主人出于至诚，深受感动，方才收下。

乾隆十年（1745年），李因培在京考中进士，选翰林院庶吉士。散馆后，授职翰林院编修。李因培在翰林院中，名望很高，许多名人学士与之朝夕共处，诗酒唱和，颇为投契。

乾隆十三年（1748年）六月，李因培擢侍讲学士，充日讲、起居注官。八月，提督山东学政，十四年（1749年）擢内阁学士，仍留学政位。十六年（1751年）充武会试正考官，十七年（1752年）

充浙江乡试正考官，再充武会试正考官。在任浙江主考时，有一名叫李祖惠的名儒，多年来在科场失意，常常发泄“千里马常有，伯乐不常见”的愤慨情绪。这次李因培看至他的试卷，不禁叫好，因取之为榜首。浙江人士以为“得人”，深为赞喜。

乾隆十八年（1753年）三月，因培署刑部侍郎，六月兼顺天府尹。疏奏顺天府属飞蝗，皆自滦州、玉田至，急宜扑捕。帝命李驰往督率，积极捕灭。七月，李因培疏参通永道王楷、滦州知州孙昌鉴捕蝗不力，皆被革职。九月，疏言涿州李钟俾亏空挪移，上先命革李职。寻得其亏挪实情，治罪如律。二十年（1755年）五月，提督山东学政。二十一年（1756年）九月调江苏，和文学家袁枚（字子才）友善，常诗酒聚会，游山玩水。那时，袁子才建“随园”于金陵，向一般文人学士广征楹联。所征楹联百对以上，均不惬意。袁子才自本《兰亭集序》中句：“此地有崇山峻岭，茂林修竹”为上联，李因培便取鲁昭公十二年，楚王夸奖左史倚相的话作对“其人读三坟五典，八索九丘”。袁子才大为赞许，称为绝对，立即镌板悬挂园中。每逢客人到“随园”游玩，袁都指其联而赞赏李侍郎杰作。晋宁人士有感斯联为乡人李因培所对，亦镌刻悬于晋宁“象山书院”。

二十二年（1757年），乾隆皇帝南巡江苏，看到李因培署理学政成绩昭著，即赐诗曰：“学校程材地，江苏大雅邦。元龟要清政，藻鉴辨淳庞。莫负风檐昔，为求琼树双。菁菁勤乐育，济济引鸿庞。”二月，因培上疏言淮南府属的阜宁县本来是由山阳、盐城二县分出去的。山阳、盐城的文风，原比阜宁为优，请将阜宁原学额，改还山阳、盐城文生各二名，武生各一名；再改还山阳原拨廪生、增生各六名。现在山阳之冒阜宁籍者，查明改归。嗣后令地方官实力稽核，必须田庐坟墓确实在阜宁境内的，方准收考，违者治罪。经部讨论，准予照办。四月，又上疏言：“捐纳贡监举报优劣，江苏向无其事。臣到任以来，经过调查访问，其中武断乡曲、放荡不拘者，实在不乏其人。等到批革发审时，而州县官往返迟延，而又无档案可查，其在录科考遗中，更难厘正捏名顶冒之弊，甚至有作奸犯科者，教官亦不敢管辖申报。经臣移会抚臣通饬各属，举报优劣，造具清册，送臣查核，仍牒移教官查案。今一载有余，造报者仅一二属，请再限一月，如仍不造报，将地力官送部查议!至于举报时，若有徇私隐讳报不确切者，别经发觉亦许臣查参，于学政似有裨益。部议允之。”

乾隆二十四年（1759年）七月，擢升内阁学士，八月调浙江学政。二十五年疏言松江府金山卫军籍有二：一有功之军，系前明指挥使镇抚千户之后；一屯军，是耕种军田的。现有随同人丁转移之户散处各州县，民卫容易混淆，请责成卫守备造册申报学政，以便稽查冒籍。部议从之。二十六年（1761年）上疏言：武举榜后填写亲供解部核对笔迹，浙江竟有一二年抗违寝搁的。有武举等多不赴会试，只以欺凌乡里，把持武断为能事，今后武举中式后，三科不赴会试的，请定例查催议处，仍令督抚饬地方官于所属武举中有多事者，照武生例，小则戒饬，大则题革，庶于士风不无少补。上以为然。

二十七年（1762年）乾隆皇帝又南巡，叠前韵赐诗曰：“于吴又迁越，总是大文邦。以尔能精鉴，庶予赞化庞。东西浙水二，南北两峰双。自得江山助，济宜淳与庞。”

二十八年（1763年）六月，迁礼部侍郎。十二月调仓场侍郎，仍留学政之任。三十年（1765年），上南巡，再叠前韵赐诗曰：“三年满浙政，两任返吴邦。惟是简英逢，将资化驳庞。要存心敬一，莫诩手无双。更问罗贤否，可曾获二庞。”此时，李上疏：“仓场侍郎留江苏学政任臣李因培谨奏，恭逢圣驾时巡江浙、问俗省方，清跸所经，凡前代名贤遗迹，既已并荷褒扬，今銮辂在吴，臣谨博采旧闻，核有关名教者三：一宋臣朱长文乐圃书院请赐题额。一宋臣韩世忠灵岩墓道请旨量加修治。一宋臣文天祥苏郡专祠请赐额题。伏祈圣明俯赐采择加以崇奖，不特名贤祠墓千古增辉，实于风俗人心不无裨益。”上从之。

乾隆三十一年（1766年）二月，授湖北巡抚，帝写信给湖广总督吴达善说：“今用李因培为湖北巡抚，他最能办事，学问也好，不足者，自恃其才、好居人上，而且又系初任民事之官，一切汝该留心!若有不是之处，善为规劝，不听据实奏闻。此人久未擢用，亦欲折炼其气质。今觉比先改观，但恐其志满易盈，负朕造就之意耳！”五月调湖南，六月调福建。在任湖南巡抚时，常德府水灾，清王朝敕李因培速行抚恤。由于方到任又奉调幅建，来不及速行赶办，即便交事。七月，新任湖南巡抚常钧疏报赈恤事宜，俟秋成确勘，分别办理。上怒：“常德猝被异涨，前经李因培奏报情形，即令速行抚恤一月口粮，俾民均沾接济。今据常钧奏，该地方官竟有拘泥成例，秋后始行办理，试思积水未消，灾民露处，李因培所干何事!至于城工堤垸皆卫民要务，亦未奏及，实为可怪。其意以交代在即，顿存五门京兆之见，殊非朕轸恤爱民之意。李因培着交部议处！”经部议降调。九月特授四川按察使。三十二年（1767年）正月被革职，监候秋决，不久，赐自尽。时年五十一岁。

李因培死后，家徒四壁，正室施氏所生长子翊，后亦相继而死。侧室任氏年方二十七岁，哀痛绝食，不复再生，亲舅劝以抚姑事，始进食，抚育子女寓京邸。江苏士民感其德，醵金走京师，偕任氏暨诸子，扶因培及正室施氏柩合葬于苏州胥门外七子山，设祠堂建祭田，岁时享祭，遂寄籍于江苏。由此，可以想见因培平时之为人了。其女李含章有《七子山省先大人墓》诗一首：

空余马鬣五湖隅，不见巫阳降紫都。

万里云山栖大鸟，廿年风雨泣诸雏。
及门尽望西州树，此地曾还合浦珠。
四处音容竟何处，白杨萧萧惨啼乌。

李因培为人严肃刚正，不苟言笑，目光炯炯，亲近子弟见之亦觉畏惧。他为官清白，有如山间明月和江上清风。对穷苦人民，十分关怀，对有冤屈的人，给予申雪和公正处理，深得人民群众敬仰。他的诗文都很好，才思气魄，名重一时，著有《鹤峰诗钞》二卷。其诗颇受乾隆皇帝所赏识，时常作诗命其唱和，时人以为荣宠。传说乾隆皇帝有一次要写一块五字匾额挂在考场中，众大臣都感到只有四字匾额，从来没有见过五字的，怎么想也想不出来，李因培则以“天子重英豪”五字献之，受到乾隆皇帝夸奖。李因培的《南岳》七首，历来甚得好评，誉为压卷之作。《滇南诗略》说《南岳》“七诗沉郁典重，集中最著意之作，足空前后作者”。李因培的《乡梦吟》也写得乡思绵绵、情韵锵锵：“一身如梦为行客，梦中之梦到梁州。辞家忽复四千里，宵梦亦作千里游。天路修长云渺渺，美人渐近思香草。易水滇云两萦怀，梦北梦南几昏晓。春来无限好东风，故国梅花将毋同。倩风吹梦休吹断，挂在寒香第一峰。”

李因培是一个多才多艺的能人，他还精通医术、擅长装裱。一次皇太后有病，太医院无法医治，有人奏李因培懂医，乾隆即命李入宫施诊。太后依李因培之方服药竟愈。皇太后信佛，偶然佛经被老鼠咬破几个小洞，缺字无人补全，又诏李因培填补完好，故视因培为义子。由于李因培多才多艺，因此，民间留有一句：“才高八斗李因培，字压两江马汝为”的说法，云南文坛，引以为荣（马汝为是云南元江县人，书法写得很好，寄籍浙江未回）。

李因培才高受宠，所以朝中奸佞及社会邪恶恨之入骨。竟凭借其亏空之事，竭尽歪曲诬陷。乾隆皇帝也道听途说，信以为真，竟以"祖徇欺罔"的借口置之死地。因培死后，家中除字画、图书及简单日用器物外，别无他物。在字画中有两副对联是这样写的："只愿还清书债，何妨吃尽人亏"，"不必尽满人意，只求无愧我心"，可以想见其为人。

李翊（1740—1768年），字桂圃，李因培之子。清乾隆二十二年（1757年）丁丑科第二甲第十名进士，选翰林院庶吉士。乾隆二十五年五月二十二日散馆，授职翰林院编修，引疾归。著有《衣山诗钞》三卷。李翊的七言绝句《盘龙寺》，描写晋宁的盘龙寺，令人神往："好峰如矗青螺髻，古刹常悬宝月光。记得往年游净域，万松深处白云长。"七言绝句《白云洞》，把白云洞的神奇描写得十分吸引人："远望寒山人杳冥，探奇不觉到岩扃。白云洞里云常在，乱石都成古佛形。"李翊的《昆明竹枝词》，由昆明的东寺塔、西寺塔日夜长相见，引发独守空房妻子的抱怨，别有一番情致："东塔兀兀入层霄，西塔隐隐出云林。两塔日夜长相见，不似狂夫去独遥。"

李翃，字和之，号云华，李因培的第五子，李翊之弟。李翃聪明勤奋、英姿特达，能文工诗。清乾隆四十八年（1783年）癸卯科乡试第一名（解元），嘉庆四年（1799年）己未科第三甲第九名进士，选翰林院庶吉士，嘉庆六年四月二十日散馆，以部属用，以丁忧去官。著有《敬业载言五经推》六卷、《云华诗抄》五卷等。他的《送杨蓉初同年由庶常出宰清平》四首七律表达了他对同年进士、同入翰林院的石屏人杨汝达（字蓉初）的深厚情谊。其一云："选出词曹品绝群，铜章新绾倍精勤。车前好沛三时雨，袖底犹携五色云。此日莎庭初课吏，当年芸馆细论文。忆曾走马清平过，父老曾无识使君。"其二云："莫惮崎岖道路长，仙湖南眺见王乡。一林山雪迎梅使，十里江风祷竹王。弹指染余袍尚绿，题襟探出绥真黄。荀庭会见膺丹诏，依旧池头集凤凰。”其三云：“缔就三生翰墨缘，霓裳同舞大罗天。相逢短李论交日，已见长杨待诏年。月户会通金阙籍，云岩应注玉堂仙。探奇好向牟殊洞，袖出羲黄政典篇。”其四云：“红兰署裹最深居，史局来参载笔初。子柳门前容扫迹，庚桑垒外好逃虚。窗南点就拈花偈，砚北编残乞米书。却羡松杨贤大尹，名山管谁有谁知。”

李浩，原名李文浩，号篆卿，李翃之子。清嘉庆十九年（1814年）甲戌科第二甲第七十五名进士，选翰林院庶吉士。嘉庆二十二年四月二十日散馆，授职翰林院编修，官在湖北学政。

李文沅，李翃之子，李浩之弟。清道光十七年（1837年）丁酉科江南乡试举人。

李廷恩，李浩之孙。据载为清咸丰六年（1856年）丙辰科举人，但该年云南无乡试，不知他参加的是何地的乡试。

李氏一家，祖孙三代四翰林，在云南为罕见。

何桂清在“上海税则谈判”中的功绩

何桂清（1816—1862年），字根云，号丛山，昆明人。何桂清自幼聪明、勤奋，且悟性很高。清道光十一年（1831年），年仅15岁的何桂清就考中了举人；道光十五年，19岁的何桂清又考中了第二甲第四十九名进士，并入选翰林院庶吉士，散馆后授职翰林院编修。在明清两个朝代，全国考中举人的人，平均年龄为31岁；全国考中进士的人，平均年龄为37岁。云南与江南、中原相比，文化相

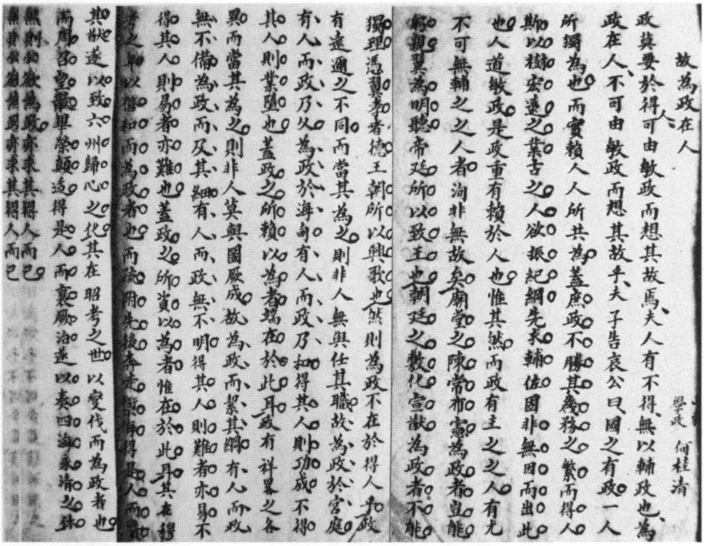
故為政在人
學政 何桂清
政莫要於得人可由敏政而想其故焉夫人有不得無以輔政也為
政在人不可由敏政而想其故乎夫子告哀公曰國之有政一人
所獨為也而實賴人人所共為蓋庶政不勝其幾務之繁而得人
斯以樹宏遠之業吉之人欲振紀綱先求輔佐國非無因而出此
也人道敏政是政重有賴於人也惟其然而政有主之之人有尤
不可無輔之之人者洵非無故矣廟堂之陳常布憲為政者豈能
躬親其為明聽帝廷所以致王也朝廷之敷化宣猷為政者不能
獨理憑翼者德王朝所以興歌也然則為政不在於得人知政
有遠邇之不同而當其為之則非人無與任其職故為政於宮庭
有人而政乃以為政於海甸有人而政乃知得其人則功成不得
其人則業墮也蓋政之所賴以為者端在於此再政有科累之各
異而當其為之則非人莫與圖厥成故為政而綮其綱有人而政
無不備為政而及其細有人而政無不明得其人則難者亦易不
得其人則易者亦難也蓋政之所資以為者惟在於此再其在穆
者之邦以備知而為政者也而[illegible]後奔走[illegible]得其人而[illegible]
其蹟遂以致六州歸心之化其在昭考之世以變伐而為政者也
滿周宮皇華榮頌適得是人而襄勵治遠以奏四海永清之休
然則如欲為政亦求其得人而已

何桂清墨宝

对落后，考中举人和进士的平均年龄，可能还要比全国的平均年龄略高。何桂清能少年得志，说明何桂清的确是一个很聪明很勤奋的人。

何桂清离开翰林院后，由于聪明干练、政绩卓著，29岁时就晋升为从三品的高官光禄寺卿。41岁时，又因政绩卓著和军功，由浙江巡抚晋升为从一品的两江总督，治理着中国最富饶的江苏、安徽、江西三省，后又因军功加衔太子太保。何桂清是清代云南籍职位最高，且最年轻的高官，也是清代罕见的年轻高官。

清朝建立之后，世界的格局已经发生了急剧的变化，但清廷仍固守着中国传统的天朝观念，对外采取闭关锁国的政策。在清廷看来：中国位居世界的中心，是主宰四海的天朝上国，世界上的其他国家都是没经教化的蛮夷或边远的藩属；中国地大物博，无求于世界诸国，没有必要与其他国家进行平等的贸易；世界上的其他国家的使臣来中国都是前来朝圣和进贡，必须向中国皇帝行三跪九叩之礼，这样才符合天朝的国体。在清朝的皇帝看来，所谓国体既不是表明国家根本性质的国家体制，也不是关乎国家权利的主权和关税，而是君主的尊严和天朝的体面，即君主个人的尊严和面子高于一切。

由于清朝皇帝的天朝观念根深蒂固，外国使臣来到中国，凡是不愿对中国皇帝行三跪九叩之礼者，都会遭到清朝皇帝的拒见和斥责。由于中国的闭关锁国政策，外国商人不能与中国进行公开、平等的贸易。由于英国早就想打开中国闭关自守的大门，与中国通商贸易，并在中国取得某些特权，而凭外交谈判和交涉又无法达到目的。道光二十年（1840年）和咸丰六年（1856年），英国便对中国发动了两次鸦片战争。两次鸦片战争中国均以战败告终，第一次鸦片战争战败，中国被迫与英国签署了丧权辱国的中英《南京条约》；第二次鸦片战争战败，中国又被迫与英、法等国签署了丧权辱国的《天津条约》《北京条约》等。从此，中国已面临着被帝国主义列强瓜分的危险。

道光二十年（1840年）的第一次鸦片战争，开始改变中国人“侈张中华”的虚骄心理。一些有识而又务实的中国人，开始关注原来不屑一顾的夷人。如林则徐组织了一批了解外国国情、懂西文的人编写了一部介绍外国地理、历史和政情的《四洲志》；魏源又在《四洲志》的基础上，广泛收集资料，编写出了一部更加全面而完善的《海国图志》。魏源在《海国图志》中最早地提出了“师夷长技以制夷”的主张。中国的内忧外患和西学东渐，自然引发了何桂清的密切关注，他公务之余，时时思考着如何应对列强的坚船利炮，他如饥似渴地阅读着魏源等人的著作，并与林则徐、魏源等人有着或深或浅的交往。

第二次鸦片战争时，英法联军攻占广州后，遭到了广州百姓和团练的激烈反抗，损失也不小。咸丰八年三月（1858年4月），英、法、美、俄四国使臣北上至大沽口外，用武力威胁清廷“修约”。面对如此巨大的内忧外患，身为两江总督又较了解列强的何桂清，认为列强虽然气势汹汹，但主要是想与中国扩大贸易，在中国取得一些特权，一时还不会威胁到国家的生存，而且列强之间利益不同，也有矛盾，应分化瓦解。若对气势汹汹的英、法两国作出一些妥协让步，就可以使英、法两国从广州撤军。英、法两国安抚了，美、俄两国也就不便单独挑起事端。在如何对付列强的问题上，何桂清还有这样的想法：目前在敌强我弱的情况下，不切实际地强硬，会遭到更大的失败和羞辱，其损失会比目前的损失更加巨大；审时度势地妥协，却能避免更大的失败和羞辱，并能以较小的损失，得到较长时间的安宁。基于以上的想法，何桂清向咸丰皇帝上了一个《对外不宜用兵折》，想说服咸丰皇帝向列强适当妥协以避免更大的冲突。当然，何桂清并不敢在折子里把他的全部想法和盘托出，他只能在折子里述说对外不宜用兵的三个理由。这三个理由的大意是：第一，从全国讲，太平军以及其他造反军难以很快剿灭，"设使再启边衅，则内寇外患交并而来，又将从何措手？"第二，民心已不可用，尤其在广东"民气馁矣，民利得矣"，靠民力无法遏制列强；第三，如果与列强开战，中外冲突势必蔓延全国，到那时"兵无可调，饷无可筹"，仅各地的造反军已使朝廷焦头烂额，加上列强入侵，"天下事尚可问夫"？朝廷对列强必须"以柔制刚"，具体办法就是：在天津海口"钦派大臣与之接见，稍加词色，使无衅可寻"。然而，年轻气盛、意气用事，又不知己知彼的咸丰皇帝却不听从何桂清的劝告，不肯对英、法两国稍稍妥协，却要求英、法等国先退回广州再听候处理。咸丰八年四月（1858年5月），英、法两国的军队攻陷大沽炮台，直扑天津且威胁到了北京。束手无策的咸丰皇帝在惊慌之余，忙派遣桂良、花沙纳为钦差大臣去天津议和，与英、法、俄、美订立了比英、法两国攻陷大沽炮台前的妥协损失更大的《天津条约》。

中英《天津条约》签订后，列强进攻天津、威胁北京的危机过去了。咸丰皇帝又对所签的条约十分后悔，将桂良等签约大臣痛斥一顿，认为《天津条约》是一个丧权辱国的条约，但咸丰皇帝对真正有损中国主权的第十五、第十六款竟没有意识到，只对条约中外国派员驻京，内江通商，及内地游行（旅游），赔缴兵费始退还广东省城四项最为反感。他决定借条约的第二十六款，即要与外国人在上海谈判税则之机，以全免外国货物进口关税的条件换取外国对这四条的放弃，并认为这是消除中外争端的"一劳永逸之计"。咸丰皇帝的这个看法和决策，既是西瓜芝麻不分，又天真无知，然而他却认为很英明，要桂良、花沙纳在谈判中贯彻执行，后又命两江总督何桂清参与谈判，以协助桂良、花沙纳。咸丰皇帝是一个危急时什么条约都肯签订，危急过后又不愿意承认条约、履行条约的人。而事实是：推翻条约从来都是强国的专利，弱国是不可能推翻条约的，若不履行条约，其结果必然遭到强国更沉重的军事打击，又被迫签订对国家危害更大的条约。咸丰皇帝不明白这个浅显的道理，故签约不断、悔约不断，他还指示一些督抚不要遵守条约。其结果是：列强重开战端，国家的损失越来越大；到咸丰十年七月（1860年8月），面对着英法联军更猛烈的进攻，只好仓皇逃往热河避难，并病死在避暑山庄。咸丰十一年十二月，英国公使卜鲁斯曾向奕䜣呈递数千言的照会，照会中说："两国始终不和之缘，总由各省督抚于外国交涉事件，并无尽心守约之理。""外省大吏任便自行。或不谨守约条，或敢私为改易，殊非内外友谊之道，实易开嫌隙之源。"照会还列举了地方官不遵守条约的种种事例。卜鲁斯的照会，自然是为英国多次无理进攻中国寻找借口，但也揭示了这样一个事实：咸丰皇帝以及一些督抚没有遵守条约。

何桂清也想推翻这些不平等的条约，但他认为复仇只能是勾践式的，在中国的实力没有发生根本变化时，即没有把握打败列强时，还是以遵守条约为上，遵守条约可以使列强无借口衅事，这样便可以避免更大的损失。何桂清早在道光二十年（1840年）的第一次中英鸦片战争后，便潜心研究外国的国情和与外国人打交道的洋务。此时，他已对英、法、美诸国的历史文化、风土人情、契约理念、以商业立国的国本以及外交习惯、官员与商人的区别等有所了解。对如何与外国人交涉早已成竹在胸。为了使国家在"上海税则谈判"中少受损失，何桂清决心先安抚各国使臣，稳住他们的心；再说服桂良、花沙纳等人不能执行咸丰皇帝的以全免外国货物进口关税的条件，换取列强放弃"公使驻京、内江通商、内地游历及赔款交清后始退还广州"的内定办法；最后自己再单独或与桂良、花沙纳联名上疏劝阻咸丰皇帝，向皇上说明列强不会放弃条约中的这四个内容，若先提出全免外国货物进口的关税，则国家会白白损失数额巨大的关税。而关税可以接济军饷，全免进口关税，会使镇压太平军的军费筹措无着，影响战局。

何桂清是这样想的，也是这样做的。而此时，英使额尔金、美使列卫廉、法使葛罗已分别于六月初二、初四、初十等日乘船由海路先期到达上海。而由咸丰帝派往上海谈判的钦差桂良等人却行动迟缓，在何桂清的几次催促下，两副使明善、段承实才于七月十一日从北京启程，而两正使桂良、花沙纳从北京启程的时间比两副使还晚了八天。额尔金等人对清廷的拖延十分不满，威胁要返航天津，重新考虑停战的决定。何桂清意识到倘若额尔金等人一气之下离开上海，结果对中国更为不利，忙上疏咸丰皇帝，建议先派江苏按察使薛焕以与各国驻上海领事商谈税则的修改为名，先稳住、拴住额尔金等人。咸丰皇帝也担心额尔金等外国公使等得不耐烦，驾兵船北上，重开战端，便同意了何桂清的建议。薛焕，字觐堂，四川兴文人，举人出身。作为何桂清下属的薛焕，对何桂清的才干十分佩服，对何桂清的推荐更是十分感激，忙写信给何桂清，表示一定听从何桂清的指示，尽力在商谈中减少国家的损失：“津门条约，缘桂中堂（指桂良，引者注）等未悉该夷底蕴，未与辩驳，以致见者不忍卒读。此次来苏有宫保宪（‘宫保宪’是薛焕对何桂清的尊称，何桂清此时有太子少保的官衔。引者注）主持机要，弟在沪经年，颇留心此事，定当对症拟方，容赴常请示就正，谅可稍为补救一二。”（见中国史学会主编《第二次鸦片战争》第三册）薛焕说的是实情，《天津条约》之所以对中国损害较大，原因之一就是主持谈判的桂良对列强要达到的目的不太清楚，没有讨价还价、据理力争，若何桂清参与谈判，中国的损失就会小一些。何桂清是中国当时比较了解列强心思的一个人，他的很多看法也高人一筹。如在英法联军进攻大沽之前，何桂清就劝叶名琛的继任、两广总督黄宗汉（字寿臣）对英法的一些要求稍作让步，以避免英法再开启战端，黄宗汉却不听从劝告或不敢擅自作主。后来，英法联军北上，又攻陷大沽炮台，迫使中国签订了《天津条约》。何桂清曾把他当时的许多看法和主张于咸丰八年写信汇报给他在京城的密友自娱山房主人："……正月底痛哭寿臣之不听弟言，总说不要紧（只管教他上天津），其实彼时所求者，不过寿臣未允之五事也。若爽快办理，可以保其无事，一至海口，即于数日之内爽快了结亦无事，必定要待失炮台，直抵津门，作城下之盟，桂、花（指签订《天津条约》的大学士桂良和吏部尚书花沙纳。引者注）所欠者一死耳，谁真告奋勇者。空言无补圣明，亦付之一叹，此事断非议论所能争。哦夷之咨文，其看破我们伎俩，已不待言。若使得窍，不许入江（惟此条非此时所能挽回）一条，其余一百四十余条弟皆能暗中挽回，使之白用机心。虽然事已至此，除入江一条缓商外，弟仍思暗中挽回，请看夏咏莪之书，皆鄙人所不忍之事也。然已办有把握（即如李泰啯在天津，视宰相如儿戏，其在上海则大不然，并能出力，此何说也），星使若速速到来，即不致中变，倘再似春夏之间，以羁縻搪塞为得计（无一有识之人，令人寒心。五月初间，闻失海口，本拟委员坐海船来津调停，后以都中人人义愤，欲食夷人之肉，故不敢言抚），则大势去矣。至于驻京一层，只要外间不受制于人，又何足虑哉。外间能处处齐心，要打就打，岂敢安稳驻京哉。车夫、土暴皆得而侮之（王法更得而治之），其不敢侮者，以一处未曾预备也。知己知彼，方能百战百胜。第二月揆时度势之文，系各夷心事举动，和盘托出。欲其知彼，且均系二月情形，摺尾已声明，并云事平之后，即卧薪尝胆，拣练水师，我之元气稍复，即以重价买彼之船与炮，再用离间之法，使之互相猜疑，弱者植之，使之助我；强者锄之，使之不敢恣肆。"（见《何桂清等书札》）薛焕在何桂清的领导下，很快与外国公使的随员就修改税则等达成了一致，稳住了威胁要返航天津的额尔金等人。

咸丰八年（1858年）八月十四日，参与“上海税则谈判”的副使明善、段承实终于到达了何桂清的驻地常州。何桂清尽力说服明善、段承实两人不要向外人透露咸丰皇帝要全免进口税的旨意。八月二十一日，何桂清又上奏咸丰，明确表示反对免税。他认为关税作用重大：“臣维征收关税，谓之稽征者，稽查其出入之货，是否违禁而征收其税也。若不征其出入货税，则无所稽考，竟可听任该夷将我内地货物，即在内地贸迁，胥天下之利柄，尽归于该夷，而我民穷财尽矣。……臣愚以为利柄必应收回，税则不可轻免者在此也。”何桂清还在奏折的附片中向咸丰皇帝解释外国官员与外商的区别：“各夷中之来往贸迁者，谓之夷商。总理各口贸易事宜，取其盈余，以供国用者，彼初称为公使，今则僭称大臣，我则目之为夷酋。其领事等类，乃夷酋所属之人，是夷酋与夷商分而为二者也。”何桂清又对咸丰皇帝特别挑明：即使对外商免税，也不能换取外国公使的让步，关税免而无用，“税出于商，与夷酋无涉，若免其出入税课，夷商固属乐从，夷酋仍不知感也”。

明善、段承实二人觉得何桂清的提醒和劝告十分有理，便向咸丰上了一个暂缓宣布免税的奏折。咸丰看到奏折后，仍不以为然，于八月二十三日谕令明善、何桂清按原定办法办，“此时须将全免税课一层，明白宣示……此为一劳永逸之计。若如明善等所拟办法，即使该夷目前应允，日后必来饶舌，终无了局”。咸丰还特别指示何桂清，“如于地方大局有碍，亦只可稍为变通，而大局不可更改，仍当遵办为要。”何桂清对咸丰帝的指示并不接受，又向咸丰帝上了《利柄应收回税则不可轻免》等奏折。他在这几个折子中阐明：“未可顿改前约，以致借口失信，另起波澜”“中外交涉事件，有不能凭律例以决断者，全恃条约以为范围。若不收其关税，则与万年和约及广东省原定旧章不符，一事废则百事俱废，天津之条约又作罢论，真可任其为所欲为矣。如欲与之另定章程，该夷又将借口万年和约已废弃，毋庸再议。就抚之凭据毫无，更难措手……”也就是说，如果免除关税，则与条约相背，其后果是办理交涉失去凭据，一切无从谈起，局面将更加混乱复杂。

咸丰皇帝看到何桂清的这些奏折后，十分生气，于八月二十九日发给何桂清上谕，指责何桂清反对免税是“恐属员虑及免税后，无可沾润，因而设词淆惑”，严令何桂清“不可自出己见，致妨大局，必须从速遵照内定办法，否则从重治罪”。咸丰帝的这一措辞严厉的上谕，何桂清是九月初九日才收到的。而一心想为国家多挽回一些损失的何桂清，在看到上谕前的九月初三日，已单独向咸丰帝上了一个奏折。他在这个奏折中指出：“若全免其进口货税，则利归于夷商所有，广东商亏银二百万两，或可不偿而与夷酋无涉，其兵费仍在也。一经宣布德意，窃虑更肆狡诈，以为此系大皇帝与天津条约之外，特沛恩纶于夷商，而夷酋之所仰望者更奢，不独所许各项，不能全行罢议，且将并一二事，而不能消弥，从此借口要求，转生枝节。……倘该夷不得遂其欲之后，即扬帆而去，洵为一劳永逸之计，而彼之盘踞者，仍不止五口。若不能征税为稽查，则华夷不分，更无约束，滋生事端。”（见中国史学会主编《第二次鸦片战争》第三册）

桂良、花沙纳两正使抵达常州后，何桂清又向他二人反复说明以全免外国货物进口关税的条件换取外国放弃条约中的四项内容，行不通，“即以内定章程，实难照办”。桂良、花沙纳二人也认为何桂清的看法很有道理。于是，桂良等人便向咸丰皇帝上《桂良等奏英使尚未旋沪折》《桂良等奏连日与各国会议条约万不能动折》。这两个奏折云：“迨行抵常州，接见督臣何桂清，即以内定章程实难照办，向奴才等言及，奴才等亦甚觉其坚执己见，然当时会衔具奏，即照督臣所议。及奴才桂良、花沙纳回船后，私自商量，且俟到上海后，察看情形如何，再为据实直陈，请旨遵办。

嗣因到沪，明探暗访，方知纵能免税，亦难罢弃条约，故未敢遽行宣露，诚恐税课全免，仍于大局无济，更觉失算，且细体督臣所商办之意，尚属周妥。”“奴才等接着与彼正面交涉果然如此，英法等国总是表示：‘条约以外之事，均可商量，条约既定之说，万不能动。’”而何桂清在看到咸丰帝对自己的那份措辞严厉的上谕后，仍不顾个人安危，与钦差桂良等人联名向咸丰帝上《免税有十虑折》。该奏折向咸丰帝指出：“该夷见臣等四人同来，已有疑我背约之意，时时声言北窜，万一再至天津，大局讵堪设想。……此时若照原定章程，论该夷断不肯全行罢议，而利权一归外国，日后夷商往来，均属无可稽查。所谓太阿倒持，授人以柄，其弊不可胜言，且不税于夷而税于商，更有许多窒碍。”

咸丰帝看到桂良等人上的奏折与何桂清的奏折是一个腔调，又看见桂良等人居然与何桂清联名上奏反对自己的“内定办法”，十分恼怒，认定是何桂清在其中作祟，便于十一月九日对何桂清发下了一道朱批。朱批中斥责何桂清的语言比上一次的“上谕”更为严厉，大有不杀何桂清便难解心头之恨的意思：“该督司此次办理夷务，独存成见，不准他人入手，殊属胆大，桂良等甘为其指使，更不可解”“该督此次任意之所欲为，一发莫遏，是以视朕旨如弁髦，罪有浮于耆英者。”（见《咸丰夷务》，四，1193至1195页。耆英，《南京条约》中方签约人，1858年夏在天津协助桂良与列强谈判时，私自逃回北京，9月29日被咸丰赐死。）

聪明的何桂清为了既不招来杀身之祸，又能让咸丰帝放弃“内定办法”，立即给咸丰帝上了一个奏折。该奏折写得十分巧妙，表面上顺着咸丰的心思说话，还给咸丰下台搭了梯子，满足了咸丰的自尊心和虚荣心，骨子里仍是叫咸丰帝放弃行不通或赔了夫人又折兵的“内定办法”。该奏折说：使西方列强“欲罢其议，为一劳永逸之谋，断非口舌能争，亦非微利能动，必得用兵方可”，最好的办法是“候其来年赴北换约之时，聚而歼之”（何桂清深知咸丰帝也不愿轻易动武，也不敢轻易动武，故意说一些能满足咸丰虚荣心的话）。咸丰帝看了何桂清的奏折后，果然被其中的一些言语所打动，不但没有惩处一直反对“内定办法”的何桂清，而且还明确传谕桂良、何桂清等人在上海税则谈判中“毋庸拘泥内定办法”。

何桂清通过多番努力，并冒着被杀头的危险，终于说服了咸丰皇帝放弃“内定办法”的错误决定。然而与列强谈判的工作仍然十分艰难，何桂清在写给京中密友自娱山房主人等的私信中也谈及这次艰难而令人愤慨的谈判：“……现已议定条约十条（已画诺），不但尊崇国体，且可堵其弊，防其流。至广东省城亦可先还，该酋已遣人赴粤，如官绅无甚意见，即可就此完结。更有四年间欠我税有一百万，亦划还赔款，此一月以来舌破唇焦，所挽回者不过尔尔，盖仍其意则一词不费，翻其议则百计为难，恨不食其肉而寝其皮……”“与之明改章程，彼即指为背约，即如驻京一节，说至再三，方肯不长行居住……若再商他款，势必不行。”为了使咸丰帝不怪罪他们以及国家少受损失，何桂清想出了一个用“釜底抽薪之法”对付列强。何桂清的所谓釜底抽薪之法，就是虽然在条约中不能把咸丰帝希望取消的那四条去掉，但在订约时，尽量加以限制，使外国无利可图，这样那四条也就无形间消弭了。如在内河通商上，何桂清认为“该夷入江，欲攘我淮盐之利”，于是规定外商不准贩卖食盐，以免“商贾凋敝，穷民失业”。另外，山东因《天津条约》的规定，被迫开放了登州、牛庄两个通商口岸。因这二处“以豆石、豆饼为大宗，向来皆系江、浙、闽、广商贩船户，运销于东南各省，其利甚大。此项船只共有二千余号，海运漕粮借此承运北上，其倚此为生活计者，不下数千万人”，于是何桂清便采取“议明豆石、豆饼，在牛庄、登州两口者，英国商船，不准载出口”。又如关于外国人内地旅行，既要有该国领事颁发护照，护照还须“由中国地方官查明盖印，以便随处呈验，既有稽考，可免夷匪混迹”。只要中国地方官在查明盖印时有意刁难和拖延，“夷性最忌繁难，苦其累赘，日久或可不往”。

经过桂良、何桂清等人几个月的艰苦努力，上海税则谈判终于完成了，清廷分别与英法美签订了《通商章程善后条约》。该条约加深了中国政治经济的半殖民地化。但应当指出的是，条约给中国带来的危害是近代中国国力贫弱和政治腐败的必然结果，不是几个谈判大臣锱铢必较、据理力争所能改变的。由于何桂清在谈判前后的各种艰辛努力，已为国家挽回了一笔巨大的关税损失，已使条约对中国的危害减到了最低的程度。

纵观历史，中国封建社会的臣子最缺少的精神便是特立独行的精神。而上海税则谈判期间的何桂清，既不对皇上唯命是从，又不对列强奴颜婢膝，一心为国，见解超群，力排众议，敢作敢为，充分显现了他身上的特立独行精神。因此，可以这样说，上海税则谈判期间的何桂清，是他一生中的最大亮点。何桂清在上海税则谈判中，不仅为国家挽回了巨大的关税损失，而且将体现国家利权的关税纳于大清的国体之中。他的这一超前的认识，不仅突破了“何必曰利”“上下交征而国危”的传统轻利观念，而且突破了中国以君主尊严、天朝体面为核心的狭隘而虚荣的所谓国体观，在一定程度上揭示了国体中最具现代意义的内涵。在何桂清看来，坚持关税制度是促使列强尊重大清，维护国体的大事；对外国免除关税，就会使国家丧失权利，并助长列强蔑视大清的骄傲之气。何桂清的这一超前思想为后人培植近代国家主权观念提供了思想养分和理论依据。另外，何桂清还是促使清政府对条约认识产生变化的一位关键人物。从前的清廷总认为，这些丧权辱国的条约是在列强的威逼下被迫签订的，危机过后，便可以不履行，所谓“自古要盟不信，本属权宜”是也。何桂清也十分痛恨这些丧权辱国的条约，但他比同时代人高明之处是，冷静务实、灵活精明，意识到：在敌强我弱，不能凭实力推翻条约的情况下，遵守条约比拒不履行条约对国家的危害更小。遵守条约，可以使列强无借口衅事，能保障尚未丧失的国家权益不受侵害；不遵守条约，列强必然会挑起更大的战争，逼迫中国签订对国家危害更大的条约。后来，清廷终于认识到不履行条约的巨大危害，两害相权，取其轻，接受了何桂清这一看似软弱，实为明智的主张。

何桂清与曾国藩的恩怨与争斗

清道光至同治年间，中国政坛上有两颗十分耀眼的明星，一颗是云南人何桂清，一颗是湖南人曾国藩。何桂清这颗明星出现较早，陨落也较早；曾国藩这颗明星出现较晚，陨落也稍晚。当两颗明星互相争辉之际，何桂清这颗明星比曾国藩那颗明星还耀眼，朝野都仰望着何桂清这颗明星，把剿灭太平天国，实现国家安宁的希望寄托在他的身上。然而，天有不测风云，在太平天国回光返照的疾风暴雨下，何桂清这颗明星突然陨落了，并渐渐被人们淡忘。而曾氏明星由于没有何氏明星的争辉，就显得特别耀眼。后来，曾氏明星虽然几经云遮雾掩（如著名历史学家范文澜曾经说：“曾国藩是封建中国数千年尤其是两宋以下封建统治阶级一切黑暗精神的最大体现者，又是鸦片战争后百年来一切对外投降对内屠杀的反革命的汉奸刽子手们的‘安内攘外’路线的第一个大师。”），到如今竟比当初还明亮，此乃历史上的一个极罕见的现象。其实，何桂清和曾国藩都是一代英杰，又各有瑕疵，他们之间的矛盾和冲突主要是由体制规定和现实状况而导致的，并非全是个人的恩怨。

何桂清（1816—1862年），字根云，号丛山，昆明人。何桂清比曾国藩小五岁，清道光十一年（1831年），即何桂清十五岁时，便考中第十一名举人；清道光十五年（1835年），即何桂

何桂清像

清19岁时，又考中第二甲第四十九名进士，朝考之后选翰林院庶吉士，散馆后授职翰林院编修。曾国藩（1811—1872年），字涤生，湘乡人。他考秀才时便不顺利，13岁时参加考试，先后考了七次，直到道光十三年（1833年），即22岁时，才考中秀才。21岁考秀才时，竟被主考判定为“子城（曾国藩当时名‘子城’，中进士后才改名‘国藩’）文理欠通，发充佾生”，即没有考中，被派往祭孔典礼的现场充当乐舞生。道光十四年（1834年），即23岁时，考中第三十六名举人；道光十八年（1838年），即曾国藩27岁时，考中第三甲第四十二名进士，朝考之后选翰林院庶吉士，散馆后授职翰林院检讨。

何曾二人虽前后三年考中进士，但他们二人会试的正总裁都是穆彰阿。穆彰阿（1782—1856年），字鹤舫，满洲镶蓝旗人，嘉庆十年（1805年）进士，选翰林院庶吉士，授翰林院检讨。历任内务府大臣、步军统领、兵部尚书、吏部尚书、大学士等职，并任军机大臣二十余年，深得道光皇帝的宠信，是当时权势熏天的权臣。自嘉庆以来，穆彰阿曾典乡试三次、典会试五次（三次任正总裁）。凡覆试、殿试、朝考、教习庶吉士散馆考差、大考翰詹，无岁不与衡文之役。国史、玉牒、实录诸馆，皆为总裁。穆彰阿虽然生性巧佞，但颇珍爱人才，门生故吏遍天下，知名之士多被援引，一时号曰“穆党”。机灵、冷静的何桂清与拘谨、深沉的曾国藩都是当时的青年才俊，又同为穆彰阿的门生，自然得到穆彰阿的赏识和提携了。而曾国藩因有著名理学家和高官唐鉴、理学家倭仁经常在穆彰阿的面前美言，因此被穆彰阿提携更力。道光十八年（1838年）曾国藩会试考中三十八名贡士后，穆彰阿便认为曾国藩的原名“子城”不好，将“子城”改为“国藩”，从此，两人的关系便日益密切。道光二十三年（1843年）大考翰詹后，总考官穆彰阿便派人向曾国藩索取应试诗赋,曾国藩誊写好后亲自送往穆府。这次拜访之后，曾国藩开始步步升迁，升迁速度之快与拜访之前形成鲜明对比。据史载，大考翰詹之后，曾国藩忽然接到道光皇帝第二天要召见他的谕旨，他当天晚上便忙往穆府拜见恩师，向穆彰阿讨教如何应对，并住宿在穆府。曾国藩第二天到了皇宫，却发现此宫并非道光帝往日召见官员的地方，他在此宫白白等了半天，却被告知皇上改在明天召见。曾国藩只好回到穆府等候次日召见。老谋深算的穆彰阿问曾国藩："汝见壁间所悬字幅否？"曾国藩回答说没注意看。穆彰阿感叹道："机缘可惜！机缘可惜！"沉吟了一会儿后，穆彰阿便叫来亲信说："汝亟以银四百两往贻某内监，属其将某处壁间字幅秉烛代录，此金为酬也。"道光皇帝第二天召见曾国藩时，果然向曾国藩问起悬挂在壁间的那些历朝圣训。由于曾国藩头天晚上便熟记各条圣训，自然对答如流。道光皇帝见曾国藩如此心细，十分高兴。事后道光皇帝召见穆彰阿时，便说："汝言曾某遇事留心，诚然。"曾国藩自此便倍受道光皇帝信赖，"骎骎向用矣"。

由于曾国藩有穆彰阿的大力提携和道光皇帝的信任，再加上他本人为官勤、廉、直，他在清代的官场上创造了一个奇迹：十年七迁，职兼五部。曾国藩自道光十八年（1838年）中进士，至道光二十七年（1847年）便升授从二品的内阁学士兼礼部侍郎衔，道光二十九年（1849年）升授正二品的礼部右侍郎，接着又相继兼任兵部、工部、刑部、吏部侍郎，在六部之中做过除户部之外五部的副职，可谓官场中的一个奇迹。曾国藩为此也十分得意，他在写给弟弟们的书信中说："湖南三十七岁至二品者，本朝尚无一人。"（《曾国藩全集·家书》《致澄弟沅弟季弟》，道光二十七年六月十八日）

何桂清虽然也是穆彰阿的门生，但他与穆彰阿之间的关系，远远不及曾国藩与穆彰阿之间的关系那样亲密，因此与曾国藩相比，升迁较慢。但何桂清凭着他比曾国藩早入仕三年，又极聪明能干，再加上穆彰阿的提携，他仍比一般的官员升迁得快。何桂清自道光十五年（1835年）中进士后，道光二十五年（1845年），即29岁时，便官至正三品的太常寺卿；道光二十八年（1848年），即32岁时，又升至正二品的兵部右侍郎。也就是说，何桂清任正二品高官时，既比曾国藩早一年，又比曾国藩小5岁。此外，何桂清21岁时便出任河南乡试副主考官，23岁时再出任贵州乡试正主考官，28岁时又出任广东乡试正主考官和会试同考官，36岁时又出任壬子科会试副总裁，这也是清代官场的一个奇迹。

何桂清认识湖南籍的许多精英，他认为湖南人虽然霸气十足，但确有能耐，且敢于担当，因此对湖南人的印象很好。他与曾国藩因同是穆彰阿的门生，又同在京城为官，因此两人交往较早。

道光二十八年（1848年），何桂清任正二品的兵部右侍郎，曾国藩任从二品的内阁学士兼礼部侍郎衔。何桂清因久闻曾国藩拜唐鉴、倭仁为师，对程朱理学颇有研究。有一天，何桂清登门拜访曾国藩，向其请教程朱理学。两人寒暄了一会，何桂清便话入正题："涤生兄对程朱理学颇有研究，对戴东原著书抨击程朱之'天理人欲'说有何高见？"

曾国藩道："东原太狂妄，《孟子字义疏证》一书，排斥先贤，独伸己说，诚不可不辨。程颢、程颐两兄弟乃宋代之理学大师，程颢言'吾学虽有所授受，天理二字却是自家体贴出来'。二程之天理既能生物，又能统辖万物，可谓既精炼又高深。而朱子则是集宋代理学之大成者，他最可贵之处是以天理规范君主，提出'正君心是大本'，内修德政以恤民之主张。朱子之理欲之辨是对孔孟义利之辨及二程理学理欲论之继承、发展，其核心是以天理为指导，在肯定人之合理欲望之基础上，以道德性对人之感情欲望加以节制，并倡天理与私欲之对立，提出明天理、灭私欲，将违背天理，超出了人之正当欲望之奢求、私欲加以遏止。朱子言：'饥便食、渴便饮，只得顺他。穷口腹之欲，便不是。盖天只教我饥则食，渴则饮，何曾教我穷口腹之欲？’”

何桂清道：“涤生兄所言极是。朱子之说的确比二程之说更有道理，二程之说多偏颇。如二程言：‘视听言动非理不为，即是理，礼即是理也。不是天理，便是私欲，人虽有意为善，亦是非礼。无人欲即皆天理。’此说未免太武断，对人也太苛求了。又如，有人问程颐：‘有一孤独寡妇，家境贫穷，无依无托，可以再嫁否？’程颐竟回答说：‘只是后世怕寒饿死，故有是说。然饿死事极小，失节事极大。’程颐如此小视关天之人命，岂合天理？依鄙人看来：节有大节、小节之分。助纣为虐、屈膝投降、卖国求荣是大节，寡妇再嫁、男人嫖娼、商人重利是小节。一个人大节绝对不能失，小节也不能轻易就失。如被俘之将军，敌国若以不给食而逼迫其投降，则‘饿死事极小，失节事极大’，绝对不能失大节而投降；有儿有女、不愁衣食之寡妇，守节不嫁，则更令人钦佩；家境贫寒、无依无托之寡妇，为避免自身或幼儿饿死而再嫁，其行为在情理之中，可谓饿死事极大，失节事极小，而实在不该也不忍加以指责。程颐无恻隐之心而加以指责，就是以理杀人。戴东原其实也崇尚理学，但他崇之理，乃务实、务本之理，讲人性、讲人情之理。因此戴东原抨击二程：‘尊者以理责卑，长者以理责幼，贵者以理责贱。虽失，谓之顺。卑者、幼者、贱者以理争之，虽得，谓之逆。于是下之人不能以天下之同情、天下之同欲达之于上。上以理责其下，而在下之罪，人人不胜指数。人死于法，犹有怜之者，死于理，其谁怜之？’而东原对朱子的批评，鄙人认为：既有对朱子理欲说之误解，也有批评得有理之处，因为朱子理欲说

曾国藩像

确有瑕疵。”

“先言东原对朱子理欲说之误解。鄙人认为：朱子所说之‘人欲’，有二义。其一是人之正当、合理之欲望，如饮食等，此符合天理，即‘饮食者，天理也’。其二是一味追求享受及个人利益之私欲，此不符合天理，应遏止并指责。然朱子在沿用‘天理人欲’这一术语并将其对举时，为求语言简洁，便以词害义而讲述不清，常常将人欲、私欲、欲等词语混用，或互相代替。朱子除明确指责私欲外，在使用人欲、欲二词时，均包含有人欲之二义。如朱子批评程颐把人心完全归结为私欲，排斥人心所欲之倾向时指出：‘人心，人欲也，此语有病。虽上智不能无此，岂可谓全不是？’此语中之‘人欲’，就既包含有正当、合理之欲望，也包含有应该遏止之私利，所以才说‘岂可谓全不是？’又如当有人问：‘饮食之间，孰为天理，孰为人欲？’时，朱子却说：‘饮食者，天理也；要求美味，人欲也。’此语中之‘人欲’，则专指不正当、不合理之私欲与奢求。而当朱子言人之合理、正当之欲望时，又说：‘虽是人欲，人欲中自有天理。’即理与欲相互依存，主张用天理指导人欲，防止对人欲不加控制而产生有害之私欲。当朱子言人之不正当、不合理之私欲时，又说：‘人之一心，天理存人欲亡，人欲胜则天理灭，未有天理人欲夹杂者’，主张‘革尽人欲，复尽天理，方始是学’。由于朱子使用‘人欲’一词时含混不清，故后世之人如戴东原等，便对朱子所言之‘人欲’，多有误解。”

“鄙人认为朱子之天理人欲说，亦确有瑕疵。如朱子言‘人之心，天理存人欲亡，人欲胜则天理灭，未有天理人欲夹杂者’就不免武断而不符合实情。其实，天理与私欲、义与利、善与恶、公与私常常并存于人心。如为国捐躯之英雄，也有怕死恋生之念头；深明大义之商人，亦有赚钱求富之心思；私心颇重之人，也偶有公而忘私之义行；作恶多端之人，也偶有扶困济贫之善举。一个人天理与私欲、好义与喜利并存于一心并不要紧，其关键是：二者发生冲突且不可得兼之时，能舍生取义、以义制利。孟子所谓‘生，亦我所欲也；义，亦我所欲也，二者不可得兼，舍生而取义也’；孔子所谓‘富与贵，是人之所欲也’‘富而可求，虽执鞭之士，吾亦为之’‘不义而富且贵，于我如浮云’都是天理与私欲、好义与喜利并存于心，又能取天理，舍私欲之明证。”

“听孔孟之言，如沐春风。鄙人总认为：程朱理学可取之处虽不少，然瑕疵亦甚多，不如孔孟之道中庸、仁爱；孔孟之道合情合理，天理人欲说有悖情理。而戴东原抨击天理人欲之说，既有对朱子之误解，又有拨乱反正之功绩。特别是二程之天理人欲说以理杀人，有违孔孟之道，有失仁爱之心，应该摒弃。”

何桂清停顿了一下，又接着说：“当今之世豺狼横行、弱肉强食，我大清被列强环伺，外患深重。愚以为有志之士既要研究程朱理学以夏变夷，更应懂得经世济民之术，知道以夷变夏,师夷长技以制夷。不知此想对否？望涤生兄指教！”

曾国藩聚精会神地聆听着何桂清的这番高论，惊得浑身出冷汗。他平日不大看得起云南人，因此与何桂清交往不深，仅知道何桂清过目不忘、办事干练、写得一手好字，并不知道他年纪轻轻的竟有如此渊博的学问，如此深远的见识。他对程朱理学之研究也实不在己下，且懂得融会贯通、灵活运用，不像有的人食古不化；他目光敏锐、见解独到、条理清楚、持论公允、语言犀利，不愧是恩师称赞的青年才俊。特别是他那经世济民、以夷变夏之主张，正是自己最近刚刚萌发的心思，而他似乎已经深思熟虑、成竹在胸了。他处处比自己领先一步，有这样一个旷世奇才压在自己的头上，恐怕自己的功业难有出头之日，就是自己认为还不错的学问也很难有出头之日。他说向我请教，请我指教，倒不如说，我得向他请教，我得请他指教。想到这里，曾国藩看了一眼这个比自己小五岁、官高一级的年轻人，半客气半真诚地连忙回答："根云兄学富五车、见解超群，鄙人岂敢指教！鄙人岂敢指教！"

道光三十年十二月初十日（1850年1月11日），洪秀全在广西金田村正式宣布起义，建号太平天国。咸丰二年二月（1852年4月），太平军从永安突破了清军的包围，长驱北上。五月攻克全州进入湖南。咸丰二年十二月（1852年1月），因母亲病故在家守制的曾国藩接到咸丰帝的圣旨，令他在湖南办团练协助官兵剿灭太平军。咸丰三年二月十日（1853年3月19日），太平军攻占江苏江宁并在此建都，将江宁改名天京。咸丰四年九月（1854年10月），原浙江巡抚黄宗汉调升四川总督。为确保粮饷重省浙江不被太平军攻占，咸丰帝选派精明干练的何桂清为浙江巡抚。此时穆彰阿早已失势，何曾二人就全凭个人的能耐在官场打拼了。

咸丰年间由于战乱不止，清廷的财政十分困难，无力给曾国藩创建的湘军（团练）发放军饷，各地官员对曾国藩的接济又十分有限。极想建功立业的曾国藩为了湘军的生存和发展只好自行筹措粮饷。此时的曾国藩，自视甚高、目中无人，行事效法申韩，他在湘军的驻地以及势力范围内肆无忌惮地征收赋税、抽取厘金（一种税外之税，即向商人和小贩存储、运输、贩卖的货物抽税），卖官鬻爵以补充军饷。然而，曾国藩只是一个挂名的侍郎，湘军的驻地以及其势力范围，并非曾国藩的管辖之地，湘军在这些地方只是暂时驻扎的客军，曾国藩无权管理这些地方的各种政事，更无权向当地的百姓征收各种捐税。曾国藩的这些越俎代庖的霸道行为侵犯了地方官员的权威，损害了地方官员的利益，也扰乱了正常的社会秩序，加重了百姓的负担，闹得民怨沸腾、官场不和，必然遭到各地官员的抵制和弹劾。他早先在湖南，便与湖南的大小官员闹得很僵；后来到了江西、安徽等省，更是与各地的官员冲突十分激烈。曾国藩甚至不惜付出任何代价，抵死参倒了他的同年进士、江西巡抚陈启迈。而此后又与陈启迈的继任者文俊争斗不休。咸丰七年（1857年），曾国藩曾上疏咸丰皇帝，向咸丰皇帝诉苦和争要巡抚之职。他在奏疏中说："国家定制，各省文武黜陟之权，责成督抚。相沿且久，积威有渐。督抚之喜怒，州县之荣辱进退系焉。州县之敬畏督抚，盖出于势之不得已。其奉承旨意，常探乎心之所未言。臣办理军务，处处与地方官相交涉。文武僚属，大率视臣为客，视本管上司为主。宾主既已歧视，呼应断难灵通。防剿之事，不必尽谋之地方官矣。至于筹饷之事，如地丁、漕折、劝捐、抽厘，何一不经由州县之人？或臣营抽厘之处而州县故为阻挠，或臣营已捐之户而州县另有逼勒，欲听之，则深虑事势之窒碍；欲惩之，则恐与大吏相龃龉。……臣身为客官，职在军旅，于劝捐扰民之事，则职分所得为。于吏治、学额、减漕、豁免诸务，则不敢越俎代谋。纵欲出一恺恻详明之告示，以儆官邪而慰民望，而身非地方大吏，州县未必奉行，百姓亦终难见信。此办事艰难之一端也。……以臣细察今日局势，非位任巡抚有察吏之权者，决不能治军。纵能治军，决不能兼及筹饷。臣处客寄虚悬之位，又无圆通济变之才，恐终不免于贻误大局……"此时的曾国藩多么羡慕和忌妒刚刚升任两江总督，大权在握、管辖着江苏、安徽、江西三省的何桂清呵！

曾国藩后来回忆起他初办团练时的艰难，曾对好友郭嵩焘不无感慨地说："国藩昔在湖南、江西，几于通国不能相容，六七年间（指咸丰六年、七年间。引者注）浩然不欲复问世事。"这的确说的是实情。

曾国藩不仅因横征暴敛、行事霸道引来朝野的非议，而且心毒手狠、杀人如麻。曾国藩常常用滥杀来立威，用滥杀来振作士气，在当时就赢得了"曾屠户" "曾剃头"的绰号。例如兴国、大冶之战，湘军俘虏一百三十四名太平军官兵，"一概剜目凌迟"；九江城外俘虏十二人，立即“凌迟枭示”；又生擒十三人，“就地挖目凌迟”；武昌城外，大破太平军的新兵，“带回七百余人，全数斩决”；崇阳门战斗，湘军擒获七十多个太平军官兵，曾国藩令全部杀死祭阵亡将士，祭毕，又令兵勇割人肉生吞。湘军不但残杀俘虏，还抢劫、屠杀百姓。太平军占领的城镇一旦被湘军攻克，湘军便“借搜辑捕匪为名，无良莠皆膏之于锋刃，乘势淫掳焚掠，无所不至，卷东南数省之精髓，悉入于湘军”。曾国藩还多次告诫他的九弟曾国荃：“克城以多杀为妥，不可假仁慈而误大事。”曾国藩统领湘军时杀人如麻，口头上却说：带兵必须“以爱民为第一义”。又先后亲作《爱民歌》和《解散歌》。《爱民歌》教育湘军“军士与民如一家，千记不可欺负他”；《解散歌》要求湘军对太平军俘虏及“伪官”“胁从者”宽大处理，不可滥杀无辜。如此口是心非，故许多人说曾国藩是一个很虚伪的人。

曾国藩创建湘军后的前四五年间，经常打败仗，曾因三次大败而三次投水自杀。左宗棠批评曾国藩不懂军事，用兵呆拙，称为“书憨”。曾国藩的朋友、《湘军志》的作者王闿运则认为曾国藩：“以惧教士，以惧行军，用将则胜，自将则败。”意谓曾国藩的长处在于治军和制定战略，短处是不懂战术，亲自带兵作战必败。后来，曾国藩也明白了自己的短处，只坐镇后方，不敢亲临一线指挥作战。

曾国藩墨宝

与曾国藩屡战屡败或败多胜少的战绩形成鲜明对照的是：在何桂清的策划下，江南大营接连攻克了溧水、句容等城镇，接着又攻克了镇江等军事重镇，并包围了太平天国的国都天京（江宁）。面对何桂清在军事上的节节胜利，咸丰皇帝已把剿灭太平天国的希望完全寄托在何桂清以及江南大营统帅和春的身上，认为曾国藩已经没有利用价值了，便于咸丰七年八月（1857年9月）开去曾国藩兵部侍郎官缺，勒令曾国藩在籍守制[曾国藩之父曾麟书于咸丰七年（1857年）春病故]，不准他继续在江西统领湘军。为此，曾国藩十分记恨何桂清，认为是何桂清阻碍了他的仕途，挡住了他进军江苏围剿太平天国的道路。

何桂清对曾国藩在湖南、湖北、江西等省横征暴敛、残杀俘虏和滥杀百姓的行为以及屡战屡败的情况，早有耳闻。何桂清认为曾国藩横征暴敛是迫不得已，情有可原。而对曾国藩残杀俘虏和滥杀无辜的残暴行为却十分痛恨，认为是曾国藩效法申韩又走火入魔的结果。至于对曾国藩与太平军作战屡战屡败的情况，何桂清认为原因很复杂，但主要原因是曾国藩太胆小又指挥无方。

咸丰五年（1855年），曾国藩坐困江西，粮饷奇缺，内外交困、走投无路。想起老朋友何桂清在浙江任巡抚，便派遣自己的一个幕僚到浙江向何桂清借粮饷。何桂清因每月要按时供给江南大营六万两军饷，手头也很拮据，但仍打算想方设法借给曾国藩一些粮饷。可曾国藩的那个霸道惯了的幕僚，愚蠢透了，他在与何桂清的心腹、杭州知府王有龄商谈借粮饷时，不但不会说一些好听的话暖王有龄的心，反而指责王有龄等人平时挥金如土，此时却如此吝啬。王有龄十分不高兴，便以江南战事紧急，浙省必须竭尽全力筹饷给江南大营，目前浙省无钱粮为借口，坚决不借给他钱粮。王有龄在向何桂清汇报时，又说了许多曾国藩和那个幕僚的坏话，何桂清便同意了王有龄的意见，没有借粮饷给曾国藩。那个幕僚因没有借到粮饷，便添油加醋地向曾国藩说了许多何桂清和王有龄的坏话，以掩盖自己的过失。曾国藩听了大怒，从此便与何桂清结下了深深的仇恨。

咸丰六年（1856年）七月中旬，石达开部抚州守军大败湘系大将李元度于抚州城郊。李元度带领败兵逃跑到曾国藩困守的南昌，南昌风声鹤唳，一日数惊。李元度抚州溃败后一个多月，曾国藩才向咸丰皇帝上奏《抚州老营被贼扑陷折》。而咸丰在这之前早就看到何桂清等人的奏报了（封疆大吏有责任及时向皇帝奏报各地的大事），他见曾国藩如此迟报兵败，十分生气，于十一月二十日发出“上谕”斥责曾国藩：抚州湘军溃败已久，未见尔等及时入奏。早已听说各路“发匪”回转金陵，而江西失守郡县，并无一处收复。现据江、浙各省的奏报，“皆言金陵内乱，杨逆已为韦逆所杀。又闻杨逆被杀后，石逆不服，逃出金陵……断不肯再返金陵，金陵不肯更助石逆”“着曾国藩乘此贼心涣散之时，赶紧克复数城，使该逆退无所归，自不难穷蹙就擒。若徒事迁延，劳师糜饷，日久无功，朕即不遽加该侍郎等以延误之罪，该侍郎等何颜对江西士民耶”！曾国藩受到咸丰帝的如此斥责和警告，心里十分委屈和生气，他不能对皇帝发泄，只好迁怒于他的仇人何桂清，认为是何桂清等人搬弄是非的结果，因此便更加仇恨何桂清。

满人入主中原以后，清朝的历代皇帝都对汉人心存戒心，不敢委以重任。但至道光以后，满人权贵日益腐化、堕落，能堪大任者越来越少，咸丰朝头脑清醒的宠臣、满人肃顺甚至公开说：“满族没有一个人中用，国家有大事，非重用汉人不可。”鉴于这样的窘境，咸丰帝不得不重用汉人，但他重用汉人时，大多既重用又对其严加防范和限制，不让他权势过重而尾大不掉。何桂清就是这样一类被咸丰皇帝重用又被其严加防范、限制的汉人。而曾国藩的地位和处境还远不及何桂清等人，他只属于被咸丰皇帝利用又严加防范、限制的汉人。咸丰皇帝深知何桂清、曾国藩之间有矛盾，但他并不想调和、化解他们之间的矛盾，而是利用甚至激化他们之间的矛盾，使他们互相牵制、互相掣肘，谁也不能坐大。对于权势较大的何桂清，咸丰皇帝采取的方法是在何桂清势力范围的周边和何桂清的左右安插属于湘系和支持湘系的官员，以掣肘何桂清。如何桂清刚任两江总督不久，咸丰帝便安插湖南保靖人、早年为曾国藩办过粮台的湘系人物胡兴仁为浙江巡抚。当何、胡二人闹得不可开交，被众人弹劾的胡兴仁被何桂清等人挤走后，何桂清保举心腹王有龄为浙江巡抚，咸丰帝却委任湘系大员胡林翼的心腹罗遵殿为浙江巡抚。这样，虽然起到了牵制何桂清的作用，却大大激化了何曾二人的矛盾，使太平军有机可乘，对清军各个击破。

咸丰八年（1858年）六月，咸丰帝出于围剿太平军战事的需要以及牵制权势愈重的何桂清，又重新起用曾国藩。复出的曾国藩为改变从前到处碰壁，到处被人咒骂和排挤的艰难处境，而“改弦易辙”，他开始效法黄老，尽量与人为善，尽量与人不争，但骨子里却是为了与何桂清大争，与何桂清争夺浙江，乃至江苏，进而抢夺剿灭太平天国的首功。当湘军从江西大举进军安徽以后，何桂清已深深感到来自曾国藩的威胁，于是何、曾两大集团之间的争斗便日益激烈。

浙江连接江西、江苏。早在何桂清任浙江巡抚时，他便对京城的密友何绍京说：若将江、浙两省兵勇归我一人调度，“定能迅奏肤功”。出任两江总督以后，何桂清虽然管辖有江苏、安徽、江西三省，但却失去了与江苏唇齿相依的浙江，且江西又被湘军控制，这对抵御和围剿太平军极为不利。另外，湘军进入了何桂清的地盘江西、安徽后，与何桂清集团的冲突也不断增加。湘军的头领曾国藩、胡林翼等认为，如果夺取浙江地盘，既足以控制皖南，防止太平军从皖南楔入江西，震撼湖北、湖南，又可以解决一部分军饷问题。于是，曾、胡二人便动用一切关系，促使咸丰帝任用湘系人物罗遵殿为浙江巡抚。何桂清虽然被曾国藩等人掣肘，而不能有更大的作为，但他仍与江南大营统帅和春共同制定了围剿太平军的新方略，并取得了一系列的军事胜利。由于何桂清军功卓著，而先后被清廷加太子少保、太子太保衔，成为了威震江南的太保总督。

咸丰十年（1860年）春，李秀成为解天京之围，使用“围魏救赵”之计进攻杭州。罗遵殿一方面向胡林翼、曾国藩求援，另一方面又向距杭州更近的江南大营统帅和春求救。和春命令张玉良带兵援救杭州。张玉良途经苏州时，江苏布政使王有龄有意延缓张玉良前往杭州救援，他请张玉良视察苏州城垣，留二日，然后请张玉良先救援湖州后再救援杭州。三月十九日，在张玉良的援军尚未赶到杭州时，太平军已攻陷了杭州，罗遵殿自杀身亡。罗遵殿之死，解除了何桂清心头一恨，他便力保王有龄为浙江巡抚。

太平军攻陷杭州后，又用五路大军合围江南大营，为争夺何桂清的地盘，手握重兵的曾国藩、胡林翼也不发兵救援，致使江南大营被太平军攻破。此后，太平军又攻陷江苏的常州、苏州等重镇，何桂清因弃守常州被清廷革职，咸丰皇帝只好把剿灭太平天国的希望最后寄托在曾国藩身上。不久，因何桂清被革职而大喜过望的曾国藩就被咸丰帝任命为两江总督，并授为钦差大臣，督办江南军务，终于实现了取何桂清而代之的美梦。为进一步拉拢曾国藩，使其为清廷死心塌地地效力，咸丰帝打破从前的用人惯例，于咸丰十一年（1861年）十月命曾国藩督办江、皖、赣、浙四省军务，巡抚、提督、总兵以下文武官员皆归曾国藩节制。咸丰帝并一再强调：“江浙等处军务，朕唯曾国藩是赖。”此时的曾国藩，其权势已经远远地超过了任两江总督时的何桂清了。当年的何桂清就一直想督办江、皖、赣、浙四省的军务，他认为如果拥有这样的权势，太平天国早就被他剿灭了。

何桂清虽然被革职，何桂清集团并没有土崩瓦解。新任江苏巡抚的薛焕也是何桂清的心腹，他竭尽全力地庇护着何桂清，多次上疏力保何桂清，请求朝廷留何桂清在江苏效力。浙江巡抚王有龄更是一再上疏为何桂清辩护。薛、王二人齐心合力，动用一切关系，想尽一切办法，使湘军的著名将领李元度脱离湘军，另外组建了“安越军”。曾国藩深知，要想彻底扳倒何桂清，坐稳两江总督的宝座，必须先清除薛焕和王有龄。

咸丰十一年（1861年）九月，李秀成、李世贤指挥太平军进攻浙江。曾国藩保举左宗棠入浙围剿太平军，浙省提镇以下均归左宗棠节制。左宗棠入浙以后，曾国藩却指示左宗棠“舍浙守江”，即放弃浙江，留守江西。因此，当太平军围攻杭州时，左宗棠率领的大军便滞留在江西、浙江的边境不去救援杭州，李元度率领的“安越军”本要去救援杭州，也被左宗棠阻止。十二月十九日，太平军攻陷杭州，浙江巡抚王有龄自杀身亡，曾国藩砍掉了何桂清的左臂，保举左宗棠为浙江巡抚。

王有龄被曾国藩借刀杀人除去之后，薛焕成为曾国藩挖空心思要铲除的对象。咸丰十一年（1861年）十一月十八日，曾国藩在《查复浙江抚臣及金安清参款折》中，对新继位的同治皇帝言：薛焕“带勇非其所长，株守上海一隅，其所援引之人，类多贪之辈……薛焕偷安一隅，物论繁滋，苏、浙财赋之处，贼氛正炽”，该员“不能胜任，应否降革之处，出自圣裁”。接着，曾国藩又保举李鸿章为江苏巡抚率淮勇入上海接替薛焕。当时的曾国藩已成为督抚中权势最重者，他的话可谓一言九鼎，清廷无不照办。同治元年（1862年）三月，李鸿章率淮军及湘军一部自安庆启程，乘船到上海署理江苏巡抚，赶走了薛焕。这样，曾国藩又砍掉了何桂清的右臂。接着，李鸿章又把被薛焕一直庇护着的何桂清逮捕并派人解送到京城。至此，何桂清集团全部被曾国藩铲除。为解除心头之恨和防止何桂清死灰复燃，曾国藩又力排众议，坚持己见，挥舞理学的杀人大棒，促使清廷将何桂清处死。

何曾二人之间的争斗，从表层来看，似乎是何曾二人有嫌隙、仇恨以及争权夺利；从深层上看，却是清代的政治体制和现实状况造成的。另外，咸丰皇帝有意让他们互相牵制更加深了他们之间的矛盾。在那样的环境里和那样的条件下，再有交情的人都有可能互相攻讦甚至反目成仇。如曾国藩对左宗棠有朋友之谊、提携之恩，但左宗棠却常常指责曾国藩，曾国藩对左宗棠也很有意见。传说曾左二人曾经合写一副对联将对方的名字嵌入，并进行人身攻击。曾国藩的上联是："季子自称高，仕不在朝，隐不在山，与吾意见常相左"；左宗棠的下联是："藩臣当卫国，进不能战，退不能守，问你经济有何曾。"（左宗棠字季高，人称左季高）又如，曾国藩曾保举林则徐的女婿沈葆桢为江西巡抚，后来因为争夺饷源，沈葆桢竟与恩人和顶头上司曾国藩闹得不可开交，官司一直打到中央，清廷只好对他们各打五十大板，饷源均分。曾国藩气得逢人便骂沈葆桢忘恩负义。

何桂清和曾国藩之间的争斗，虽然以何桂清的惨败、曾国藩的全胜拉下了历史的帷幕，但不能以成败而论英雄。一个人的成功与失败有诸多主客观原因。早年的何桂清诸事顺利，建奇功、立大业，但不能无限夸大何桂清的能耐；咸丰十年（1860年）以后，何桂清在敌强我弱、万般无奈之下弃守常州，也不能证明何桂清贪生怕死，更不能说何桂清昏庸无能，因为他企图退守更为重要的战略要地苏州。曾国藩早年处处碰壁、屡战屡败，同样不能说曾国藩胆小无能，因为他的职权太小，有说不完的苦衷；咸丰十一年（1861年）以后，曾国藩左右逢源，立下了旷世奇功，也不能无限夸大曾国藩的能耐。倘若将何曾二人的经历和处境对换，也许成功的是何桂清，失败的是曾国藩。何曾二人都是通达务实、见识超群的英杰。何桂清也许比曾国藩更聪明，曾国藩却比何桂清更深沉；何桂清处事灵活，擅于变通，曾国藩处事稳重，精于权术。

三不朽的陈荣昌

笔者曾在《著名学者方玉润为什么考不上举人》一文中提出这样一个观点：对付科举考试并取得功名是小学问，著书立说是大学问；陈荣昌等人，是小学问精通、大学问深厚的历史文化名人。其实，陈荣昌不仅小学问精通、大学问深厚，会考试、会做学问，而且还会做事、还会做人，是立德、立功、立言三不朽的完人。而会考试、会做学问、会做事、会做人的完人，归根结底是会读书，而检验会不会读书的标准，不是读了多少书，而是对所读的书能否正确应用，能否灵活应用。

陈荣昌像

陈荣昌是会考试的典型。清同治十二年（1873年），年仅13岁的陈荣昌参加童试，县试考得第一名，府试名列前茅，院试又考得第一名，成为了优秀的生员，即秀才。清光绪五年（1879年），陈荣昌被举为优贡，入京复试列为一等。清光绪八年（1882年），陈荣昌考中壬午科云南乡试第一名举人，即解元。清光绪九年（1883年）癸未科会试和殿试，23岁的陈荣昌又顺风顺水地考中第二甲第二十一名连捷进士（该科殿试共录取进士308名，第一甲取3名，第二甲取124名，第三甲取181名，陈荣昌为总名次的第24名）。朝考后，陈荣昌又被选为翰林院庶吉士；散馆后，留翰林院为编修。会试、殿试、朝考，全国的考试高手云集，竞争十分激烈。陈荣昌能在激烈的竞争中过关闯隘，战胜许多考场高手，最终成为人人羡慕的翰林院编修，可谓很会考试了。下面以陈荣昌参加的癸未科会试为案例，具体谈谈陈荣昌的考试本事。

清光绪九年（1883年）癸未科会试，正总裁是礼部尚书徐桐，副总裁有：兵部尚书、皇家宗室爱新觉罗·瑞联，状元出身的刑部尚书张之万，满人、刑部侍郎贵桓。第一场考试的四书文三篇是：《知其说者之于天下也是如示诸斯乎》《文理密察足以有别也》《其事则齐桓晋文其文则史》。

陈荣昌选做的是《其事则齐桓晋文其文则史》。该题目语出《孟子·离娄》，原话是："孟子曰：'王者之迹熄而《诗》亡，诗亡，然后《春秋》作。晋之《乘》，楚之《祷杌》，鲁之《春秋》一也；其事则齐桓、晋文，其文则史。孔子曰：其义则丘窃取之矣。'"这句话的大意是：古代圣贤君主的政教号令一消失，从而《诗经》也就没有了，《诗经》没有了，孔子就创作了《春秋》一书。以讽颂为特征的《诗经》，后来演变为各国的史书，虽然晋史称《乘》，楚史称《祷杌》，鲁史称《春秋》，但所记的历史大事，无非是齐桓公、晋文公逞霸的故事，所用的语言也就是一般史书的笔法。所以孔子说：《诗经》里褒贬的方法，我运用到《春秋》里面了。这个掐头去尾的考题，考生必须十分熟读"四书""五经"，对"四书""五经"有深刻的理解，才会明白题意。这样的考题无非是要考生阐述《春秋》是一部什么样的书，如何理解孟子所说的"事"与"文"，以及各国史书的关系和异同。

陈荣昌对"四书""五经"烂熟于胸，理解得十分透彻。他开卷便破题说："即事与文以论《春秋》，无异于列国之史也。夫事与文所以存王迹者，而《春秋》之事则桓、文而已。《春秋》之文则史而已，亦何异于晋、楚乎？”陈荣昌破题时，便大胆指出，《春秋》并非神圣的经书，无论从“事”还是“文”的角度看，它也只是春秋时代列国的史书之一，但《春秋》又并非一般的史书，因为它如实地记录并批判了春秋时期齐桓公和晋文公等诸侯争霸的事。如果仅就文字而言，它仍属史书，与晋、楚等国的史书没有多少差别。紧接着，陈荣昌论证了春秋时代周天子式微，诸侯坐大的历史，以及孔子撰写《春秋》的时代背景。正确地指出，《春秋》以“属辞比事”的褒贬手法，如实地论述了春秋时期的大事，“政教所关，典章所系，恒随风气为变更。使国家经板荡之余，竟举此杂霸权谋之事，编年纪月之文”。陈荣昌重点记叙了“尚知修睦”的齐桓公和晋文公的霸业。但陈荣昌在收结中指出：孔子修《春秋》并非歌颂齐桓、晋文的霸业，而是以此作为历史教训——“事不外争战争地，已非复先朝远大之规；文不过传信传疑，仅足以后人参稽之助也。此鲁史所以不同于晋、楚也。向非孔子，孰能取其义哉！”

第一场考试，陈荣昌不但四书文写得极佳，五言八韵试帖诗也写得既中规中矩，又才华横溢。接下来的两场考试，陈荣昌也考得很好。因此本房考官看完陈荣昌的试卷后，便十分欣喜地批道：“局度安详，丰神秀整。荐！”副总裁贵恒的评语是：“取！笔情绵密。”副总裁张之万的评语是：“取！词旨光昌。”副总裁瑞联的评语是：“取！义精语湛。”正总裁徐桐的最后结论是：“中！气盛言宜。”

陈荣昌是会做学问的大家。陈荣昌是清末云南著名的学者、诗人和书法家，他的著述等身，主要著述有《虚斋文集》八卷、《虚斋诗稿》十五卷、《桐村骈文》上下卷、《滇诗拾遗评选》《乙巳东游日记》《老易通》《改过编》《周训》等。

陈荣昌的文艺观完全符合儒家的正统思想，他在《谈艺》中云："平生谈艺意如何，师法前贤受用多。吏部文章扶正气，少陵忠爱起高歌。堂堂书府经为柱，浩浩词源史作波。如仆命骚吾岂敢，百年悲愤藉消磨。"该诗中的"吏部"指唐代著名文学家韩愈。陈荣昌认为，从事文学创作，要以儒家经典为支柱，而史书能使文学作品波澜壮阔。有人称赞他的诗文有屈原的风格，他却谦虚地说他没有屈原的诗才，他只是要借诗文排解百年的忧愤。"吏部文章扶正气，少陵忠爱起高歌"，加上屈原的忧愤，就是陈荣昌文学创作的主旋律。他在《与少元论文二首》中，推崇司马迁、贾谊、韩愈、苏辙文章的浩然正气、淋漓大气，他坚决反对只追求文学的辞藻妍丽，不注重内在精神的"小家脂粉气"。他在《与韫石论诗》中说："天生身是丈夫子，谁遣手作女郎绣""世上小儿徒取妍""传尽脂粉空遗臭"；《文章》中又说："小家脂粉气尤多，婢学夫人奈彼何？天地一炉须大冶，江河万里有洪波。风和日丽清平调，鬼哭神嚎慷慨歌。李杜文章光焰在，五丁六甲助㧑呵。"陈荣昌倡导的是一种恢宏壮美的艺术风格，即：天地熔于一炉，收入万里江河的汹涌波涛；五丁六甲供诗人驱使，像李白、杜甫的诗篇一样，迸发出万丈光芒。他还倡导文学应该合时而作，要有多种功能和风格，太平盛世文学就应该清静平和，而在动荡黑暗的时代，文学就要慷慨高歌。

由于陈荣昌有健康向上、文以载道的文艺观，他的诗文都取得了很高的思想成就和艺术成就。他的文章，叙事之作详略得宜，娓娓而谈，情韵深厚。如他在《乙巳东游日记》中记录日本学生与教师的亲密关系，学生课间休息时的轻松、活泼和上课铃响时严守规矩时，这样写道："其小学生之于师，有坠其肩者，抱其腰者，曳其手足者，师亦听之，且更诱之，而学生与学生之欢呼跳跃，更不待言，所谓儿戏，漫无规矩矣，弛之甚也。及一闻铃声，跳闹欢呼陡然而止息，各就行列，行列既成，以风琴节之，各师导学生归讲室，严肃整齐，如军人之走阵，张之至也。”他的议论之作，则简洁明快，说理透彻，如他在为弟子李根源编纂的《明滇南五名臣遗集》写序时，云：“吾滇为古蛮荒地，令居中国，亦号边省。数地望，无推滇者；论人望，亦无推滇者。士生其乡，而必以乡先正为归，此与孟子所谓齐人仅知管晏者何异？庸讵知天之生才不限以地，十室有忠信，十步有香草，又安得自轻其乡？谓滇无人耶？”

陈荣昌的诗，以思想和理气见胜，议论较多，更接近宋诗的风格，如他的《自策八首》之五云：“一生大事在持躬，不在争名夺利中。豪杰心肝藏热血，圣贤骨干耐奇穷。只求自了真无用，一受人怜便不雄。撑起脊梁立定脚，好还正气与苍穹。”又如当缅甸、越南相继沦陷，云南面临被英法等列强瓜分时，陈荣昌的忧国之诗《滇云》：“滇云延袤三千里，缅越沉沦二十春。身世可怜形问影，家山无复齿依唇。海滨归去熊罴将，地上仓皇虮虱臣。试问桃花源在否？吾将避乱学秦人。”陈荣昌十分热爱家乡，写过很多咏昆明的诗词，其中咏翠湖的诗就多达数十首。这些诗一反多议论的风格，写景抒情婉约耐读。如《独坐湖上》：“水禽不避客，相伴又何孤。云影自来去，花香时有无。人间几泉石，身外即菰蒲。径欲招邻叟，扁舟夜泛湖。”又如《翠荷听雨》：“圆叶尽张盖，四山云正低。急风吹骤雨，直过翠湖西。惊破群龙梦，奔来万马蹄。幽人水台上，乍听意都迷。”

陈荣昌还是云南近代最杰出的书法家之一，他能写各种字体、各派风格的书法。隶书、楷书、章草，秦篆魏碑，“无一不学，无一不精”，其中尤以楷书的成就最高。陈荣昌的楷书属于颜体，中经钱南园，上溯颜真卿，参以欧阳询、褚遂良，汲取诸大师之长，融会创新，形成自己的风格。

由于陈荣昌长于做学问，学术成就和艺术成就都很高。故他的学生袁嘉谷在《卧雪堂诗话》中对恩师有如此评论："发为诗文，渊懿古茂，兼杜诗韩笔而一之，以余力为六朝骈文，两宋词曲，赅徐庚苏辛之长。至以隶楷章草，钟王欧褚、米黄赵董，无一不学，无一不精，尤以钱南园为宗。颜鲁公之后，南园一人而已，南园之后，公一人而已。"

陈荣昌是会做事的能吏，是清末云南著名的教育家。他入仕以后，主要担任主管一省教育的官员和与教育相关的官员，如贵州学政、经正书院山长、云南高等学堂总教习、山东提学使（正三品）等职。陈荣昌第二次到贵州主管教育时，支持贵州的教育革新，鼓励创办现代学校。光绪三十二年（1906年），陈荣昌任命从日本留学回国的周恭寿筹办贵州官立高等小学堂。学堂设官立高等小学堂一所，官立初等小学堂九所，学生近千人，教员五十余人。由于陈荣昌用人得当、支持有力，周恭寿办事认真、管理有方，教学成绩斐然，受到贵州士人的称道。此后，陈荣昌将高等小学堂更名为"贵阳模范小学"，成为贵州创办最早、最有名的学校之一。光绪二十三年至光绪二十九年（1897年至1903年），陈荣昌先后在经正书院任教和担任书院山长。他课士认真、管理严格、言传身教、循循善诱，培养出了张学智（光绪二十四年进士）、宋嘉俊（光绪二十四年进士）、熊廷权（光绪二十四年进士）、李坤（光绪二十九年进士）、袁嘉谷（光绪二十九年经济特科状元）、吴琨（光绪三十年进士）、陈度（光绪三十年进士）、秦光玉（著名学者）、席聘臣、孙文达、吴良桐、蒋谷等众多人才。陈荣昌任高等学堂总教习时，后来的云南英才李根源、顾视高（光绪二十九年进士）、罗佩金、李曰垓、李鸿祥、殷承瓛、陈一得等人都是他的学生。光绪三十一年（1905年），担任云南学务处总参议的陈荣昌赴日本考察学务，他十分仔细地考察了日本的教育和实业。回国后，他向云南当局提出加强发展云南的师范教育、实业教育，在农学中增加林学教育；建议增加云南留学日本人员的名额；建议聘请日本学者到云南的学校担任教习；坚决反对中小学生读经讲经，尤其反对儿童读经。这些意见和建议，大多被云南当局采纳，从而推动了云南新式教育的长足发展。

陈荣昌是会做人的楷模，是儒家伦理道德的模范践行者，是昆明先贤钱南园高尚人品的忠实继承者。他对国事、公事，公忠体国、克尽职守、仗义执言；对危害国家利益的人，揭露弹劾，绝不姑息养奸；对自己、对名利，克己奉公、重义轻利；对有损他个人声望的人，宽宏大量，以德报怨。

光绪二十一年（1895年）乙未科会试，在京担任国史馆协修、武英殿纂修的陈荣昌，被任命为该科会试的同考官，负责评阅第十八房考生的试卷。同考官的职责是阅读分发给他的那些试卷，评判出优劣，然后将他认为的优秀试卷推荐给副主考官评判。同考官的初选是为国抡材的大事，不能马虎、懈怠，更不能带有丝毫的私心杂念。陈荣昌仔细阅读分发给他的每一份试卷，反复对比斟酌，最后挑选出了十多个人的优秀试卷推荐给担任副主考官的礼部侍郎、广东人李文田。在这十多个人的试卷中，有一个广东考生的试卷见解卓越、文辞流畅、才气横溢，特别优秀，令陈荣昌爱不释手，他心想，如此优秀的考生，有入鼎甲的可能。陈荣昌的眼力果然不错，他推荐给李文田的这些试卷，除一个人的试卷被退还给他外（即没被录取），其余的试卷全部被李文田留用。陈荣昌十分高兴，然而高兴之余却发现，退还给他的这份试卷，竟是他认为最优秀的那份试卷。大惑不解的陈荣昌急忙观看退卷上的批语。原来李文田也十分欣赏这位广东考生的试卷，对这个考生的三场考卷都有赞许的批语。他对第一场考卷的批语是："识解高超，非嘉、道以后门径。"对第二场考卷的批语是："五艺皆佳妙，瑰才也。"对第三场考卷的批语是："五策详赡古雅，不仅十事对九，海内之通才也。”退还的原因出在对试卷作最后定夺的正主考官徐桐身上。徐桐对这份试卷的最后评语却是：“文字背绳尺，必非佳士，不可取！”陈荣昌不知道，其实探花出身的李文田对徐桐的批语也不服气，曾当面与徐桐据理力争，但徐桐却用“袒庇同乡”（李文田是广东人，考生也是广东人，指李文田有意袒护考生）的大帽子压李文田。李文田有口难辩，无可奈何之余，只好在退还的考卷上批写：“还君明珠双泪垂，惜哉！惜哉！”陈荣昌不明原委，也不便越级与曾任癸未科会试正主考官，并录取他为贡士的徐桐当面理论，出于为国抡材、惜才心切的动机，只好不顾个人得失，立即写了《闱中与李若农侍郎书》（李文田号若农），并粘贴上那位考生的考卷上呈给李文田，希望李文田以及监院能挽回局面。陈荣昌在信中，首先引录李文田对那位广东考生三场考试考卷的批语，表示对不取“不得其解”。接着又义正词严地责问：“贵考官果爱才若命耶？不宜得明珠而掷还也！”最后建议：“且今距发榜尚十余日，会榜一日不发，即荐卷一日可补。……伏望详加裁夺！”

面对着陈荣昌义正词严的责问，同样爱才心切的李文田夹在中间左右为难。最后只好硬着头皮再次找到徐桐商议，希望徐桐能回心转意录取那位优秀的广东考生。哪知道，思想极端保守、僵化的徐桐最痛恨该科会试前，联合上京会试的一千三百多名举人，领衔上书光绪皇帝，请求拒和、迁都、变法的维新派领袖康有为。他认为那个广东考生必定是康有为，坚决不同意录取 。当然，他的心思是不便明说的，只能寻找广东省的录取名额已满等冠冕堂皇的理由拒绝李文田。李文田拗不过身为尚书、体仁阁大学士、太子太保、慈禧宠臣的正主考官徐桐，只好善罢甘休了。到会试放榜之前，徐桐等人当众拆开考卷的弥封时，徐桐和众考官才知道，那位引起争议的广东考生不是康有为，而是梁启超。而防范康有为如同洪水猛兽的徐桐，却在自己的亲笔裁夺下，使康有为考中了贡士和进士，真是人算不如天算！让人啼笑皆非。而陈荣昌爱才惜才、正直敢言的美名也在京官中传扬开了。

光绪三十二年（1906年），在贵州担任提学使的陈荣昌，上疏慈禧太后和光绪皇帝，弹劾原云南洋务局总办、迤东道道台，现贵州按察使兴禄等人，在中英滇缅划界时，收受贿赂、出卖主权，致使中国大片领土丧失；在修筑滇越铁路时，崇洋媚外，听任法国人虐待筑路民工，致使数万劳工病死、累死。清廷调查属实后，将兴禄即行革职，将兴禄的助手石邵鸿革职永不叙用。

陈荣昌弹劾满人大员兴禄，使涉案官员都受到严厉的惩罚，大快人心，朝野都一致称赞。这件事体现了陈荣昌爱国爱乡的情怀、疾恶如仇的精神、不畏权势的品格。

陈荣昌十分崇敬昆明先贤钱南园，为人处事、居官做学问，事事都以钱南园为榜样。为了弘扬钱南园卓荦超伦、刚正不阿的精神，永远纪念钱南园，光绪十七年（1891年），在贵州任学政的陈荣昌省吃俭用，寄回积攒下的俸禄白银二千两，委托在昆明的友人施有奎、陈兰卿买地建造钱南园祠。光绪二十一年（1895年）二月，钱南园祠在翠湖东南岸落成。在京城担任武英殿纂修的陈荣昌立即书写“钱南园先生祠堂”匾额和楹联一副，从京城寄来。其联云：“请自今指海为盟，告我先生，所不同心如此水；更愿人闻风而起，读公遗集，亦将有感于斯文。”

云南先贤的诗文有许多没有刻印，为了不使这些优秀的诗文散失，陈荣昌常常自掏腰包，出资刻印。如他曾出资刻印戴䌹孙的《味雪斋诗钞》续集、李于阳的诗集等。

陈荣昌对国事、公事尽心尽责；传扬地方先贤的道德文章、丰功伟绩不遗余力；对个人的功名利禄却看得很轻；对有损他个人声望的人，常常以德报怨。石屏人朱庭珍，字筱园，颇有诗名，但恃才傲物。他42岁时才考中举人，此后多次会试都落第，不免牢骚满腹。光绪二十三年（1897年）以后，他和陈荣昌在经正书院共事，陈荣昌很关照年长的朱庭珍，朱庭珍却倚老卖老。有一次，昆明县令谢宇俊邀请许多文人喝酒，他便在宴会上大放厥词，说有的昆明诗人是和尚出身，有的人写诗是半路出家等等。在座的陈汝昌是陈荣昌之兄，他听出朱庭珍说有人写诗是半路出家，是在含沙射影地攻击陈荣昌，心里很不是滋味。宴会后，陈汝昌便将此事告诉陈荣昌。陈荣昌却淡然一笑地说：我在二十岁之前忙于准备科举考试，的确很少写诗。入仕以后，才写诗较多，但写得并不好。他仕途不顺，心中有满腹牢骚，由他发罢，我并不计较。其实，陈荣昌的文才是多方面的，就是诗词方面的成就也并不低于朱庭珍，可见陈荣昌心胸宽广、宽宏大量。

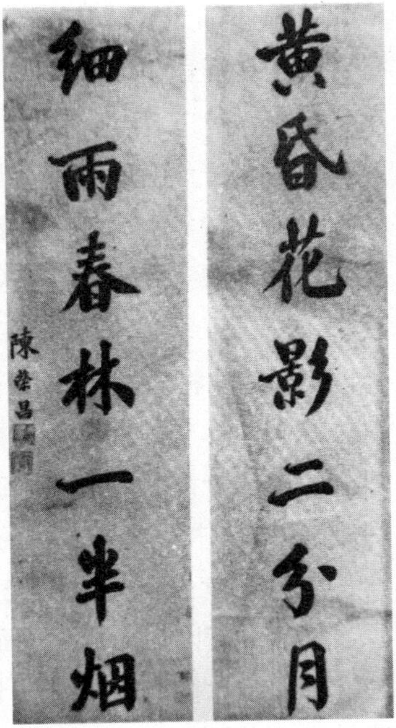

陈荣昌墨宝

经正书院有一种考试叫“官课”。每个月的十六日，总督、巡抚、学政、布政使、按察使、粮道、盐法道、云南府知府、昆明县县令等，依次轮流命题，考试经正书院的学生。书院专门聘请有评阅试卷的人员，试卷评阅毕，呈请核准后公布名次，优秀者能得到较高的奖励。朱庭珍评阅试卷时，对他的门生故旧常有照顾。受到不公正对待的学生不服气，上告巡抚。巡抚林绍年与经正书院山长陈荣昌商量，打算辞去朱庭珍。陈荣昌却为朱庭珍遮掩和辩护，使朱庭珍保住了职位。陈荣昌的朋友王仲瑜在巡抚衙门任职，知道全部内情，他对陈荣昌说：“筱园经常揭你的短，你还为他维持！”

陈荣昌却说："我不维持，他锅锅脱矣。"意为饭碗就没有了。常言道：没有不透风的墙。后来朱庭珍听说陈荣昌以德报怨，多次为自己说好话，很是感动和惭愧。从此，评阅试卷一改旧习，都能公正无私，对陈荣昌也越来越尊重了。

民国24年（1935年）九月十七日，陈荣昌在家乡昆明病逝。云南文化界痛失巨匠，政界、学界、民间都沉痛悼念，来悼念和送葬的各界人士多达万人。

陈荣昌的弟子袁嘉谷写有《小圃夫子像赞》赞扬陈荣昌的道德文章：

以顾黄之高节，兼张陆之心源，抗朱王之诗集，跨方姚之文编。持衡如老红豆，爱乡如小停云。教泽上逆乎潭西，道脉直接乎南园。集一代师儒之大成，延三迤文献之心传。呜呼吾师，人仰山斗，天赐大年，谨述古三不朽之义，赞一辞曰：立德、立功、立言。

袁嘉谷与昆明状元楼

光绪二十年（1894年），清廷在甲午中日战争中战败以后，面临着空前的危机：各帝国主义国家掀起瓜分中国的狂潮，国内反抗清政府的运动也没有止息。内外交困、岌岌可危的清政府不得不寻找出路。大学士翁同龢受到维新派新思潮的影响，感到“当此时变，不能不破格求才”。光绪二十三年（1897年）、贵州学政严修上疏清廷请开设专科，即经济（经国济世）特科。光绪二十七年（1901年）四月，慈禧太后以个人的名义发布懿旨：“为政之道，首在得人。以值时局阽危，尤应破格求才，以资治理。允宜敬遵成宪，照博学鸿词科例开经济特科，于本届会试前举行。”又特别强调：“其有志虑忠纯，规模宏远，学问淹通，洞达中外时务者，着各部院堂官及各省督抚、学政出具考语，即行保荐。”云贵总督魏光焘遵照慈禧太后的旨意推荐了袁嘉谷等六人应试经济特科。

袁嘉谷像

袁嘉谷（1872—1937年），字树五，号屏山居士，石屏人。自幼受到良好的家庭教育，与诸兄弟学文、学书，刻苦攻读，立志“要读尽天下书”，走“读书、报国、为民”的道路。清光绪二十年（1894年）甲午科云南乡试，二十二岁的袁嘉谷考中第二名举人（亚元）；清光绪二十九年（1903年）癸卯补行辛丑、壬寅恩、正并科，袁嘉谷考中第二甲第六十二名进士，朝考为一等第九名，选为翰林院庶吉士。

光绪二十九年（1903年）闰五月十六日，经济特科考试，在保和殿隆重举行，参考者186人。考试分正场和复试两场，正场的考试内容是论一篇、策一篇，复试也是如此。正场的试题是《〈大戴礼〉保保其身体傅傅之德义师导之教训与近世各国学校德育体育智育同义论》《汉武帝造白金为币分为三品当钱多少各有定值其后白金渐贱钱制屡更竟未通行宜用何术整齐之策》。钦派阅卷大臣为裕德、张之洞等八人。五月二十一日正场揭晓：取中一等梁士诒、杨度、张一麐、宋育仁、李熙等四十八人；二等桂坫等七十九人，共录取一百二十七人。袁嘉谷名列二等第七名。原定的一等前三名，实为罕见的人才。数年之后，这三人都是袁世凯手下的高官和心腹，并成为了响当当的风云人物。梁士诒（1869—1933年），字翼夫，号燕孙，广东三水县人，清光绪二十年（1894年）进士，翰林院编修。光绪三十三年（1907年）出任五路提调处提调，人称“五路财神”，是清末著名的理财家。1921年12月，梁士诒曾出任北洋政府的内阁总理。杨度（1874—1931年），字哲子，湖南湘潭人，清光绪十九年（1893年）举人。光绪二十八年（1902年），杨度自费前往日本留学，入日本东京弘文书院深造。归国后的杨度，深受袁世凯器重，被袁世凯称为“旷世逸

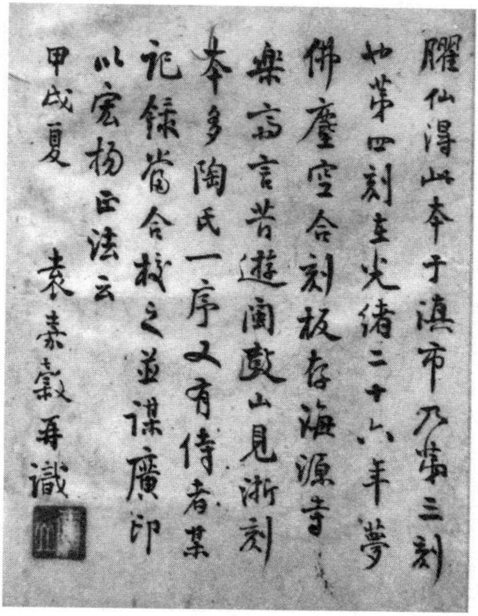

袁嘉谷墨宝

才”。民国4年（1915年），以杨度为首的“筹安会”成立，鼓吹改变国体，拥戴袁世凯称帝。袁世凯称帝后，杨度被封为公爵。张一麐（1868—1943年），字仲仁，江苏吴县人，清光绪十一年（1885年）举人。袁世凯的心腹和高参，多次劝阻袁世凯称帝，未被采纳。袁世凯去世后，曾担任教育总长等职。

五月二十七日复试开始，试题为《周礼农工商诸政各有专官论》《桓宽言外国之物内流而利不外泄则国饶民用给今欲异物内流而利不外泄其道何由策》。钦派阅卷大臣为荣庆、张之洞等八人。

复试之后，有人面奏慈禧：梁士诒是广东人，乃康梁的忠实信徒，他的姓名就很特别，是“梁头康尾”（康有为字祖诒，加上梁启超的姓，固有“梁头康尾”之说），不能选用。又有人对慈禧说，杨度在日本留学时，有攻击朝廷的言论。“戊戌维新”以后，慈禧就对康梁恨之入骨，当然不会选用康梁一类的人物（其实梁士诒虽然与康梁同是广东人，但并非康梁一派的人物），杨度有攻击朝廷的言论，当然也不能选用。于是，慈禧太后命张之洞等人从试卷中重新挑选优秀试卷。选谁呢？张之洞、荣庆等人考虑到这次考试中，云南人袁嘉谷两场考试每场各写了十六开，成竹在胸，下笔万言，京城已盛传云南袁嘉谷“三十二开学士”的大名，再加上袁嘉谷的试卷书法十分漂亮，人见人爱，便将原排名较后的袁嘉谷试卷从中挑出呈给慈禧太后。慈禧阅卷后颇为满意，便将袁嘉谷置为一等第一名。因此这次的经济特科考试，“复试”的结果，名次又重新排列，一等前五名中，除张一麐被录取为第二名外，其他四人全被刷了下来。最后一等录取了袁嘉谷等九人，二等录取了冯善微等十八人（昆明人萧应椿，为二等第七名），共录取了二十七人。

经济特科考试结束后，慈禧太后原准备依照康熙、乾隆时考博学鸿词科的成例，给录取者授以翰林中书之职。太后的旨意，军机大臣们并无异议，但王文韶坚决反对，他说：“若辈皆讲求新学，屡以废科举为言，何必再与科甲与之？但求皇太后赏以饭碗可也。”后来，经济特科的中式者大多数未得到清廷重用，就是被称为“国朝第三人”的袁嘉谷，也只授翰林院编书处协修，被派到日本去考察学政，直到宣统元年（1909年）才被任命为浙江提学使，不久又兼任布政使。

袁嘉谷考中了经济特科一等第一名的消息传到云南，人们都认为袁嘉谷考中了状元，全省官民无不欢欣鼓舞，引以为荣。特别是云南的读书人一直为明代已经被拟定为状元，后来又被莫名其妙地改为“金传胪”的楚雄人李启东鸣不平。真的，这事的确让云南的读书人不服气：明嘉靖十一年（1532年）壬辰科殿试，原已拟定云南楚雄人李启东为第一甲第一名即状元。后来昏庸的嘉靖皇帝又以云南太边远，不宜点状元为由，抑置为第二甲第一名，即总名次的第四名，这一名称为“金传胪”，虽然也很荣耀，但与状元相比，毕竟有很大的差别。有人则说，袁嘉谷中状元正应了五百年前沐英做的那个奇梦。举荐袁嘉谷参加经济特科考试的云贵总督魏光焘为褒奖袁嘉谷，特榜书“大魁天下”四字，并镌刻成匾额高悬于聚奎楼之上。袁嘉谷也自撰了一副楹联悬挂于匾额的两侧，其联曰：“帝曰无双士，惭愧臣心，励此生古谊忠肝，窃比魏国观云，元之应雨；南来第一楼，潆洄乡梦，对当前画桥驿路，更愿长卿题柱，孟博登车。”

该联立意高远，对仗工整。上联披露了作者自谦、自励的心怀；下联则激励后来者应更好地奋发有为。深信风水学说的老昆明人都认为，昆明清代的科甲比明代更为鼎盛，竟有166人考中文进士，还有一名在昆明读书的石屏人中了状元。都与桂林桥上的这座“魁星楼”或“聚奎楼”有关！

袁嘉谷中状元后，民间就将“聚奎楼”改称“状元楼”，并沿袭至今。云南出版的不少书籍和报刊上刊登的很多文章，在谈及

昆明状元楼

“状元楼”时，都认为是袁嘉谷中状元后才修建的，此大谬也！另外，经济特科一等第一名，是否是状元？有争议。笔者认为：可以将经济特科一等第一名的袁嘉谷称为经济特科状元，但经济特科状元并不等于传统的文科状元，这是因为袁嘉谷曾经参加过考进士的殿试，考中的是第二甲第六十二名进士，即总名次的第六十五名，距离摘取状元桂冠还有很远的距离。但笔者又认为：经济特科考试选拔的是有别于文进士的特殊人才，文进士的第一名，即严格意义上的状元，若参加经济特科的考试，并不一定能考中一等第一名。因此，经济特科状元与文科状元各有所长，也各有所短，内涵也并不相同，是两个不同的概念，不能将二者混为一谈。

状元楼的原址在今拓东路与金汁河相交的桂林桥上。金汁河的这段河堤，明清时称为“相公堤”。金汁河绕昆明城而流，在城东南的相公堤一带与通往京城的大道（今拓东路）相交，给过往的行人和马帮带来了极大的不方便，故历代都建有木桥以便通行。明初沐英入滇之后，深感木桥不敷需要便将木桥改建为宽大、牢固的石拱桥，同时还加宽了今拓东路的路面。

明初的相公堤两岸，种有大片的桂花树，每到金秋之季，桂花怒放，香飘数里。相传石桥建造完工时，正值中秋佳节。当晚，沐英邀请了许多文人学士在桥上饮酒赏月。但见：桥洞与水中的倒影正好合成另一轮巨大的圆月，“月”中的丹桂摇曳婆娑、婀娜多姿，真是幽美极了！众人赞叹不已之后，便议论纷纷，要给新建的石桥取个好名。沐英的一个幕僚建议将石桥命名为“桂林桥”，取月中丹桂之意。沐英也认为此名甚好，便当场拍板确定。良辰美景、好酒嘉宾，不一会沐英已有几分醉意，便伏在桥栏上睡着了。他做了一个梦，梦见桂花仙子飘然而至，向他翩翩起舞后，竟将他引入神奇的月宫。沐英正感惊诧之际，仙子却举起一杯桂花酒，对沐英说：“将军平定云南、建城立街、修桥筑路、功德无量，请饮桂花酒三杯！”沐英饮完了三杯酒，仙子又赠沐英桂花一枝，并祝道：“愿将军蟾宫折桂！”沐英大笑道：“吾乃一介武夫，焉能蟾宫折桂，中状元乎？”仙子道：“将军莫笑，五百年后，必有魁星降临此桥！”沐英猛然惊醒，与身边的文人学士谈及此梦，众人也惊诧不已。事后有一学士撰写了一块《桂林桥》石碑文，文中记录了沐英的这个梦。

清康熙初年，由于战乱，金汁河两岸的许多树木被砍伐、烧毁，水土流失严重。致使桂林桥的桥身倾圮，严重地影响着车马行人的过往。地方当局决定对桥重新加固。有堪舆家对云南的督抚说：“大凡省会地处，须五星端正显明，昆明龙气固然旺盛，若就五星而论，土、金、水、火四星，自是显明矣，惟东方、木星为倒地木，故不能发鼎甲（一甲进士状元、榜眼、探花三人称为鼎甲），须培补之。”昆明的官员和乡绅颇信堪舆家之言，认为在明代，昆明县虽然已有五十二人考中文进士，位居全省各州县之首。但与江南的州县相比，昆明仍然相差甚远，应该在桂林桥上建筑一座“魁星楼”以培补昆明的风水，于是建桥时便在桂林桥上建造了一座魁星楼。魁星（也称奎星）为二十八宿之一，是西方的白虎七宿的头一宿。古人认为“奎主文章”，奎星是掌管文运之神。因“魁”与“奎”同音，并有“首”意，所以用“魁”代替了“奎”，并出现了“经魁”“五魁”等目名。在古代，进士之首状元又称“魁甲”，举人之首解元又称“魁解”。民间塑的魁星都立于鳌头之上，他的一脚向后跷起抬大弯钩，一手捧斗，另一手执笔，表示用笔点定中式者的名字，这就是“魁星点斗，独占鳌头”的意思。清光绪二十一年（1895年），魁星楼倾斜，有倒塌的危险。重新修建时，又有人认为魁星楼的名称还不算最好，应该改为“聚奎楼”。于是重建的新楼就改称“聚奎楼”了。

重建“聚奎楼”的费用，有很大一部分来自民间的捐赠，既然是自愿捐赠，当然多寡不一。据说当时正在经正书院攻读的石屏人袁嘉谷也捐银五钱，刻碑记功德时，因袁嘉谷家贫，为捐钱最少的三人之一，被列名于最后。

聚奎楼建成后，五华书院山长、澄江翰林罗瑞图为之题记。题记的末尾说：“往事已矣，昔之才人之士，不能大魁天下者，以五星不聚也。斯楼成，魁星聚，则有望于此后之人。”

聚奎楼为三层木结构建筑。底部为石砌三片拱洞，每孔跨径5米多，径深8米，洞高4米。拱洞上建重檐歇山顶阁楼一座。楼的下层内供奉着蜀汉名将关云长夜读《春秋》的塑像，两侧有关平、周仓的侍立像，四周有精雕细描的彩色木格门窗围护。外有回廊，可观赏四周的景物。楼的上层塑一“魁星占鳌”像。楼顶悬一直式匾额，匾额蓝底金字，上书“聚奎楼”三个大字。

20世纪50年代初，昆明的城墙、城楼陆续被拆除。1953年，为拓宽拓东路的路面，便将状元楼拆除了，但桂林桥仍然存在，只是由于多次改建路面，桥身已完全掩入路面之下，仅可认出一拱形桥孔了。沧海桑田，变化和变迁总是难免的，唯有那些动人的传说至今仍流传在一些老昆明人中。

1999年，石屏县为了弘扬袁嘉谷的精神，也为了抚慰关心袁嘉谷的很多云南人，特在石屏县焕文公园按昆明状元楼的原样放大重建了一座新的状元楼，使人们又能目睹“状元楼”的风采了。真是大快人心！2016年昆明在状元楼原址的北面，即拓东路与金汁河相交的北侧数百米远的地方重建了“状元楼”。重建的昆明状元楼，既恢复了历史文化名城的建筑实体，又弘扬了历史文化名城的文化底蕴，还增添了昆明的旅游景观，可谓一举多得了。

附　录

一、通海举人戴圣化赴京会试日行录

戴圣化（1754—1837年），字雨亭，号竹坞，通海县城南关外人，中式乾隆五十一（1786年）年丙午科举人，当年冬月赴京会试，至翌年四月尾始离北京回通。写下《北上日行录》一册，每日的里程、气候、交通工具、起止站名及途中遇到情况，叙述比较详尽。计由通海到北京，走了九十三天，经过六省，住宿八十二站，行程六千五百四十华里。在北京会试期间又住了六十天，仅一个单程，历时将近半年，反映了当年举子及社会生活的一个侧面。

乾隆五十一年丙午

冬月二十日，自通起身，是日晴，家二叔、大兄果酒送至雷神庙，诸侄子果酒送至小铺子，赵亲家果酒亦于小铺子饯行，至甸苴关打尖，适有郭大少爷延之坐，故辞后，彼将酒肴送于家四叔铺内，同杨西林与兄扰之，兄乘马同行，戌时至海门宿。

二十一日，由江川海门起身，是日晴，河涧铺打尖，晋宁宿，于店内遇张召老同饮。

二十二日，由晋宁起身，呈贡县打尖，酉时入省，住捷升店，是日晴。

二十三日，早，入城内谒谷老师，书院内朋友留饭后出城，萧二叔设酒于长春馆，与同人共扰之，是日晴。

二十四日，早，同兄复游书院，往学台处取对联一副，又同至李卷公家少坐，后至本家铺还旧欠二两银子，太傅坊领取赍文（“赍”读“居”，赍文等于介绍信）未获，出城，是夜微雨。

二十五日，早，本家邀于馆上用饭，送槟芦二封，茶二元。后复入城，于太傅坊领到赍文，用钱二千七百文。盐台处领卷金银四两，用钱三百文。臬台处具呈结二张领请火牌（等于路条，凭此至驿站要伕马）未下，是日晴。

二十六日，饭后至臬司处验照领牌出城。是日于晚饭前赵精老（自中）到店，原同行者有帖公（朝瑛）牛公（昴）尹公振麟，自是五人同住，共带朱俊从行，于店内各给钱五百文。又于藩台处领水脚银三两，用钱一百文，是日晴。

二十七日，办理行装，大小皮褡子一千四百文，毡衣，毡帽二千六百文，棉衣一件一千三百文，陈老弟名永祚字锡五送程仪三两，是早寅时微雨。

二十八日，是日晴，拟起身至晚未得马，换银三两扣去扬铺旧欠钱二千文。

二十九日，自省午时得马起身，兄步行送至兴福寺各别，是日晴，共行四十里至板桥宿。

腊月初一日，由板桥驿起身，是日上午晴，下半日阴，风寒，共行五十里，至杨林宿。

初二日，由杨林驿起身共七十里宿易隆驿，驿属寻甸州，是日阴，到店时微晴，五更大雨天明乃止。

初三日，由易隆起身，行八十五里至马龙州宿，是日风寒，晚飞雪，夜大雪，天明未住。

初四日，由马龙起身，冒雪雨行，适遇马甚疲敝，约行十余里雪壅尺余，马不能进，连倒数次，幸未落马，于是舍马步行，午间雪愈大，是日共七十二里，步行五十余里至沾益州宿城内，驿名交水。

初五日，由交水驿起身，是日微晴，雪壅未消，路滑难行，共四十五里至白水驿宿，驿属南宁县。

初六日，由白水驿起身，是日晴，尚有残雪，共七十里至平彝县，城外里许有清溪洞，小憩于其中。

初七日，由平彝起身，行十五里至滇南胜境坊，暂憩石虬亭小饮，游关帝庙，入贵州界遇大雨，行数里乃晴，共六十里至亦资孔宿。

初八日，由亦资孔起身，是日晴大风，共行七十三里至刘官屯宿。

初九日，由刘官屯起身，是日晴大风，下南京坡，坡极险峻，坡下有桥，名庚戌桥，桥有碑志乃鄂制台（尔泰）所作也，共六十里过上寨宿。

庚戌桥碑文附记

桥以庚戌名，纪年也；纪年者何？志桥之始也。西林渡之西，百余里有罗盘河者，据毛口河之上流，其源来自普安州之站里桥，而归于盘江之铁索桥。两岸崇山相向，山根多怪石，或突，或偃，或凸，或凹，蹲若虎豹，卧若虬龙，半不可名状。山腰以上，则石骨而土肤，古木阴森，藤萝虬结，惟闻猿啸鸦啼，声亦喧亦寂。而一水中隔，断岩千尺宛然在目，无复径路可通，殆不啻蓬莱翠水之不可飞渡也。于是驾以长虹，甃以巨石，环以玉槛，表明华坊。桥长可十丈，宽不及二丈，并骑而行可容四十余蹄，南连普安，北达镇宁，为往来之会要，实滇黔之坦途矣。然当夫新路未辟，榛莽委弃时，仕宦舆马之所不经，商贾足迹之所罕到，群或为余难之，以为可以已者，余固不得已也。故于庚戌之岁自粤返滇由黔新路而桥适落成，遂以庚戌名焉。于戏，昔唐许浑有称丁邓桥者，至今且津津人口，矧斯桥之建与铁索并存，有非止为仕宦商贾计者，以视丁邓桥之轻重，相悬奚啻十百千万倍也。后之君子思桥之所由命名，有不葺而新之，俾永远勿坏者，岂理也哉！

初十日，由上寨起身，是日晴，共四十七里至白沙地宿。

十一日，由白沙驿起身，是日雾，下白沙关，又下老鹰岩，坡坎极险皆步行，共五十里至阿都驿宿。

十二日，由阿都田起身，过西林渡即毛口河，上拉那坡至打铁关遇雨，至在城塘雨雪并降，行李皆湿，路滑难行，共五十里至郎岱城内宿。驿有清军府。

十三日，因制台到站未得马，打住一天，是日雨雪。

十四日，由郎岱起身，乘软轿，共五十五里至坡贡驿宿，是日阴，遇雨数次，路滑难行。

十五日，由坡贡驿起身，午时方行，至白水河有瀑布三叠飞泉百尺，声如雷吼浪似雪翻，真化境也。至安庄坡前天已暗，向铺司取火把夜行三十里，牛、尹、赵三公落后。

十六日，早饭后三公方到，同往拜同乡州尊许公，公留意颇切，即着人搬行李于署内，次早设席，是日微阴雨。时周公嵩岩在署，同往登城观赏。朱俊至此欲回滇，各给伊银一两带回，仍命同行，寄家报第一封。

十七日，由镇宁安庄驿起身，许公送茶仪三两，是日微雪风寒，共六十三里至安顺府宿城内，首县普定。

十八日，由普定起身，伕马应付艰难，午刻方行，于鼓楼下见一人僵卧，是日晴，夜露厚冰凝，不数里马疲不能行，步走四十二里至腰站大水桥宿。

十九日，由大水桥起身，行四十里至安平县，巳时到站意本欲走，因未得马遂宿，驿名平坝，高公省，自此同行，是日微晴。

二十日，由平坝驿起身，五十里至清镇县，是日阴。

二十一日，由清镇起身，行五十九里至贵州省，住三吉店，是日晴，首府贵阳，首县贵筑，驿名皇华。

二十二日，住省雇长伕三名，自贵筑至镇远价银三两三钱二分。

二十三日，由贵筑起身，行三十五里至谷脚塘宿，是日阴雾风寒，尹厚老同行。

二十四日，由谷脚塘起身，行二十八里过龙里县站，行十八里至陇耷宿，共四十六里，是日微雨。

二十五日，由陇耷行四十里至贵定县宿，是日阴雾，过牟殊洞未及游。

二十六日，由贵定驿行四十里至黄丝，大雨，脚伕不行遂下店，是日寒正，夜雨亦大，天明乃止。

二十七日，由黄丝起身，十里酉阳驿，被朱俊遗失雨毡帽一顶，过站行十里过响峡，又行三十里至杨老驿宿共五十里，是日阴雾，酉阳之前见一人僵卧，清水塘前又见一人僵卧，身皆无完衣，总因饥寒丧命也，惨极！

二十八日，由杨老起身，共五十二里宿大风洞，是日雾雨大寒。

二十九日，由大风洞行二十三里渡重安江至重安驿过站，至黄平州宿，共五十三里，是日阴，至周洞塘前后草木皆冰，四山如雪，大雾，冷甚。

三十日，由黄平起身，至飞云洞一游，真如夏云奇峰，千层叠秀，有云根泉自石穴流出，清爽挹人，尘嚣顷化，实黔中之胜境也，行三十九里至施秉县，驿名偏桥过站，十里许至沙平宿，是日阴冷如昨日，出城里许一人僵卧。

乾隆五十二年丁未

正月初一日，因伕子不行，由沙平雇船，步行过诸葛潭，武侯祠中行礼，然后登舟行水路六十里至镇远府，是日阴，河中风正寒，两岸石壁耸峙，陡然而下，岩间瀑布正多，如烟如雾，如雨如雪，劈空飞叠，余沥在草皆结成冻，真乃如画可观。一路过潭十余次，惟诸葛潭极险，怪石林立横截中流，喷波撼浪其势迅猛，而一舟从石径宛转而来，瞬眼已过，殆不啻弱水之飞渡也矣。于府城河边又见二人僵卧泥中。自省雇佚因驿站佚马艰难，期于速行，不意行户扣去佚子银两大半，佚子食用不敷沿途生气。本年贵州饥馑，食用三倍于昔，而拣钱尤严，旋换入，旋不能使出，人情亦概可知矣。大约安顺以上较差，安平以下更甚。

以上十九站至贵州省，九站至镇远，共二十八站。

初二日，相约雇船二只共钱八千文，寄家报第二封托学台衙门内差人刘姓晋宁人带回，晚餐后登舟，泊府城桥下。换银一两四钱五分。

初三日，雾雨行九十里，至清溪县青浪驿挂号，又行三十里舟泊漾平，未申之间微见日影，过大滩十余次。

初四日，雾雨三十里至玉屏县玉屏驿挂号，又行九十里舟泊晃州驿挂号，过大漾十五次，驿属湖南沅州。

初五日，雾雨行六十里至便水驿，又六十里至沅州府首县芷江沅水驿挂号，过大滩四五次，小滩七八次，舟泊府城桥畔。

初六日，巳时前微见日影又阴，行六十里至马公坪，驿名罗旧，又八十里至七里滩宿，过滩四五次。

初七日，阴，四十里经乾阳县，又四十里至洪江登岸买蔬菜，又二十五里舟泊沙湾，过大滩四五次，小滩七八次。

初八日，微晴，行一百三十里，舟泊黄溪口。

初九日，阴，巳午之间见日影，行九十里至辰溪县挂号，晚大风，又行五十里，舟泊鱼滩。

初十日，早间阴，午后晴，二十五里至普市，七十五里经渌溪县，又四十里舟泊辰州府首县沅陵驿中挂号，是夜月色甚明，乘月行二十里，辰州前数十里东岸皆石壁蝉联，约有十余里长，高者不下数十丈，截然直立，非人力之所能攀跻，而岩间奇迹甚多，但遇石穴峭缝处，即有枋板椽棒参差林立，横架其上，有若桥梁者，有若层楼者，有宝剑一口插石窍中，又有厨柜二个仰卧，其上小树数株，下有石棋盘一个，种种奇迹不可胜数。榜人云此皆仙迹于今数百年矣。

十一日，早大雾，辰后大晴，身体稍畅，自马龙以后罕遇此景，过银壶山远望岩头一点白，榜人云，仙子张三丰系壶于上，人欲取之则雷电骤至，不可得近，未知果然否。过九曲滩，又过青浪滩，二滩皆大，青浪尤长凡四十里，轻舟湍急，甚不安稳，行一百四十里，舟泊麻衣府。

十二日，晴，舟行十余里，闻岸上人家有生擒猛虎者，远近争看，遂登岸往观，行至其处，其一已被主人剥去皮矣，其一扛入市中，未见生者，复登舟行一百四十里，舟泊桃源县城下，晚入城观灯。

十三日，大风，雾，行九十里，至常德府，舍舟住店，首县武陵。

长班送鱼、肉、酒于店中与长班银一两一钱。

十四日，由武陵起身，是日晴，坐软轿行六十里至大龙驿。

十五日，由大龙起身，晴带雾，坐软轿七十五里至清化驿。

十六日，由清化起身，阴，行七十五里至沣州，过河三道至城下宿，河名兰水。

十七日，由沣州起身，细雨，行六十里至顺林驿，是日本欲过站，因无伕马遂住店。

十八日，由顺林起身，阴，乘马行四十里入湖北界，又四十里孙黄驿，换马过站又五十里至孱陵驿，共一百三十里。

十九日，由孱陵起身，三十五里至虎渡口过江，江宽十里，八里至荆州府住西门外店，步行入城，城内又有满城，谒大关庙，出南门乘船回店，是日微阴，首县江陵。

二十日，由江陵起身，午前晴，午后阴，七十五里至建阳驿。

二十一日，由建阳行七十里至关公掇刀石，谒关庙，门外有马跑泉。过虎牙关，又二十里至荆门州。

二十二日，由荆门起身，大晴，六十里至石桥驿，换马过站，又六十里至丽阳驿。

二十三日，由丽阳起身，大晴，行九十里至宜城县，县尊倪公同乡楚雄人送晚餐于店内，饭后往驿，随游东城埂，上有杜康造酒台，一碑卧地，其文模糊，不能尽读。宜城驿名鄢陵。

二十四日，由鄢陵驿起身，晴，沿小河口三十里过渡，又六十里至襄阳府汉江驿，过岘山，是日乘马下店时尚早，登昭明台，上有山南东道碑，四街尚结灯彩，晚观灯。

二十五日，由汉江驿出城，渡汉水至樊城乘骡，六十里至吕堰驿。

二十六日，由吕堰起身，遇小雨，二十五里入河南界，又四十五里至新野县，县尊丁公贵州贵定人，留午饭，换骡过站六十里至瓦店，驿名林水。

二十七日，由林水驿六十里至南阳府。

二十八日，由南阳六十里至博望换马过站，又六十里至裕州。

二十九日，晴，三十里至搬倒井，路有黄石仙踪坊，井上有亭，后有光武庙，又三十里至保安驿，原马过站，六十里至叶县，驿名强水，二更到店，路有叶公问政处碑。

二月初一日，自强水驿起身，黄昏方行，夜过沮溺耦耕处，又有子路问津处碑，过汝水，即诗汝风之汝水。天明至襄城县之新城驿，共行六十里，尹、赵二公落后。以下多沙路。

初二日，由新城巳时方走，四十里过颍桥，渡颍水，又行二十里至水盐店，本不欲歇，因路黑车伕不行，遂住。路过季札挂剑处。

初三日，早行二十里许，遇大风忽起，飞沙走石，尘卷半天，日光尽蔽，昏暗蒙迷目不能视，又行十里至石固驿，驿属长葛县，县属陈公滇安宁人也，预设公馆，命管站者置酒于驿舍相待，是日正寒，起更时赵公至。

初四日，由石固起身，晴，六十里至新郑县，过溱、洧水，水环南关外，路绕东门入城换车，四十里至郭店驿。

初五日，由郭店五十里至郑州，驿名管城，换车，四十里至荥泽县。

初六日，二十里至广武山下，渡黄河，又七十里至亢村驿，驿属获嘉县，号门外有夏公碑。

初七日，由亢村起身，六十里又至新乡县换车，又六十里至卫辉府，首县名汲县。

初八日，由卫辉六十里至淇县，又六十里至宜沟驿，过淇县南关外有黎公祠，遇雨雪未及谒。

初九日，早间雪，午时止，乘驴车三十里至汤阴县，谒岳庙，读御制诗：

翠柏红垣见葆祠，羔豚命祭复过之。
两言臣节师千古，百战军威震一时。
道济长城谁自坏，临安一木幸犹支。
故乡俎豆夫何恨，恨是金牌太促期。

又行二十五里，时已昏暗，道路泥泞，车不能进。住魏家营，帖、牛二公落后。

初十日，阴，舍车骑驴，十五里至彰德府，首县安阳，城内有台，额曰邺城，又有古相州韩魏公昼锦堂，彰德即曹操所都处。换车行三十里至丰乐镇，过漳河，河宽十里，有浮桥，又四十里至磁州。进入直隶界，共八十五里，三更时帖、牛二公至店。

十一日，阴，由磁州十一里至邯郸县换车，二十里至黄粱梦，游吕仙祠，观卢生像，二十五里至临洺关宿，夜雨。

十二日，由临洺关起身，雨不住点，乘马三十五里沙河县打尖，又三十五里至顺德府首县邢台。

十三日，午前晴，午后雨，由邢台六十里至内邱县。

十四日，阴，由内邱六十里至柏乡县，定更后换车，又六十里至赵州，天明到站。

十五日，阴，由赵州原车过站，四十里至栾城县，驿名关城，换银五钱八分。

十六日，晴，六十里至正定府，过滹沱河入南关，酉时到站换马，行四十里，二更至伏驿城。正定驿名恒山。

十七日，晴，乘原马四十五里至新乐县换车，五十里至定州，道有羲皇圣里碑，州门口有古中山国四字。

十八日，晴，由定州永定驿乘驴，三十里至清风店换驴，三十里至望都县，酉时换车，四十五里至泾阳驿，驿属满城县，二更到站换车，五十里至直隶省城，首府保定，首县清苑，驿名金台，天明到站，昼夜三站共行一百五十五里。

十九日，晴，由金台五十里至安肃县，驿名白沟，到站微雨。

二十日，由白沟起身，七十里至定兴县，是日晴，大风扬尘，寒。

二十一日，晴，七十里至涿州，路过张桓侯庙，拜谒，庙中路旁有侯古井碑，又州城门有联："日边冲要无双地，天下繁难第一州。"

驿名涿鹿。

二十二日，晴，出涿州城，过琉璃河桥，七十里至良乡县。

二十三日，晴，由良乡二十五里至常兴店（今称长辛店），五里至芦沟桥，又二十五里至北京彰义门，黄昏入城，住果子巷万顺店，定更后长班送酒饭于寓所。

二十四日，晴，至前门买衣未成，回店。

二十五日，晴，买绸袍一件银五两三钱，进内城长安斋买朝靴一双银一两八钱。

二十六日，巳前晴，未时雨，早起赶小市买西装绸衫一件。拜尹大人，面会。沙土园拜杨提塘，面会。与长班银二两一钱。同乡李老先生求拜。

二十七日，晴，至北馆候李公及诸同年，复拜戴公编修，未遇。转至老墙脚谒章老师，贽仪六两，门礼六钱，未会。又至南首横街拜谒秦老师，门仪六钱，贽敬六两，面会。晚谢员外来候，武孝廉管公来，杨提塘来，出门未会。

二十八日，晴，往拜谢员外，杨提塘，未遇。

二十九日，晴，换银一两二钱四分，同伴入城内租房回，同至绳匠胡同谒刘仓台，未会。

三十日，阴，午后雨，刻字匠取齿录银七钱。

三月初一日，晴，章老师命拜见刘太老师，门仪三钱。托精老替买进场什物。

初二日，晴，早复往章老师处拜见。寄银箱于尹宅。亲交鞍子、皮褡子于杨提塘处。

初三日，晴，早饭后雇车搬进内城，住裱褙胡同观象台下私宅。

初四日，晴，静坐。

初五日，晴，至崇文门闲走。

初六日，晴，至海岱门大街买食物，换银一两。

初七日，晴，静坐。

初八日，晴，巳刻听点，由东砖门入，坐位东十九号，五更出题，首题：子路共之，三嗅而作。次题：故君子尊德性而道问学，致广大而尽精微，极高明而道中庸。三题：孟子日道在尔一章。诗题：四时为柄，得乾字。

初九日，晴，申时忽起大风，灰沙满案，夜半乃息。

初十日，晴，午时出场。

十一日，晴，进第二场，坐西潮第十六号。

十二日，晴，黎明下题，本经（书经）：一、九功惟叙、九叙惟歌，惟沂其乂。二、虑善以动，动惟厥时。三、咸中有庆。论题：仁知合一存乎圣。

十三日，晴，早饭后出场。

十四日，晴，进第三场，坐东闰十二号。

十五日，晴，天明出题：圣学、经学、乐律、诗学、钱法。

十六日，晴，早饭前出场，晚至启化门闲走，遇风即回，三场之内均带病，饮食不思，精神绝少，勉强了事，已属无望矣。

十七日，搬出外城暂住杨提塘处，雇房未就，宿杨寓。是晚雨雹大风。

十八日，搬至绳匠胡同住江南客寓，是日晴。

十九日，晴，早饭后至南会馆胡司寇灵前祭吊，至尹宅未遇，晚再至尹宅取回所寄之物，换银二两。

二十日，秦老师彩觞招饮，席设虎方桥浙绍会馆，朱俊伺候乘车，去席封五钱。

二十一日，晴，琉璃厂买纸张，延寿庵候高省翁少坐，坐车回店。

二十二日，晴，同乡来传知单，祭胡公出份金银三钱。又同年求约，补祝秦太师母寿，份金八钱。

二十三日，晴，微热，至金陵客寓候杨雨老，尹大人招饮于次日，未及赴席。

二十四日，晴，早饭后约杨雨同车至梨园馆，会众同年，朱俊同去，及至观戏团拜之时长幼不分，行礼已毕，纷然入席，已大非体统矣，出份金三两，坐车回寓。同杨雨至大栅栏买凉帽一顶银八钱。

二十五日，换季，早阴，饭后晴，是日静坐。

二十六日，晴，至金陵客寓约杨雨闲走，未遇，回即静坐。

二十七日，晴，韩家潭候陈六世兄，转至南馆遇大风即回。

二十八日，晴，章老师招饮，早饭后往北馆约张召老及诸同年共赴之，席封五钱，饮后风大坐车回寓。

二十九日，晴，换银三两，杨雨老约至北馆少坐，复至琉璃厂闲游。

四月初一日，晴，未曾出门，是日甚热。

初二日，晴，移住大街文和客寓，杨提塘邀饮。

初三日，晴，往各位同乡处候，为明日大挑也。

初四日，晴，前于客处章老师面命，初四日有庄太师母寿，各备份金往拜、及至严存处云，已改至初七日矣，交份金五钱即回。是日本欲进内城看挑选，因早饭后大风忽起，飞沙扬尘，遂不复去，静坐寓所。

初五日，晴，往尹宅送对子，送秦老师对子，约杨雨未遇，至琉璃厂往兰房胡同买带子银八钱。

初六日，晴，热，未出门。

初七日，晴，意欲游梨园未果，静坐，严存老处小介来收秦老师跟班银五钱。

初八日，晴，热、往庆瑞园观戏兼杂耍。

初九日，晴，出榜。往愍忠寺谒赵忠愍公坟。候诸同乡闲游，登琼台，于陶然亭小憩。

初十日，晴，杨雨约北馆闲走。

十一日，晴，未出门。

十二日，晴，往琉璃厂至前门闲走，换银二两。

十三日，晴，往礼部领落卷，兵部领火牌，未获。坐车至东华门首皮赞公家，买如意丹，梅花点舌丹，蝉苏锭，铺号青囊一卷。复坐车游太学，雁塔在大成门外，门内有石鼓十面，上有文模糊，乃周宣王时所遗。游国子监，辟雍宫旁有古槐一株，乃元时许衡所植，宫宇嵬峨，环桥四周，美丽非常，极壮观也。后有彝伦堂，屏间大学圣经额曰，文行忠信，又福伦攸叙，皆御题。乘车回时，雷电微雨。

十四日，晴，往礼部领到卷子，由长安门进天安门，已觉森严，更进端门至午门外一观，嵬阙严廊，一敞宏开，已有令人肃然生畏者，遂弗敢进。出雇车，由东华门绕后门，过景山即煤山也，上有楼阁数座，若琼台瑶岛者然，又过白塔山一名万寿山，至金鳌玉蝀御河桥上小立，两岸绿柳成荫，亭台错落，金光四射，五彩炫目，天上人间迥莫能辨，真有非画工之所能罄者矣。出西华门过西四牌楼，出宣武门回店。

十五日，微阴，至尹大人府内托金某领火牌，交银二两。

十六日，晴未出门，长班来取拣选之费。

十七日，晴，往章老夫子处未遇。复于北馆闲坐，往琉璃厂买纸，取齿录。

十八日，晴，往廊房胡同换镀金耳环三对，顶子十八个。

十九日，晴，买用物，晚高省翁兑银十两一钱。使回，寄眼镜一架，书一封。

二十日，晴，坐车往吏部拣选出城。二位老师处辞行。至尹大人处，亲交明安哥所请诰封一轴，即回，而同人已搬至富顺店矣，问其故时，因间壁失火遂尔仓皇移去也，遗落剃刀十把。

二十一日，晴，热，意欲起身因火牌未下，于寓所收拾行李，高瑞老交笔二排带回，朱俊寄耳环二对，药瓶。

二十二日，晴，热，早间已得火牌，因雇车未就，遂弗行。

二十三日，阴，微雨，四路雇车，一言良乡竟无人去，总畏过站若役也，又住一天。

二十四日，雇得驴车，离北京启程回滇。

（本文引自《通海文史资料》第二辑）

二、清光绪六年庚辰科大理府进士张士锃会试硃卷

（一）《四书文》

子曰："吾与回言，终日不违；如愚退而省其私，亦足以发回也！"

张士锃

体道者在行不在言，圣人所深契也。夫不违者悟道之真，足发者行道之力；回之体道者如是，故夫子深契之，而曲赞之欤。且学人聪颖之才，当其境不知也，必易其境而后觉。此无他，其受道者心，其体道者身也。盖受道以心，颖悟在神明，敏达之渊衷，反形迟钝；体道以身，持循征诣力，尔室之功用，弥见精纯。大圣人环顾吾徒，觉当其境以示之而若失之；望外者易其境以验之而转得之，意中矣。颜子在圣门好学有年，触之即悟，闻言斯说，感而遂通，盖所谓大知若愚者也。夫子曰：吾何幸而得有回哉？吾何幸与回言而至于终日哉？教学有相长之功，反复絫稽，自克积疑而生信；乃言其浅，而回默为承，言其深，而回亦默为承也。授受在同堂，何竟得意忘言，契然不参以辩论，义理以穷研而辟从容；讲析自可由明以致诚。及言其粗，而回顺为受，言其精，而回亦顺为受

也；提撕在几席，一若言谆，听藐肫然，弗露其聪明，其不违也，不几近于愚哉！夫使回而果愚也，亦奚足以发哉；然而回异矣，吾观回之退，吾乐省其私矣；盖大道之精蕴，豁然贯通，举一室之面命耳提，一入沉静之胸，而息息有会心之趣；即征之日用行习，而躬行实践，秩然恪守之，惟殷而至理之浑融，无少隔阂。举当前之讲道论德，深以契合之念，而在在有妙悟之机，即证之暗室斋居，而动察静存，确然遵循之，不悖其足发也，非不违之验哉？其不愚也，非如愚之徵哉？且夫修途贵自励耳，世有承启，迪于同堂，自矜颖悟及微窥其幽，独几等茫昧之，无知曷若，回之心解力行乃尔乎！请事者视听言动，防闲必至，道之是者不涉于非，竭才在前后，高坚欲罢不能，道之微者，无乎不显；及燕居以静验功，能觉终日之所言者有尽，而回之发之者无尽也。师承有自而体验弥真，吾党其鲜，此明睿之姿哉；且夫学业至无穷耳。世有聆训诲于当境，莫破颛蒙，迨历证其姱修，几等迷途之莫识，奚若回之明辨，笃行如是乎！奋勉者，博文约礼，而崇道有精心，万殊一本探其奥。熟察者，行藏用舍，而抱道有实学，仕止久速裕其修，及闲居以实征造诣，觉终日之所言者课于虚，而回之发之者，体诸实也；志气如神，亦敦行不怠，吾道不大有传人哉。

本房加批：清华朗润，墨舞笔歌，当行出色之作。

（二）《五经文》

柔远人，则四方归之；怀诸侯，则天下畏之！

张士锃

终指柔怀之效，欲时君成王业也。夫远人者，四方所由观感；诸侯者，天下所由维系也。柔之怀之，其归畏有可必者；且圣天子当阳出治，而遐迩征云从之，盛中外彰，霆震之威，果操何道以至此哉；有一奠百族之身家，斯子惠弥深，亿万姓心思毕萃；有以慑群雄之心志，斯恩威并用，千百国觊觎潜消。上有抚恤宽大之恩，下无携贰桀骜之患，此王业所由成也，亦侯度所必谨矣；由修身而极之财用足，固见九经之效也，而岂遂已哉；臣试为君言远人，且夫远人者，散处边隅，其势至涣也；涣而有以萃之道在柔，然而柔远能迩古，洽以难复矣！苛虎之流风日炽，虽彼都人士，犹兴去国之思，而闻风解体者无论也！贪婪之敝政难除，即此邦之人，且愿乐郊之适，而遐荒裹足者无论也！偏观夫南朔东西，蚩蚩者散而难聚矣；岂复有大畏小，怀托庇宇下者乎；惟本文武之政以柔之，厚泽所覃敷，海隅咸邀怙，冒深仁之普，被郊遂无间，亲疏在人君，雅意扶绥，虽不必为要结四方之计，而瞻云就日，歌父母者咸接踵，以来游航海梯山；望阙廷者，皆襁褓而恐后，以为吾侪小人，何忍而外仁人之宇也。彼士愿立于朝，农愿耕于野，商愿藏于市，旅愿出于途，犹归之之显然耳！君而有志为国也，广生成之德，建极者在朝廷，怀趋向之心；归极者在草野，不俨然辰居星拱之象哉；臣更为君言诸侯，且夫诸侯者，身居高位，其志多玩也；玩而有以服之道在怀，然而怀远招携，今已不概见矣；恩未隆旅，矢彤弓将下替上凌，玩志早生于肘腋，而海宇之鸱张无论也；德未洽藻鱼桑扈，将君疑臣忌，狎侮每肇自臣邻，而颛愚之反侧无论也；旷览夫海澨山陬，熙熙者抗而难驯矣；岂犹有远归近效，共遵道路者乎；惟本文武之政以怀之，爵列以五，群蕃悉受恩，施土分以三百职，悉深感戴。在人君深心体恤，原非为震动天下之方，而主极协荡平，将九夷八蛮默化，兵刑之气，声灵彰赫，濯即殊方绝域，亦生敬服之恩，以为凡我同人，何敢干大君之威也；彼东则献夫鲛，西则献夫象，南则献夫玳、北则献夫弓；犹畏之之浅焉者耳。君而果欲兴邦也，一人溥分胙之泽用，联手足于屏藩万邦；懔帝天之临，遂讫声教于寰宇，不居然风行草偃之盛哉，此柔怀之效也。

本房加批：斟酌饱满，词沛气充。

（三）试帖诗

赋得静对琴书百虑清得“满”字五言八韵

张士锃

百虑都消尽，琴书逸趣生。境谁如此静，心亦与俱清。缘绮三弹寂，青灯一点明。满腔徽浩落，万感绝纷营。山水翻新谱，篇章订旧盟。香闻名理悟，怀委俗绿平。地僻宜招鹤，窗虚好听莺。载歌朱子句，珥笔待蓬瀛。

本房加批：秀色可餐，雅与题称。

（四）论

又尚论古之人，颂其诗、读其书，不知其人可乎？是以论其世也。

张士锃

尚论有其道也，论其世而人品见矣。夫古人之事见于诗书，然徒颂焉、读焉，不足以知其人也。尚论者，其以世为断焉，可令使抗怀往哲，不本简策之昭垂以衡量之，则其人不见；即本简策之昭垂以衡量之，而不溯其事业之同异以衡量之，则其人亦不见。尚论人者，观乎简策之昭垂，而深窥其隐，即溯其事业之同异，而实核其心。吾儒有真鉴衡，而后千古有真品诣正，不得因其言以信其人；而不考其行以求其实也。友一乡以至于天下之善士，固将朝夕与居，颂诗读书收其益，渐摩有自知人，论世尽其修友善之量，亦几满矣；然而有古人焉，尚论之功，乌容缓哉；人惟扩取善之量，知熏德陶性，当时莫克竟其功，则居今日而上溯前人，所当于晦明风雨之余，而深为寻绎；人惟宏择善之功，知敬业乐群，一时难以广其益，则即近今而遐稽往昔，所当于断简残篇，而外切为粲稽，曾是尚论也；不又当颂读其诗书乎？然颂读也，岂遂足以知其人乎？且夫颂读，而不知其人者，其故有二：一在高视古人，而不敢目古人为非也；夫托比兴以陈忠孝，安知非虚诞之词，假漠诰以著经纶，安知非本原之学，乃空谈而信为笃论，恐邪正混淆，将莫判乎泾渭之清浊也。此颂读而不知其人者，一弊也。一则藐视古人，而不欲以古人为是也；夫歌泣皆心曲所流至情，实根至性，誓命悉肫诚之发，无诈自见，无虞乃正论，而鄙为浮夸，将美恶未彰，恐难免乎？忠奸之颠倒也，此颂读而不知其人者，又一弊也。是以论其世也，是贵有明辨之识焉；夫颂东征，一什未明破斧之心；读太甲三篇，莫解营桐之义；披吟之下不相谅，而转相诬古人，有知当亦隐为抱恨也；惟据其世以尚论之，乃知经济有微权，忠敬质文悉寓。夫变通之道，出处有至意，仕止久速，要皆与运会相权，本卓识以相观。烛隐识微，旷代如逢其故，夫岂徒事咕哔之功也哉；是贵有审断之功焉。夫颂小弁一篇，莫识夫怨恨之故；读武成一册，未悉夫倒戈之由；讽咏之余，不相原而转谤古人，可作当亦黯然神伤也。惟溯其世以尚论之，乃知忠孝冒不韪之名，而略迹于原心，局外之权衡不爽，奸雄要坦白之誉，而穷原竟委，当前之赏识，弥真本真，知以相鉴，即年湮代远，至今如见其心，岂不有契合之雅也哉；至是而尚友焉，友善之量，不于是满哉！

本房加批：局严义正，藻密虑周；议论尤透快淋漓，想见得意疾书之乐。

（以上资料引自张福孙编著《大理白族教育史稿》）

三、袁嘉谷先生经济特元试卷

一、《〈周礼〉农工商诸政各有专官论》

天下事，败阙者敝，全备者精；泛骛者疏，专一者密。始也，无人不范之于学，无事不精之于学。学全备而专一，遂以立官人之原。继也，无官不选之于学，无学不用之于官。官全备而专一，遂以收至治之效。

稽我中国，其唯成周之盛乎？夫成周之盛，盛于周官。周官之隆，隆于学校。下自乡遂，上至“成均”，学焉无弗专，专焉无弗成，成焉无弗行，行焉无弗效。效之绰绰裕而荦荦大者，曰农、曰工、曰商。顾欲详农工商之效，先考农工商之职；欲考农工商之职，先别农工商之目。

请言农政。一曰“辨土宜”，二曰“治稼器”，三曰“治粪肥”，四曰“选谷种”。四者备而田亩之官定，田亩之政举，田亩之功成。凡林囿树艺之博、山林之厚、畜牧之繁、水利之大，甚至矿产为地中之利，渔泽为水中之利，无一不与农相关。周公其知之矣，设大司徒“辨十有二壤之物”；设遂人掌邦之野，“授之田野，教之稼穑”；设遂师、遂大夫以巡，移民简稼器；设草人“掌土化之法，以宜地，相其宜而为之种”；设司稼“掌邦野之稼而辨穜稑之种”；设稻人“掌稼下地，以潴蓄水，以防止水，以沟荡水，以遂均水，以列舍水，以浍写水，以涉扬其芟作田”；设匠人“为沟洫”，圳、遂、沟、洫、浍；设廪人、仓人九谷之物积之；设雍氏“害稼之禁则严之”。训农者勤，巡农者殷，树艺之原于是乎立。扩之于山林、于川泽、于邱陵、于坟衍、于原湿、则设林衡、设泽虞、设川衡、设山虞、以掌之；扩之于场囿则设囿人、场人以树之，扩之于水产，则设鲦人，设鳖人，设掌蜃以司之；扩之于道路，则设田仆掌驭田路，设野庐氏达国道路，设司险掌五沟五涂以达之。动物、植物之宜，陆产，水产之滋，罔弗备，罔弗治。

请言工政。工也者，农之末而商之本也，农之委而商之原也。假令一国之中农业勃兴，而一国之商仅仅贩兹农产，通有济无，非不足以供民用也，而往往罕适用；非不足以广市场也，而往往多弃材。周公其知之矣。《冬官·考工》别为六官之一。国有六职，百工与居一焉。工以内无阙事，工以外无兼事。虽《冬官》篇亡，汉河间献王补以《考工记》，则冬官必工，工官必考，盖无疑矣。

《白虎通》云："司空主土"，不言土而言空者，空尚主之，而况于实乎？《大戴礼》"百度不审，立事失理，财务失量，日贫也，贫则饬"。《司空》"攻木之工七，攻金之工六，攻皮之工五，设色之工五，刮摩之工五，抟植之工二"。举梓、匠、轮、舆、筑、冶、鞾、裘、缋、画、雕、玉、陶、瓬诸工艺，无一艺之弗精，无一器之弗成。取材于农产之外，则有卝人掌"金、玉、锡、石之地而为之，厉禁以守之"。若以时取之，则"物其物，图而授之，巡其禁令"。夫金玉尚已，石即煤锡，殆包中品，下品各金而言。禁之者待时也，图之者实施也，巡之者察微也。然犹恐卝产之误耗也，设"栗氏为量，改煎金锡则不耗。抑何法之密耶！""梓人为饮器""凡试梓饮器，乡衡而实不尽，梓师罪之"。试之者，考之也；罪之者，罚之也。有罪有罚，则有功者赏，不待言矣。一工有考，有赏罚，则百工有考有赏罚，不待言矣。抑何政之实耶！《记》曰：百工之事，皆圣人作也。圣即工，工即圣，二而一，一而二也。今泰西各国自培根开民智，政府奖工业，考工之政，熟非合于《周礼》之意耶？

请言商政。自商鞅变法，谓商事末利，举以为收孥。汉高令贾人不得乘车衣丝，商业遂为天下贱。夫其赝物欺世，垄断独登，商似在农工之下。秦汉抑商，抑之亦宜，然而激也。论农工自食其力，农工朴，商则靡矣。论商之交万国，通万变，达人情，审器用，可以济农工之穷，可以导农工之识。农工旧，商则新矣；农工隘，商则宏矣。懋迁有无，通功易事，泽人足木，山人足鱼。商自有商才，商自有商用。矧藏富于民，心计出众。天下有赖商以立国者，有藉商以拓疆者。周公其知之矣。设遂人辨其野之土，分地受廛；设载师以廛里任国中之地，而市镇之规模远；设合方氏，掌达天下之道路，通其财利，同其器数，壹其度量；设大行人，达瑞节、同度量、成牢礼、同器数、修法则，而市廛之准绳立；设司市，“掌市之治教政刑，量度禁令，以次叙分地而经市，以陈肆辨物而平市，以政令禁物靡而均市，以商贾阜货而行市，以度量成贾而征价，以质剂结信而止讼，以贾民禁伪而除诈，以刑罚禁伪而去盗，以泉府同货而敛赊”。设朝士，“凡民同货财者，以国法行之，犯令者，刑罚之”，而贸易之法规定；设质人“稽市之书契”，而契券之制度密。尤密者，载师里布，小宰书契，泉府通滞货、揭物书。“大市日昃而市，百族为主；朝市朝时而市，商贾为主；夕市夕时而市，贩夫贩妇为主”。巨细有司，劝惩有道。今所传之商会、公司、印花、铸币，罔不设官以主之。斯以三千年上郁郁乎之文明也。

古者四民之名，士居其首，贵也。农也、工也、商也，贱也。顾尊士于农工商上，不如侪农工商于士中；使士为农工商之学；不如使农工商自为农士、工士、商士之学。周公之教士也，司徒教民，师儒得民，教严而才成，群芳而类聚。《韩诗外传》所谓“典其职，忧其分，举其辩，明其隐”是也。窃意农工商之官，本立于农工商之学；农工商之学，本立于农工商之教。顾考诸《孟》《荀》《戴记》诸书，言制度辄多抵牾，言郅隆徒深想像。岂衰周之后，“诸侯恶其害己而皆去其籍”耶？抑周公制礼，先作政书，而尚未一一实行耶？孟子曰：“周公思兼三王，以施四事，其有不合格者，仰而思之，夜以继日。幸而得之，坐以待旦。”墨子曰：“朝读百书，莫见七十士。”司马迁曰：“一沐三握发，一饭三吐哺。”刘向曰：“贽而师见者十人，友见者十二人，穷巷白屋先见者四十九人，进善百人，教士千人。”意者《周礼》之书，得之公之思者半，得之贤之助者半。虽非《吕览》《淮南》之撰自宾客，亦如历代会典之广聚众长。观于各官之首皆曰：“惟王建国，辨方正位，体国经野，设官分职，以为民极。”知为营洛之政书。当是时，封建之俗相沿未改，官府之司琐而近滥，世卿世禄情私不公，宗臣亲臣尾大不掉，此惟周可行之而不可行于后世者也。国家有无上之权，主权有生财之道，生众食寡，为疾用舒，量入为出，量出为入，当任一国之宏才而兴利，不当听碌碌之庸才而分肥；当握一国之要务而生财，不当收众民之脂膏而坐食。如舟车、邮电、矿盐、印花之类，民力莫能举，民事莫能兼，而必须国家之经营、整理者。综一岁之出入，制一统之国计。举古今坐食分肥之税制一一除之，视掌国之人才如何耳。

周官收税则异是。太宰以九赋敛财贿，以九贡致邦国之用，“廛人掌敛布、絘布、总布、质布、罚布、廛布而入于泉府”。委人掌敛野之赋敛，鱻人掌政令，凡渔征入于王府。掌葛征山农泽农之材，掌染草以春秋敛染草之物。赋及于家削币余，贡及于嫔贡服贡。政渔利而法牛毛。盖因井田之世，先给民田，故重征民力，匪细匪苛。今则民自置田，民自食力，古与今异其势，此亦惟周可行之而不可行于后世者也。概自王莽、苏绰、王安石、方孝孺之流，附会周官，食古不化，病国病民，姑无论，周隋唐宋，三省、六部制兴，迄今不废。然冢宰之上相臣骈枝，相又尸名，亲臣握柄。即此一端，大惑谁解？

天下之事，不知来，视之往；天下之理，穷则变，变则通。周以地丁分税，故农官混于地官。二百年来，地丁合一，财部之外，宜设农部。农有部，商也宜部。内政有部，外交也宜部。盖农工商同一重任，而大行人、小行人、相胥、掌客之附属工部者，不能不变而通之矣。范仲淹曰：“法敝自变则中兴矣，否则兴王之资矣。”今自审而自变之，期其全备，务其专一。纲其举矣，目其张矣。夫财用不裕，非贫也，人才不足以备用，斯贫矣；威令不行于国外，非弱也；威不足以肃官方，令不足以消反侧，斯弱矣。自行变法，非乱也；姑息苟安而待他人之挟制，后人之更新，斯乱矣。一方之警，一位之争，非危也，举一国之人心、风俗、语言、文字而澌灭焉，消亡焉，斯危矣！

危使安，乱使治，弱使强，贫使富，亦在人耳。孔子曰："为政正人。取之以身，修身以道，修道以仁。"诚本斯意以作育人才，变法自强。合学校、选举、官制而一贯，循名责实，安内御外。举《周礼》农政、工政、商政而一一法之，复举《周礼》农政、工政、商政之外而一一备之。毋悖古，毋泥古，因时制宜，仍不失全备专一之旨，吾国庶有豸乎！

参考文献

刘文征《滇志》，云南教育出版社，1991年。

《新纂云南通志》《清史稿》、戴䌹孙《昆明县志》。

倪蜕《滇云历年传》，云南大学出版社，1992年。

田丕鸿、张佐合著《云南科举史话》，云南美术出版社，2013年。

张佐著《两江总督何桂清》，云南人民出版社，2015年。

张俊、张佐合著《云南文庙》，云南美术出版社，2016年。

海淞主编《云南考试史》，云南人民出版社，2012年。

商衍鎏《清代科举考试述略》，三联书店，1958年。

毛佩琦《中国状元大典》，云南人民出版社，1999年。

毛海峰、李兵《中国科举史》，东方出版中心，2004年。

李世愉《清代科举制度考辩》，沈阳出版社，2005年。

王道成《科举史话》，中华书局，1997年。

张福三主编《云南地方文学史·古代卷》，云南人民出版社，1977年。

朱保炯、谢沛霖《明清进士题名碑录索引》。

罗养儒《云南掌故》，云南民族出版社，1996年。

王凯旋《明代科举制度考论》，沈阳出版社，2005年。

张仲礼《中国绅士研究》，上海人民出版社，2008年。

张杰《清代科举家族》，社会科学文献出版社，2003年。

邸永君《清代翰林院制度》，社会科学文献出版社，2002年。

钱茂伟《国家·科举与社会》，北京图书馆出版，2004年。

朱桂昌《钱南园研究论集》，云南人民出版社，2008年。

金诤《科举制度与中国文化》，上海人民出版社，1990年。

杨丰《滇南邹鲁》，云南美术出版社，2008年。

马旷源等著《滇文化散论》，云南人民出版社，1994年。

党乐群《云南古代举士》，云南人民出版社，2008年。

宣统《楚雄县志述辑》。

《石屏县志》《姚安县志》《剑川县志》《元江县志》《大姚县志》《蒙自县志》《鹤庆县志》《云龙县志》《通海县志》《景东县志》《澄江县志》《晋宁县志》《建水县志》《华宁县志》

杨朝俊、龚金才主编《曲靖风物志》。

李孝友编著《昆明风物志》，云南民族出版社，1983年。

于志伟主编《红河风物志》，云南人民出版社，2000年。

唐定国主编《保山风物志》，云南人民出版社，1999年。

梁耀武主编《玉溪风物志》，云南人民出版社，2000年。

黄桂枢编著《思茅风物志》，云南人民出版社，2000年。

李群育主编《丽江风物志》，云南人民出版社，1999年。

武定云编著《临沧风物志》，云南人民出版社，2000年。

邹长铭编著《昭通风物志》，云南人民出版社，1999年。

陈九彬、周永源编著《楚雄风物志》，云南人民出版社，1999年。

《曲靖文史资料》《晋宁文史资料选辑》《大姚文史资料》《云龙文史资料》《鹤庆文史资料》《剑川文史资料》。